中｜华｜国｜学｜文｜库

神仙传校释

〔晋〕葛　洪　撰

胡守为　校释

中　华　书　局

图书在版编目(CIP)数据

神仙传校释/(晋)葛洪撰;胡守为校释. —北京:中华书局,
2020.5
(中华国学文库)
ISBN 978-7-101-14477-2

Ⅰ.神… Ⅱ.①葛…②胡… Ⅲ.①神-列传-中国②《神仙
传》-注释 Ⅳ.B933

中国版本图书馆 CIP 数据核字(2020)第 053204 号

书　　　名	神仙传校释	
撰　　　者	〔晋〕葛　洪	
校 释 者	胡守为	
丛 书 名	中华国学文库	
责任编辑	朱立峰	
出版发行	中华书局	
	(北京市丰台区太平桥西里 38 号　100073)	
	http://www.zhbc.com.cn	
	E-mail:zhbc@zhbc.com.cn	
印　　　刷	北京瑞古冠中印刷厂	
版　　　次	2020 年 5 月北京第 1 版	
	2020 年 5 月北京第 1 次印刷	
规　　　格	开本/880×1230 毫米　1/32	
	印张 10¼　插页 2　字数 240 千字	
印　　　数	1-6000 册	
国际书号	ISBN 978-7-101-14477-2	
定　　　价	35.00 元	

中华国学文库出版缘起

《中华国学文库》的出版缘起，要从九十年前说起。

1920 年，中华书局在创办人陆费伯鸿先生的主持下，开始编纂《四部备要》。这套汇集三百三十六种典籍的大型丛书，精选经史子集的"最要之书"，校订成"通行善本"，以精雅的仿宋体铅字排印。一经推出，即以其选目实用、文字准确、品相精美、价格低廉的鲜明特点，最大限度地满足了国人研治学问、阅读典籍的需要，广受欢迎。丛书中的许多品种，至今仍为常用之书。

新中国成立之后，党和国家倡导系统整理中国传统文献典籍。六十馀年来，在新的学术理念和新的整理方法的指导下，数千种古籍得到了系统整理，并涌现出许多精校精注整理本，已成为超越前代的新善本，为学界所必备。

同时，随着中华民族以前所未有的自信快速发展，全社会对中国固有的学术文化——国学，也表现出前所未有的关注和重视。让中华文化的优秀成果得到继承和创新，并在世界范围内进行传播和弘扬，普惠全人类，已经成为中华民族的历史使命。当此之时，符合当代国民阅读需要的权威的国学经典读本的出现，实为当务之急。于是，《中华国学文库》应运而生。

《中华国学文库》是我们追慕前贤、服务当代的产物，因此，它自当具备以下三个基本特点：

一、《文库》所选均为中国学术文化的"最要之书"。举凡哲学、历史、文学、宗教、科学、艺术等各类基本典籍，只要是公认的国学经典，皆在此列。

二、《文库》所选均为代表当代最新学术水平的"最善之本"，即经过精校精注的最有品质的整理本。其中既有传统旧注本的点校整理本，如朱熹《四书章句集注》，也有获得学界定评的新校新注本，如余嘉锡《世说新语笺疏》。总之，不以新旧为别，惟以善本是求。

三、《文库》所选均以新式标点、简体横排刊印。中国古籍向以繁体竖排为标准样式。时至当代，繁体竖排的标准古籍整理方式仍通行于学术界，但绝大多数国人早已习惯于现代通行的简体横排的图书样式。《文库》作为服务当代公众的国学读本，标准简体字横排本自当是恰当的选择。

《中华国学文库》将逐年分辑出版，每辑十种，一次推出；期以十年，以毕其功。在此，我们诚挚希望得到学术界、出版界同仁的襄助和广大读者的支持。

中华书局自 1912 年成立，至今已近百岁。我们将《中华国学文库》当作向中华书局百年诞辰敬献的一份贺礼，更是向致力于中华民族和平崛起、实现复兴大业的全国人民敬献的一份厚礼。我们自当努力，让《中华国学文库》当得起这份重任，这份荣誉。

神仙传校释

中华书局编辑部

2010 年 12 月

目　录

前　言

　　葛洪神仙传序称:"弟子滕升问曰:'先生曰神仙可得
不死,可学。古之得仙者,岂有其人乎?'"葛洪乃"抄集古
之仙者,见于仙经、服食方及百家之书,先师所说,耆儒所
论,以为十卷",即神仙传,以回答滕升之问,并以传知真识
远之士。隋书经籍志二云:"又汉时阮仓作列仙图,刘向典
校经籍,始作列仙、列士、列女之传,皆因其志尚,率尔而
作,不在正史。"①列仙图应是我国为神仙立传的首部著
作,其书已不可得见。现存列仙传是否刘向的作品,学者
亦有疑问。而其后出的葛洪神仙传,无论在记事、传道家
之学,乃至文学造诣,远在列仙传之上,其价值胜于前人之
作无疑,而后出者亦未见出其右,故葛洪之书实是神仙类
图书经典之作。梁朝著名道教思想家、医学家陶弘景"至
十岁,得葛洪神仙传,昼夜研寻,便有养生之志"②。其影

————————

　　①　隋书卷三三经籍志二,页九七九(本书征引文献所据版本参见引书
目录,概不注出)。
　　②　南史卷七六陶弘景传,页一八九七。

响之深远,亦由此可见。

魏晋南北朝期间,社会上谈仙的风气甚盛,葛洪神仙传又是谈仙著作中的佼佼者,南朝宋裴松之虽说"葛洪所记,近为惑众"①,但仍采录三条记于三国志注中。现存较早的典籍引用该书的,除三国志裴松之注外,还有北魏贾思勰所作齐民要术,共六则(四部丛刊初编本),及北魏郦道元撰水经注。此外,敦煌文书中亦见北齐祖珽编的修文御览、梁朱淡远编的语对,以及一些失名的类书,都曾引用神仙传。其他或有引用于诗文中的,但没有注出,不能识别,裴松之说"其书文颇行于世",实是如此。

神仙传既颇行于世,除广泛被引用外,尚有增删改写的。以"介象"条为例,四库全书本神仙传"介象"条述介象宫中为吴主钓鲻的故事,本出自吴张勃的吴录②,三国志卷六三吴范刘惇赵达传裴注、太平御览(卷八六二脍、卷九三七鲻鱼、卷九七七姜)均称引自神仙传;太平广记卷一三神仙"介象"条全面记述其事迹,称出自神仙传,却不记此事,而卷四六六鱼"介象"条则专记此事,亦云出自神仙传。后汉书卷一一二下左慈传述左慈铜盘中为曹操钓鲈的故事,原出自晋干宝的搜神记③,也许因其事迹与吴录所载介象事迹基本相同,四库本神仙传"左慈"条不记此事,太平御览卷八三四钓却云引自神仙传。太平御览、太

2

① 三国志卷六三吴范刘惇赵达传注,页一四二八。
② 参张忱石点校建康实录卷二太祖下注,页五五。
③ 参汪绍楹校注搜神记,页九。

平广记编撰者不止一人，引书也不统一，所引神仙传的文字乃至人物事迹有差异，盖因所据书本不同。从上述的例子可知，其所引的神仙传已有不同的版本。四库全书馆臣认为裴松之蜀志先主传注引"李意其"一条，吴志士燮传注引"董奉"一条，吴范刘惇赵达传注引"介象"一条，是征引此书最古之文字，且悉与此本（即四库全书收录的毛晋本）相合，应为原帙①。比较吴范刘惇赵达传裴注引葛洪神仙传云介象与"吴主共论鲙鱼"，毛本"介象"条作"与先主共论鲙鱼"，文字仍略有区别。毛本还有称孙权为"先主"的，如"左慈"条云"慈见吴先主孙权"，"董奉"条云"昔吴先主时有年少作本县长"等。文献称孙权为"先主"者，必有缘故，搜神记有数条称孙权为"先主"者，多出自吴人著作。葛洪，丹阳句容人，属吴国故地，其祖父系，曾官至吴大鸿胪，封吴寿县侯；父悌，历官至吴会稽太守。神仙传中葛洪称孙权为"先主"，盖不忘父祖蒙受吴之恩也。同理，陈寿因出于蜀的关系，所撰三国志亦称刘备为"先主"。裴注则不能再称孙权为"先主"而改称"吴主"。此条毛本又云："先主思象，使以所住屋为庙，时时躬往祭之。"敦煌文书北齐祖珽编的修文御览引神仙传曰："介象死，吴先帝思象，以所住屋为象庙，时时复祭之。"（伯二五二六，太平御览卷九一六鹤亦引）此条亦属神仙传较早的引文，称孙权为"先帝"，与毛本基本同。太平广记也改"先主"而称孙

① 四库全书总目卷一四六"道家类·神仙传"，页一二五〇下。

权为"帝",如卷一三"介象"条云"帝思之,与立庙,时时躬往祭之",此一例也;又云"帝埋葬之",毛本作"先主殡埋之",此二例也。而毛本"先主发视其棺中"句,广记作"先主即发棺视之"①,是广记抄录者忽略未改之明证。然则毛本"介象"条,以"吴主"作"先主",似更合乎原作。由此或可以得到提示,神仙传中凡称孙权为"先主"的,可断为葛洪的原本。

此外,唐人编的㻱玉集引神仙传云:"董奉,后汉人也。时交州刺史士燮中毒药而死,董奉以一散水写(泻)燮口中,摇之使下,须臾便活。燮自说初死之时,有一人以车载燮,置于一处,后乃内燮着土窟中,以土将塞之,须臾,有二使者至,追燮,因开土塞,便得活。"(参敦煌文书斯二〇七二)与今神仙传流行的两辑本"董奉"条文字情节均有不同,或是他人改写的神仙传。列仙传原收"容成公"条,四库本神仙传重出,只两句:"行玄、素之道,延寿无极。"唐徐坚撰初学记引葛洪神仙传云:"容成公服三黄得仙,所谓雄黄、雌黄、黄金。"②显然是不同的来源。前此之时该书已被改写增删,此亦一例。

神仙传序说葛洪所编的神仙传共十卷,未说所收人物多少,唐梁肃云:"予尝览葛洪所记,以为神仙之道,昭昭焉足征已。……按神仙传凡一百九十人,予所向者,唯柱史、

---

① 太平广记卷一三"介象",页九〇。
② 初学记卷二七金,页六四五。

广成二人而已,馀皆生死之徒也。"①而今之四库本所录只八十四人,相去甚远。梁肃所见之神仙传,内容只提到柱史、广成二人,柱史即老子,广成即广成子。今四库本无"老子"条,初学记卷二三"感星"注引葛洪神仙传曰:"老子母感大流星而有娠。"②又同卷"姓李"引葛洪神仙传曰:"老子生于李家,犹以李为姓。"又卷一"尹喜占"引神仙传曰:"老子将去周而出关,以升昆仑,关令尹喜占风逆知当有神人来过,乃扫道见老子,老子知喜命应得道,乃停关下,以长生之事授之。"③(太平御览卷九风亦引)此数条引文是否与梁肃所见"老子"之文相同,不得而知。但初学记引神仙传关于老子的文字,见于增订汉魏丛书本(此据乾隆五十六年金谿王氏刻本,以下简称"汉魏本")神仙传"老子"条,文中且有"(葛)洪按"、"葛稚川云"等语,查葛洪于其著作中除自叙外,如抱朴子,从未自称姓名。汉魏本"老子"之文,原出于太平广记,此条恐非出自葛洪之手。由此推测,梁肃所见的神仙传恐已非葛洪原本。又王松年仙苑编珠序称:"刘向列仙传止于七十一人,葛洪复撰神仙传有一百一十七人。"④王松年是五代时人,王松年依据的神仙传比梁肃所见的又少了七十三人。其所引"墨容公"、"桂君"、"孔安"、"郝容公"诸条均为今传本所无,大抵是

① 梁肃神仙传论,全唐文卷五一九,页五二七七。
② 初学记卷二三道释部"道第一·感星",页五四八。
③ 初学记卷一天部上"风第六·尹喜占",页一八。
④ 参道藏第十一册,页二一上。

前言

5

王松年自称"近自唐、梁已降,接于闻见者"而增加的人物。艺文类聚卷八一菊引神仙传曰"康风子服甘菊花、柏实散得仙",此条曾被多种著作引用,今本神仙传均无,究竟是辑本遗漏还是后人增补,难以判定,此类例子尚多。元人赵道一称:"白海琼先生曰:'晋抱朴子作神仙传,所纪千有馀人。'"①白海琼是南宋时人,更不知其所据,或传刻误"百"为"千"。总而言之,唐、宋间流传的神仙传,已失原著的面貌。

由此可知,最迟至隋唐,葛洪神仙传原本已不存,已出现各种传写本,而增删改写的不知凡几,后人只能根据古籍选择辑录,却难以恢复原貌。现存神仙传的主要辑本,有明毛晋所辑神仙传及增订汉魏丛书收录的神仙传两个不同的版本。汉魏本神仙传未知是何人所辑,四库馆臣称:"其文大略相同,而所载凡九十二人,核其篇第,盖从太平广记所引钞合而成。广记标题间有舛误,亦有与他书复见,即不引神仙传者,故其本颇有讹漏。"②近人余嘉锡云:"疑葛洪之原书已亡,今本皆出于后人所掇拾,特毛本辑者用心较为周密耳。"③所言甚是。今文渊阁四库全书本所收的毛晋辑本(以下简称"四库本"),错漏也不少,或出于所据的传本有误,或出于四库全书抄工的疏忽,亦有可能是原著的讹误,以致有不少地方文意难通,甚至改变原意。

① 历世真仙体道通鉴序,道藏第五册,页九九上。
② 四库全书总目卷一四六"道家类·神仙传",页一二五〇下。
③ 四库提要辨证卷一九"神仙传十卷",页一二一九。

我尝试以四库本神仙传为底本,利用与神仙传较密切的文献,如抱朴子内篇、清王谟所辑汉魏本神仙传、唐王悬河三洞珠囊、五代王松年仙苑编珠、宋张君房云笈七签、南宋陈葆光三洞群仙录、元赵道一历世真仙体道通鉴,以及唐、宋的类书所引神仙传条文,对四库本作一校勘,企求将被称为辑录较为周密的神仙传,整理出一个错漏较少的本子,有利于使用者有较为正确的依据,并对某些词语作注解,便于初学者阅读。至于工作的成效如何,就请读者检验了。

胡守为

引书目录

　　按：本书所征引诸书版本情况，按照书名首字笔画排列，依次如下。

三洞珠囊（唐王悬河撰，道藏，文物出版社、上海书店、天津古籍出版社联合出版，一九九四年，以下简称"道藏本"）

三洞群仙录（宋陈葆光撰，道藏本）

三国志（中华书局点校本）

山西通志（清觉罗石麟等监修，台湾商务印书馆景印文渊阁四库全书本，以下简称"四库全书本"）

山海经（晋郭璞注，上海古籍出版社诸子百家丛书本，一九八九年）

山堂肆考（明彭大翼撰，四库全书本）

丹铅总录（明杨慎撰，四库全书本）

互注校正宋本广韵（余迺永校著，台北联贯出版社，一九八〇年）

元和姓纂（唐林宝撰，四库全书本）

元和郡县图志（唐李吉甫撰，贺次君点校，中华书局，一九
　　八三年）

六臣注文选（浙江古籍出版社影印宋本，一九九九年）

天中记（明陈耀文撰，四库全书本）

太上混元老子史略（宋谢守灏撰，道藏本）

太平御览（宋李昉等撰，中华书局影印宋本，一九八五年）

太平广记（宋李昉等撰，中华书局，一九六一年）

太平寰宇记（宋乐史撰，四库全书本）

日知录集释（清顾炎武著，黄汝成集释，四部备要本）

少室山房笔丛（明胡应麟著，中华书局，一九五八年）

文子（四库全书本）

毛诗（四部丛刊初编）

毛诗草木鸟兽虫鱼疏（吴陆玑撰，四库全书本）

水经注（北魏郦道元撰，四部丛刊初编）

世说新语笺疏（余嘉锡撰，中华书局，一九八三年）

仙苑编珠（五代王松年撰，道藏本）

北堂书钞（唐虞世南编撰，中国书店影印南海孔氏本，一九
　　八九年）

古今姓氏书辨证（宋邓名世撰，四库全书本）

古今注（晋崔豹撰，汉魏六朝笔记小说大观，上海古籍出版
　　社，一九九九年）

古微书（明孙毅编，四库全书本）

史记（中华书局点校本）

四库全书总目（清永瑢等撰，中华书局，一九六五年）

抱朴子内篇校释(增订本)(王明撰,中华书局,一九八八年)

易图明辨(清胡渭撰,四库全书本)

法苑珠林(唐道世撰,四部丛刊初编)

初学记(唐徐坚等著,中华书局,一九六二年)

急就篇(汉史游著,曾仲珊校点,岳麓书社,一九八九年)

南华真经(道藏本)

南齐书(中华书局点校本)

建康实录(唐许嵩撰,张忱石点校,中华书局,一九八六年)

后汉书(中华书局点校本)

括地志辑校(唐李泰等著,贺次君辑校,中华书局,一九八〇年)

拾遗记(前秦王嘉撰,汉魏六朝笔记小说大观,上海古籍出版社,一九九九年)

春秋左氏传(四部丛刊初编)

春秋繁露(汉董仲舒撰,四库全书本)

禹贡锥指(清胡渭撰,四库全书本)

禹贡说断(宋傅寅撰,四库全书本)

重修政和证类本草(四部丛刊初编)

风俗通义校注(东汉应劭撰,王利器校注,中华书局,一九八一年)

毗陵集(唐独孤及撰,四部丛刊初编)

唐开元占经(唐瞿昙悉达撰,四库全书本)

晋书(中华书局点校本)

格致镜原(清陈元龙撰,四库全书本)

海内十洲记(旧题汉东方朔撰,汉魏六朝笔记小说大观,上
　　海古籍出版社,一九九九年)

海录碎事(宋叶廷珪撰,四库全书本)

真诰(梁陶弘景撰,道藏本)

神仙传(晋葛洪撰,乾隆五十六年金谿王氏刻增订汉魏丛
　　书本)

神异经(旧题汉东方朔撰,汉魏六朝笔记小说大观,上海古
　　籍出版社,一九九九年)

神农本草经疏(明缪希雍撰,四库全书本)

能改斋漫录(宋吴曾撰,上海古籍出版社,一九八四年)

荆楚岁时记(梁宗懔撰,汉魏六朝笔记小说大观,上海古籍
　　出版社,一九九九年)

记纂渊海(宋潘自牧撰,四库全书本)

高士传(晋皇甫谧撰,四库全书本)

国语(四部丛刊初编)

埤雅(宋陆佃撰,四库全书本)

崇文总目(宋王尧臣等撰,四库全书本)

淮南子(上海古籍出版社影印浙江书局本,一九九一年)

异苑(宋刘敬叔撰,四库全书本)

庄子(上海古籍出版社影印浙江书局本,一九九一年)

通典(中华书局影印万有文库本,一九八四年)

通雅(明方以智撰,四库全书本)

绀珠集(旧题宋朱胜非撰,四库全书本)

黄氏日抄(宋黄震撰,四库全书本)

备急千金要方(唐孙思邈撰,四库全书本)

博物志(旧题晋张华撰,汉魏六朝笔记小说大观,上海古籍
　　出版社,一九九九年)

普济方(明周定王朱橚撰,四库全书本)

无上秘要(北周武帝敕撰,道藏本)

隋书(中华书局点校本)

云谷杂记(宋张淏撰,四库全书本)

云笈七签(宋张君房辑,道藏本)

搜神记(旧题晋干宝撰,汉魏六朝笔记小说大观,上海古籍
　　出版社,一九九九年)

群书考索(宋章如愚撰,四库全书本)

新唐书(中华书局点校本)

会稽志(宋施宿等撰,四库全书本)

楚辞(四部丛刊初编)

义门读书记(清何焯撰,崔高维点校,中华书局,一九八七年)

蜀中广记(明曹学佺撰,四库全书本)

资治通鉴(宋司马光撰,元胡三省音注,中华书局点校本,
　　一九五六年)

揅经室集(清阮元撰,四部丛刊初编)

寿亲养老新书(宋陈直撰,元邹铉续增,四库全书本)

汉武帝内传(佚名撰,汉魏六朝笔记小说大观,上海古籍出
　　版社,一九九九年)

汉武帝外传(道藏本)

汉武故事(佚名撰,汉魏六朝笔记小说大观,上海古籍出版

社,一九九九年)

汉书(中华书局点校本)

汉艺文志考证(宋王应麟撰,四库全书本)

尔雅疏(宋邢昺、杜镐等撰,四部丛刊续编)

尔雅翼(宋罗源撰,四库全书本)

说文解字(汉许慎撰,中华书局影印陈刻本,一九六三年)

说郛(明陶宗仪编,四库全书本)

说略(明顾起元撰,四库全书本)

齐民要术今释(北魏贾思勰著,石声汉校释,中华书局,
　　二〇〇九年)

广川书跋(宋董逌撰,四库全书本)

广博物志(明董斯张撰,四库全书本)

论衡(汉王充撰,四部丛刊初编)

遵生八笺(明高濂撰,四库全书本)

隶释(宋洪适撰,四库全书本)

战国策校注(宋鲍彪撰,元吴师道重校,四部丛刊初编)

历世真仙体道通鉴(元赵道一撰,道藏本)

独断(东汉蔡邕撰,四库全书本)

穆天子传(佚名撰,晋郭璞注,汉魏六朝笔记小说大观,上
　　海古籍出版社,一九九九年)

舆地广记(宋欧阳忞撰,四库全书本)

礼记正义(十三经注疏阮元校刻本,中华书局,一九八七年)

礼经会元(宋叶时撰,四库全书本)

旧唐书(中华书局点校本)

颜鲁公文集（唐颜真卿撰，四部丛刊初编）

职官分纪（宋孙逢吉撰，四库全书本）

医说（宋张杲撰，四库全书本）

艺文类聚（唐欧阳询撰，汪绍楹校，上海古籍出版社，一九
　　八五年）

类说（宋曾慥编，四库全书本）

释名疏证补（清王先谦撰，上海古籍出版社影印光绪本，一
　　九八四年）

神仙传序

　　洪[一]著内篇[二]论神仙之事凡二十卷,弟子滕升问曰:"先生曰神仙[三]可得不死,可学,古之得仙者。岂有其人乎?"答曰[四]:"昔秦大夫阮仓所记有数百人[五],刘向所撰又七十一人[六]。盖神仙幽隐,与世异流,世之所闻者,犹千不及一者也。故甯子[七]入火而凌烟,马皇[八]见迎以获龙[九]。方回[一〇]咀嚼以云母[一一],赤将[一二]茹葩[一三]以随风。涓子[一四]饵术[一五]以著经,啸父[一六]烈火[一七]以无穷。务光[一八]游渊以脯薤[一九],仇生[二〇]却老以食松。邛疏[二一]服石[二二]以炼形[二三],琴高[二四]乘鲤于砀中[二五]。桂父[二六]改色以龟脑,女丸[二七]七十以增容。陵阳[二八]吞五脂以登高,商丘[二九]咀菖蒲[三〇]以不终[三一]。雨师[三二]炼五色[三三]以厉天[三四],子光[三五]辔虹雷[三六]于玄涂。周晋[三七]跨素禽于缑氏[三八],轩辕[三九]控飞龙于鼎湖[四〇]。葛由[四一]策木羊于绥山[四二],陆通[四三]匝遐纪[四四]于黄卢[四五]。萧史[四六]乘凤而轻举[四七],东方[四八]飘衣于京都[四九]。犊子[五〇]灵化[五一]以沦神[五二],主柱[五三]飞行于

1

丹砂〔五四〕。阮丘〔五五〕长存于睢岭〔五六〕,英氏〔五七〕乘鱼以登
遐。脩羊〔五八〕陷石于西岳〔五九〕,马丹〔六〇〕回风以电徂〔六一〕。
鹿翁〔六二〕陟险而流泉,园客〔六三〕蝉蜕〔六四〕于五华〔六五〕。余
今复抄集古之仙者,见于仙经〔六六〕、服食方〔六七〕及百家之
书,先师所说,耆儒所论,以为十卷,以传知真识远之士。其
系俗〔六八〕之徒,思不经微〔六九〕者,亦不强以示之矣。则知刘
向所述殊甚简要,美事不举。此传虽深妙奇异,不可尽载,
犹存大体,窃谓有愈于向多所遗弃也。"

葛洪撰〔七〇〕

【校释】

〔一〕洪:汉魏本作"予"。

〔二〕内篇:指葛洪著抱朴子内篇,共二十篇,今存。其自序云,"今为
　　此书,粗举长生之理","贵使来世好长生者,有以释其惑",是该
　　书要旨。

〔三〕神仙:汉魏本作"仙化"。

〔四〕答曰:汉魏本作"予答曰"。

〔五〕昔秦大夫阮仓所记有数百人:刘向列仙传卷下赞云:"余尝得秦
　　大夫阮仓撰仙图,自六代迄今有七百馀人。"隋书卷三三经籍志
　　二云:"又汉时,阮仓作列仙图,刘向典校经籍,始作列仙、列士、
　　列女之传,皆因其志向,率尔而作,不在正史。"仙图即列仙图。

〔六〕刘向所撰又七十一人:指刘向列仙传,宋陈振孙直斋书录解题
　　以为此书乃魏晋时人托名刘向之作,其后考订者虽对伪作时间
　　的意见不同,但作者非刘向则为共识。

〔七〕甯子:即甯封子。列仙传卷上甯封子云:"甯封子者,黄帝时人
　　也。世传为黄帝陶正。有人过之,为其掌火,能出五色烟,久则
　　以教封子。封子积火自烧,而随烟气上下。"

〔八〕马皇：即马师皇。列仙传卷上马师皇云，“马师皇者，黄帝时马医也”。曾治愈龙病，“后数数有疾龙出其波，告而求治之。一旦，龙负皇而去”。

〔九〕获龙：汉魏本作“护龙”，意即为龙治病。“获（獲）”形近“护（護）”而误。

〔一〇〕方回：列仙传卷上方回云：“方回者，尧时隐人也。尧聘以为闾士，炼食云母。……隐于五柞山。”

〔一一〕咀嚼以云母：汉魏本作“变化于云母”，与嵇康答难养生论（嵇中散集卷四）云“方回以云母变化”合。此条列仙传赞云“隐身五柞，咀嚼云英”，四库本作“方回咀嚼以云母”，亦有根据。云母，古代一种矿物药。神农本草经疏卷三玉石部云：“云母味甘平，无毒。”疏云：“久服，悦泽不老，耐寒暑，志高神仙。”抱朴子内篇仙药列为仙药之一。

〔一二〕赤将：即赤将子舆。列仙传卷上赤将子舆云：“赤将子舆者，黄帝时人。不食五谷，而啖百草花。至尧帝时为木工，能随风雨上下。”其赞云：“餐葩饮露，托身风雨。”

〔一三〕茹葩：指啖食百草花。

〔一四〕涓子：列仙传卷上涓子云：“涓子者，齐人也。好饵术，接食其精，至三百年乃见于齐。著天地人经四十八篇。”又云：“其琴心三篇有条理焉。”

〔一五〕饵术：服食苍术。饵术方是以苍术、石菖蒲等合成之饵术药方，饵术法则是将苍术炼丹服食。据说，饵术可使人益寿。

〔一六〕啸父：列仙传卷上啸父云：“啸父者，冀州人也。少在西周市上补履数十年，人不知也。后奇其不老，好事者造求其术，不能得也。唯梁母得其作火法……列数十火而升西。”

〔一七〕烈火：列仙传卷上啸父称其“列数十火而升西”，历世真仙体道通鉴（以下简称“真仙通鉴”）卷三啸父作“列数十火而升天”。

"烈"应作"列"。汉魏本作"别",皆因字形近而误。

〔一八〕务光:列仙传卷上务光云:"务光者,夏时人也。耳长七寸,好琴,服蒲韭根。"又称,汤既克桀,以天下让于光,光不受,遂负石沉于蓼水(庄子让王作"庐水"),已而自匿。

〔一九〕脯薤:指服食蒲韭根,一种草本植物的根。

〔二〇〕仇生:列仙传卷上仇生云:"仇生者,不知何所人也。当殷汤时为木正三十馀年。……常食松脂,在尸乡北山上,自作石室。"

〔二一〕邛疏:列仙传卷上邛疏云:"邛疏者,周封史也。能行气炼形,煮石髓而服之,谓之石钟乳。"

〔二二〕服石:汉魏本作"煮石",是。列仙传卷上邛疏云:"煮石髓而服之,谓之石钟乳。"

〔二三〕炼形:道家修炼之法。云笈七签卷八三五行紫文除尸虫法称:"五行紫文曰:常用朔望之日,日中时临目西向,存两目中出青气,心中出赤气,脐中出黄气,于是三气相绕,合为一以冠身,尽见外洞澈如光之状,良久乃叩齿四十通,毕而嚥液,此谓炼形之道。"

〔二四〕琴高:列仙传卷上琴高云:"琴高者,赵人也。以鼓琴为宋康王舍人。行涓(子)、彭(祖)之术,浮游冀州涿(砀)郡之间二百馀年。"后乘赤鲤与弟子相会。

〔二五〕砀中:指砀郡,在今河南商丘一带。

〔二六〕桂父:列仙传卷上桂父云:"桂父者,象林人也。色黑而时白、时黄、时赤。南海人见而尊事之。常服桂及葵,以龟脑和之。"

〔二七〕女丸:太平广记卷五九引女仙传作"女几",是。列仙传卷下女丸云:"女丸者,陈市上沽酒妇人也。作酒常美,遇仙人过其家饮酒,以素书五卷为质。丸开视其书,乃养性交接之术。"乃"更设房室,纳诸年少,饮美酒,与止宿,行文书之法。如此三十年,颜色更如二十"。

〔二八〕陵阳:即陵阳子明。列仙传卷下陵阳子明云:"陵阳子明者,铚
乡人也。……子明遂上黄山,采五石脂,沸水而服之。三年,龙
来迎去,止陵阳山上百馀年。"

〔二九〕商丘:即商丘子胥。列仙传卷下商丘子胥云:"商丘子胥者,高
邑人也。"又云:"但食术菖蒲根,饮水,不饥不老如此。传世见
之三百馀年。"

〔三〇〕菖蒲:一种草本植物。说郛卷五下引孝经援神契云:"菖蒲益
聪。"道家认为食之可以延年。

〔三一〕不终:说郛卷五八下引神仙传作"无终"。

〔三二〕雨师:各本同。雨师本是赤松子之职。列仙传卷上赤松子云:
"赤松子者,神农时雨师也。服水玉以教神农,能入火自烧。往
往至昆仑山上,常止西王母石室中,随风雨上下。"

〔三三〕炼五色:不知何所指,"五色"或是"水玉",抱朴子内篇仙药云:
"赤松子以玄虫血渍玉为水而服之,故能乘烟上下也。"

〔三四〕厉天:汉魏本作"属天"。厉,疾飞也。

〔三五〕子光:汉魏本作"子先",是,即呼子先。列仙传卷下呼子先云:
"呼子先者,汉中关下卜师也。老寿百馀岁,临去,呼酒家老姬
曰:'急装,当与姬共应中陵王。'夜有仙人持二茅狗来至,呼子
先,子先持一与酒家姬,得而骑之,乃龙也。上华阴山,常于山
上大呼言'子先、酒家母在此'云。"

〔三六〕虬雷:意不明。汉魏本作"两虬",是。虬,有角之小龙。

〔三七〕周晋:即王子乔。列仙传卷上王子乔云:"王子乔者,周灵王太
子晋也。"故称"周晋"。又云:"道士浮丘公接以上嵩高山。三
十馀年后,求之于山上,见柏(桓)良,曰:'告我家,七月七日待
我于缑氏山巅。'至时,果来白鹤驻山头。"素禽,指白鹤。

〔三八〕缑氏:指缑氏山,在今河南偃师南。

〔三九〕轩辕:列仙传卷上黄帝云:"黄帝者,号曰轩辕。能劾百神。……

自以为云师,有龙形。"

〔四〇〕鼎湖:列仙传卷上黄帝云:"黄帝采首山之铜,铸鼎于荆山之下,鼎成,有龙垂胡䫇下迎帝,乃升天。……群臣不得从,望帝而悲号,故后世以其处为鼎湖。"故事见于史记卷二八封禅书。荆山在今河南灵宝阌乡南。

〔四一〕葛由:列仙传卷上葛由云:"葛由者,羌人也。周成王时,好刻木羊卖之。一旦,骑羊而入西蜀,蜀中王侯贵人追之,上绥山。……随之者不复还,皆得仙道。"

〔四二〕绥山:在今四川峨眉山西南。

〔四三〕陆通:列仙传卷上陆通云:"陆通者,云楚狂接舆也。好养生,食橐卢、木实及芜菁子。……世世见之,历数百年去。"论语微子云:"楚狂接舆歌而过孔子曰:'凤兮!凤兮!何如德之衰?'"

〔四四〕匪遐纪:意即经历久远。

〔四五〕黄卢:汉魏本作"橐卢",是。橐卢或作"托卢",一名枸杞。本草纲目卷三六引本经云:"枸杞味苦寒,久服,坚筋骨轻身不老。"

〔四六〕萧史:列仙传卷上萧史云:"萧史者,秦穆公时人也。善吹箫。……穆公有女字弄玉,好之。公遂以女妻焉,日教弄玉作凤鸣。居数年,吹似凤声,凤凰来止其屋。……一旦,皆随凤凰飞去。"

〔四七〕轻举:升仙飞行也。

〔四八〕东方:指东方朔(前一五四——前九三年),史记、汉书有传。列仙传卷下东方朔云:"东方朔者,平原厌次人也。……武帝时,上书说便宜,拜为郎。……至宣帝初,弃郎以避乱世,置帻官舍,风飘之而去。"

〔四九〕飘衣于京都:汉魏本作"飘帻于京师"。帻,头巾。

〔五〇〕犊子:列仙传卷下犊子云:"犊子者,邺人也。少在黑山,采松子、茯苓饵而服之,且数百年。……时人乃知其仙人也。常过酤酒阳都家,阳都女者,市中酤酒家女……会犊子牵一黄犊来过,都女悦之,遂留相奉侍。……邑中随伺,逐之出门,共牵犊耳而走,人不能追也。"

〔五一〕灵化:汉魏本作"鬻桃"。按"犊子"条虽有犊子冬卖桃李之说,但此条偏重于黄犊之神灵,其赞亦云"乃控灵犊,倏若电征",应作"灵化"为是。

〔五二〕沦:率也。"沦神"谓犊子与酒家女并仙去。

〔五三〕主柱:列仙传卷下主柱曰:"主柱者,不知何所人也。……为邑令章君明饵砂,三年得神砂飞雪,服之五年,能飞行,遂与柱俱去云。"

〔五四〕于丹砂:汉魏本作"以饵砂",较合乎原文之意。砂即丹砂,又名朱砂,可作药用。抱朴子内篇仙药云:"神农四经又曰:'五芝及饵丹砂、玉札、曾青、雄黄、雌黄、云母、太乙禹馀粮,各可单服之,皆令人飞行长生。'"

〔五五〕阮丘:即黄阮邱。列仙传卷下黄阮邱云:"黄阮丘者,睢山上道士也。……于山上种葱薤百馀年,人不知也。……地动山崩,道绝,预戒下人,世共奉祠之。"

〔五六〕睢岭:列仙传卷下黄阮邱作"睢山"。古代称睢山者不止一处,此睢岭不知何所指。

〔五七〕英氏:指子英。列仙传卷下子英云:"子英者,舒乡人也。善入水捕鱼,得赤鲤,爱其色好,持归着池中。……一年长丈馀,遂生角,有翅翼。子英怪异,拜谢之。鱼言:'我来迎汝,汝上背,与汝俱升天。'即大雨,子英上其鱼背,腾升而去。"

〔五八〕脩羊:列仙传卷上脩羊公云:"脩羊公者,魏人也。在华阴山上石室中,有悬石榻,卧其上,石尽穿陷。……后以道干(汉)景帝,帝礼之,使止王邸中。数岁,道不可得,有诏问:'脩羊公能何日发?'语未讫,床上化为白羊。"

〔五九〕西岳：即华山，在今陕西华阴。

〔六○〕马丹：列仙传卷上马丹云："马丹者，晋耿之人也。……至献公时，复为幕府正。献公灭耿，杀恭太子，丹乃去。至赵宣子时，乘安车入晋都，候诸大夫，灵公欲仕之，逼不以礼。有迅风发屋，丹入回风而去。"

〔六一〕电徂：徂，往也。列仙传卷上马丹有"有迅风发屋，丹入回风而去"，又赞云："从礼迅风，杳然独上。"说郛卷五八下引神仙传作"上徂"，是，意为上随风而去。

〔六二〕鹿翁：指鹿皮公。列仙传卷下鹿皮公云："鹿皮公者，淄川人也。少为府小吏木工。……岑山上有神泉，人不能至也。小吏白府君，请木工斤斧三十人，作转轮悬阁，意思横生。数十日，梯道四间成，上其巅，作祠舍，留止其旁。绝其二间以自固，食芝草，饮神泉，且七十年。淄水来，山下呼宗族家室，得六十馀人，令上山半。水尽漂一郡，没者万计。小吏乃辞遣宗家，令下山，着鹿皮衣，遂去。"

〔六三〕园客：列仙传卷下园客云："园客者，济阴人也。……常种五色香草，积数十年，食其实。一旦，有五色蛾止其香树末，客收而荐之，以布生桑蚕焉。至蚕时，有好女夜至，自称客妻，客与俱收蚕，得百二十头，茧皆如瓮大，缲一茧，六十（一作七）日始尽。讫则俱去，莫知所在。"文选卷一八嵇康琴赋云"弦以园客之丝，徽以钟山之玉"，以此为典故。

〔六四〕蝉蜕：指仙去。

〔六五〕五华：指五色香草。

〔六六〕仙经：作者不详。抱朴子内篇、云笈七签、艺文类聚、太平御览曾多处引此书，或泛指有关神仙之作。

〔六七〕服食方：指道家服食药物，求轻身益气，延年益寿之方，魏书卷一一四释老志云，北魏天兴中，"仪曹郎董谧因献服食仙经数十

8

篇,于是置仙人博士"。恐指此。

〔六八〕系俗:意为俗累所束缚。

〔六九〕微:微言隐义。

〔七〇〕葛洪撰:汉魏本作"晋抱朴子葛洪稚川题"。

神仙传卷一

广成子〔一〕

广成子者,古之仙人也。居崆峒山〔二〕石室之中,黄帝〔三〕闻而造焉,曰:"敢问至道之要。"广成子曰:"尔治天下,云不待簇而飞〔四〕,草木不待黄而落〔五〕,奚足以语至道哉!"黄帝退而闲居三月,复往见之,广成子方北首而卧〔六〕,黄帝膝行而前,再拜请问治身之道。广成子蹶然而起曰〔七〕:"至哉!子之问也〔八〕。至道〔九〕之精,窈窈冥冥〔一〇〕;至道之极,昏昏默默〔一一〕。无视无听,抱神以静,形将自正〔一二〕。必静必清,无劳尔形,无摇尔精,乃可长生〔一三〕。慎内闭外,多知为败。我守其一〔一四〕,以处其和。故千二百岁而形未尝衰,得吾道者上为皇,入吾道者下为王〔一五〕。吾将去汝,适无何之乡,入无穷之门〔一六〕,游无极之野,与日月齐光,与天地为常。人其尽死而我独存焉。"

【校释】

〔一〕太平广记卷一“广成子”条云出神仙传，与本条大体同。汉魏本广成子全同于太平广记本。云笈七签卷一〇九引神仙传“广成子”条较简略。此条原出庄子在宥篇黄帝见广成子部分。

〔二〕崆峒山：所在地各说不一。史记卷一五帝本纪正义引括地志云：“笄头山一名崆峒山，在原州平高县(今宁夏固原)。庄子云广成子学道崆峒山，黄帝问道于广成子，盖在此。”太平寰宇记卷八河南道八汝州“梁县”云：“崆峒山，在县西南四十里，有广成子庙，即黄帝问道于广成子之所也。”汝州梁县在今河南汝州市。尚有在今甘肃泾川、今河南虞城之说，不一一具录。

〔三〕黄帝：史记卷一五帝本纪称，黄帝姓公孙，名轩辕，先后征服蚩尤、炎帝，诸侯咸尊之为天子，代神农氏，是为黄帝。

〔四〕云不待簇而飞：汉魏本作“禽不待候而飞”。云笈七签卷一〇九引神仙传“广成子”条、真仙通鉴卷二广成子作“云不待族而雨”。庄子在宥作“云气不待族而雨”，似是原文。司马彪注云：“族，聚也。未聚而雨，言泽少。”“云气”与下文“草木”相对应，四库本缺“气”字。“飞”应作“雨”。

〔五〕草木不待黄而落：庄子在宥司马彪注云：“言杀气多也。”云笈七签卷一〇九引神仙传“广成子”条、真仙通鉴卷二广成子作“木不待黄而落”。

〔六〕广成子方北首而卧：汉魏本无此句。北首，北向也。

〔七〕蹶然而起曰：汉魏本、云笈七签卷一〇九引神仙传“广成子”条作“答曰”。蹶然而起，惊起也。

〔八〕至哉！子之问也：汉魏本无。

〔九〕至道：谓道之至极。

〔一〇〕窈窈冥冥：庄子在宥云：“窈窈冥冥，至道之极；昏昏默默，无视无听。”郭象注曰：“窈冥、昏默，皆了无也。”又云笈七签卷五六

12

元气论序曰："窈窈冥冥,是为太易。"指宇宙处于原始状态,谓远而不可穷也。

〔一一〕昏昏默默:谓微而不可见也。汉魏本、云笈七签卷一〇九引神仙传"广成子"条无"至道之极,昏昏默默"句。

〔一二〕无视无听,抱神以静,形将自正:其义为"忘视而自见,忘听而自闻,则神不扰而形不邪也"。

〔一三〕必静必清,无劳尔形,无摇尔精,乃可长生:此言神必清静,形不劳役,气无摇动,则可以长生。"必静必清",汉魏本、云笈七签卷一〇九引神仙传"广成子"条同。太平广记卷一"广成子"条作"必净必清"。

〔一四〕我守其一:守其一,道德经所谓"得一"也,王弼注云:"一,数之始而物之极也。各是一物之生,所以为主也,物皆各得此一以成。"

〔一五〕得吾道者上为皇,入吾道者下为王:汉魏本、云笈七签卷一〇九引神仙传"广成子"条、真仙通鉴卷二广成子作"得我道者上为皇,失吾道者下为土",庄子在宥作"得吾道者,上为皇而下为王;失吾道者,上见光而下为土"。失道者居天地之间,懵然无知,举头但见日月,低头但见地下而已。四库本"入"为"失"之讹,"王"为"土"之讹。

〔一六〕吾将去汝,适无何之乡,入无穷之门:汉魏本作"将去汝,入无穷之门,游无极之野"。云笈七签卷一〇九引神仙传"广成子"条、真仙通鉴卷二广成子作"予将去汝,入无穷之间","间"乃"门"之讹。无何之乡、无穷之门,犹言天地之外也。

若　士〔一〕

若士者,古之神仙也,莫知其姓名。燕〔二〕人卢敖〔三〕,

秦时游于北海〔四〕，经于太阴〔五〕，入于玄关〔六〕，至于蒙谷〔七〕之山而见若士焉。其为人也，深目而玄准〔八〕，鸢肩〔九〕而修颈〔一〇〕，丰上而杀下〔一一〕，欣欣然方迎风轩轾而舞〔一二〕。顾见卢敖，因遁逃于碑〔一三〕下。卢敖仰而视之，方蜷龟壳〔一四〕而食蟹蛤〔一五〕。卢敖乃与之语曰："惟以敖为背群离党〔一六〕，穷观六合〔一七〕之外，幼而好游，长而不渝〔一八〕。周行四极〔一九〕，推此阴之未阙〔二〇〕，今卒睹夫子于此，殆可与敖为友乎？"若士俨〔二一〕然而笑，曰："嘻！子中州〔二二〕之民，不宜远而至此，犹光乎日月〔二三〕而载乎列星，比夫不名之地犹突奥〔二四〕也。我昔南游乎冈㵎〔二五〕之野，北息乎沉默〔二六〕之乡，西穷乎窈冥之室〔二七〕，东贯乎濒洞之光〔二八〕，其下无地，其上无天。视焉无见，听焉无闻。其外犹有汰汰之汜〔二九〕，其行一举而千万里，吾犹未之能也。今子游始至于此，乃云穷观，岂不陋哉！然子处矣，吾与汗漫〔三〇〕期于九垓〔三一〕之上，不可以久住。"乃举臂竦身，遂入云中。卢敖仰而视之，弗见乃止，怆恨若有丧者也，曰："吾比夫子也，犹鸿鹄〔三二〕之与壤虫〔三三〕也，终日而行，不离咫尺〔三四〕，自以为远，不亦谬也？悲哉〔三五〕！"

【校释】

〔一〕太平广记、汉魏本均无此条。云笈七签卷一〇九引神仙传"若士"条与本条大体同。本条取材于淮南子道应训卢敖遇若士部分。

〔二〕燕：今北京。

〔三〕卢敖：抱朴子内篇极言说秦始皇为卢敖、徐福辈所欺弄，则史记卷六秦始皇本纪所说之卢生即卢敖。

〔四〕北海：指北方之海，非确定地域，或云即渤海。

〔五〕太阴：淮南子道应训高诱注曰："北方也。"

〔六〕玄关：云笈七签卷一〇九引神仙传"若士"条、三国志卷四二邵正传裴松之注引淮南子、太平御览卷三七地下引淮南子均作"玄阙"，淮南子道应训同，高诱注曰："北方之山。""关（關）"因形近"阙（闕）"而误。

〔七〕蒙谷：淮南子天文训："（日）至于虞渊，是谓黄昏，至于蒙谷，是谓定昏。"高诱注曰："蒙谷，北方之山名也，卢敖所见若士之所也。"

〔八〕玄准：云笈七签卷一〇九引神仙传"若士"条、三洞珠囊引神仙传、论衡道虚篇、三国志卷四二邵正传裴注引淮南子同。艺文类聚卷七八仙道及太平御览卷三七地下引淮南子及庄逵吉校本淮南子作"玄鬓"，即黑色的鬓发。准，鼻也；"玄准"意为鼻子高大。此句"深目"与"高鼻"对举，若作"玄鬓"便不相称。

〔九〕鸢肩：鸢是一种猛禽，像鸥，栖息时两翅高耸，"鸢肩"形容两肩上耸。

〔一〇〕修颈：云笈七签卷一〇九引神仙传"若士"条亦作"修颈"。三洞珠囊卷八引神仙传作"长颈"。论衡道虚篇作"雁颈"，同样用以形容颈长也。上文以鸢喻肩，下文以雁喻颈似更合对称。此句淮南子道应训、艺文类聚卷七八仙道引淮南子作"渠注（上海古籍出版社汪绍楹校本作"渠头"）而鸢肩"，太平御览卷三七地下引淮南子作"渡注而鸢肩"。"渡"应是"渠"之讹。高诱注曰："渠水。"三国志卷四二邵正传裴注引淮南子作"戾颈"。王念孙读书杂志淮南内篇第十二曰："'渠注'当为'渠颈'，高（诱）注'渠水'当为'渠大'，皆字之误也。渠颈，大颈也，渠之言巨也，艺文类聚灵异上引作'渠颈（头）而鸢肩'，又引注云'渠，大也'，可为确证矣。""渠颈"与"修颈"之义相反，刘文典淮南鸿烈校补说：" '雁颈'、'鸢肩'，谊正相类，文亦相对，王充东汉人，其书当较唐人所辑类书为可信，此当依论衡，不当依艺文类聚引文。"神仙传作"修颈"，三洞珠囊引神仙传作"长颈"，更可证刘说为是。

〔一一〕丰上而杀下：论衡道虚篇称儒书言："浮上而杀下。"意谓上肥下瘦。

〔一二〕欣欣然方迎风轩轾而舞：云笈七签卷一〇九引神仙传"若士"条无"轩轾"二字。"轩轾而舞"不可解。淮南子道应训作"轩轩然方迎风而舞"，"轩轩"指舞蹈高雅的样子，"轾"乃"轩"之讹。

〔一三〕碑：艺文类聚卷七八仙道引淮南子作"岬"。"碑"通"岬"，正韵："峡岬，山足也。"

〔一四〕蜷龟壳：蜷，淮南子道应训作"倨"，高诱注曰："楚人谓倨为倦。"盘腿而坐谓之倨。"蜷"应作"倦"。龟壳，龟之甲壳。"倦龟壳"即盘坐在龟壳之上，论衡道虚篇引若士故事转述曰"卷然龟背而食合梨"，是其意。

〔一五〕蟹蛤：论衡道虚篇及三国志郤正传裴注引淮南子作"合梨"或称"蛤蜊"，海蚌也。

〔一六〕党：释名曰："五百家为党。"

〔一七〕六合：太平御览卷二天部下引纂要曰："天地四方曰六合。"

〔一八〕长而不渝：云笈七签卷一〇九引神仙传"若士"条作"长生而不渝"，"生"乃衍文。淮南子道应训亦作"渝"，而各本引文均作"渝解"，释云："渝"即"偷"，"解"即"懈"。偷解，偷慢懈怠也。按，"幼而好游"与"长而不渝"文句对称，"渝"改为"偷解"既转折又破坏行文形式，殊不恰当；"不渝"即不变，义甚可通。

〔一九〕四极：尔雅卷七释地第九曰："东至泰远，西至邠国，南至濮铅，北至祝栗，谓之四极。"皆四方极远之地也。

〔二〇〕推此阴之未阙：云笈七签卷一〇九引神仙传"若士"条作"唯此极之未窥"。淮南子道应训作"唯北阴之未阒"，论衡道虚篇引文同。三国志卷四二郤正传裴注引淮南子作"惟北阴之不窥"。"推"因形近"唯"而误;"此"因形近"北"而误,北阴,指北极;"阙"因形近"阒"而误。"阒"与"窥"通。

〔二一〕俨:矜庄貌。云笈七签卷一〇九引神仙传"若士"条作"淡"。淮南子道应训、三国志卷四二郤正传裴注引淮南子、艺文类聚卷七八仙道引淮南子均作"龤"。龤,笑而见齿貌,似近文义。

〔二二〕中州:中原地区。

〔二三〕犹光乎日月:云笈七签卷一〇九引神仙传"若士"条作"此犹光乎日月"。淮南子道应训及其他典籍引此文者均有"此"字,应补。此句高诱注曰:"言太阴之地,尚可见日月也。"

〔二四〕比夫不名之地犹突奥:突奥,淮南子道应训作"窔奥",高诱注曰:"言我所游不可字名之地,以卢敖所行比之,则如窔奥中也。"按,窔,指室东南隅;奥,室西南隅;窔奥,意指室中一二角。

〔二五〕洞灂:云笈七签卷一〇九引神仙传"若士"条作"涓灁"。淮南子道应训作"冈㝐",论衡道虚篇作"罔浪",三国志郤正传裴注引淮南子作"罔㝐",太平御览卷三七地下引淮南子同。扬雄太玄经卷三曰"天网罡罡",范望注云:"罡罡,广大貌。"罔㝐,空广之意。其意同。

〔二六〕沉默:云笈七签卷一〇九引神仙传"若士"条作"沉嘿"。论衡道虚篇作"沉薶",三国志卷四二郤正传裴注引淮南子及太平御览卷三七地下引淮南子作"沉墨",皆无声无息之意。

〔二七〕窈冥之室:云笈七签卷一〇九引神仙传"若士"条同。淮南子道应训作"窅冥之党",论衡道虚篇作"杳冥之党",三国志卷四二郤正传裴注引淮南子、太平御览卷三七地下引淮南子作"冥冥之党"。窈、窅、杳同音。庄子在宥:"窈窈冥冥,至道之极;昏昏默默,无视无听。"郭象注曰:"窈冥、昏默,皆了无也。"又云笈七签卷五六元气论序云:"窈窈冥冥,是为太易。"指宇宙处于原始状态。窈冥，各本虽字有不同，其义则不异。室，或作"党"，淮南子"西穷窅冥之党"，庄逵吉注曰："党，所也。"室与党同义。

〔二八〕溟洞之光：溟洞，意为相连貌，此处不可解。云笈七签卷一〇九引神仙传"若士"条作"鸿洞"。淮南子道应训、论衡道虚篇、太平御览卷三七地下引淮南子作"溟濛"。三国志卷四二谲正传裴注引淮南子作"鸿蒙"，意同。淮南子俶真训"以鸿濛为景柱"，高诱注曰："鸿濛，东方之野，日所出，故以为景柱。""溟洞"应作"鸿濛"或"溟濛"。"之光"，他本有作"之先"，"先"因形近"光"而误。

〔二九〕波波之氾：云笈七签卷一〇九引神仙传"若士"条、真仙通鉴卷五三若士作"沃沃之氾"。淮南子道应训作"汰沃之氾"，论衡道虚篇、太平御览卷三七地下引淮南子作"状沐之氾"。三国志卷四二谲正传裴注引淮南子作"沉沉（考证云：宋本作汰沃）之氾"。高诱注曰："汰沃，四海与天之际水流声也。氾，涯也。"

〔三〇〕汗漫：淮南子道应训高诱注："汗漫，不可知之也。"意为虚无飘缈之人。

〔三一〕九垓：淮南子道应训高诱注曰："九垓，九天之外。"太平御览卷二天部下引广雅云："九天之际曰九垠，九天之外次曰九陔。注云：垠，堮也，陔，阶也，言阶次有九。"

〔三二〕鸿鹄：云笈七签卷一〇九引神仙传"若士"条作"黄鹄"。史记卷四八陈涉世家云："陈涉太息曰：'嗟乎！燕雀安知鸿鹄之志哉？'"鸿鹄比喻志向高远之人。

〔三三〕壤虫：淮南子道应训高诱注曰："壤虫，虫之幼也。"

〔三四〕咫尺：淮南子道应训高诱注曰："八寸为咫，十寸为尺。"

〔三五〕不亦谬也？悲哉：云笈七签卷一〇九引神仙传"若士"条作"不亦悲哉"。淮南子道应训作"岂不悲哉"。文选卷一六江文通别赋注引神仙传作"岂不陋哉"。

沈文泰^{〔一〕}

沈<u>文泰</u>者，九疑^{〔二〕}人也。得<u>江众神丹</u>^{〔三〕}，土符还年之道^{〔四〕}，服之有效，欲于^{〔五〕}<u>昆仑</u>^{〔六〕}安息二千^{〔七〕}馀年，以传<u>李文渊</u>^{〔八〕}，曰："土符不法^{〔九〕}，服药行道无益也。"<u>文渊</u>遂授^{〔一〇〕}其秘要，后亦升天。今以竹根汁煮丹，黄土去三尸^{〔一一〕}，出此二人也。

【校释】

〔一〕<u>太平广记</u>、<u>汉魏</u>本无此条。<u>云笈七签</u>卷一〇九引<u>神仙传</u>"<u>沈文泰</u>"条与本条同。

〔二〕九疑：<u>云笈七签</u>卷一〇九引<u>神仙传</u>"<u>沈文泰</u>"条作"九嶷"。在今<u>湖南宁远</u>南。

〔三〕得江众神丹：<u>云笈七签</u>卷一〇九引<u>神仙传</u>"<u>沈文泰</u>"条作"得红泉神丹"。<u>云笈七签</u>卷八二<u>神仙古方传授所来</u>作"得红线神丹"。<u>太平御览</u>卷六六二天仙引<u>神仙传</u>、<u>真仙通鉴</u>卷四<u>沈文泰</u>作"得红泉神丹法"。<u>抱朴子内篇金丹</u>云："<u>李文</u>丹法，以白素裹丹，以竹汁煮之，名红泉，乃浮汤上蒸之，合以玄水，服之一合，一年仙矣。"与下文煮丹法同。"江众（衆）"因形近"红泉"而误。本句应如<u>太平御览</u>作"得红泉神丹法"。

〔四〕土符还年之道：<u>云笈七签</u>卷一〇九引<u>神仙传</u>"<u>沈文泰</u>"条作"去土符还年益命之道"。<u>真仙通鉴</u>卷四<u>沈文泰</u>作"土符延年益命之道"。<u>太平御览</u>卷六六二天仙引<u>神仙传</u>作"学玉符述年之道"。"土符"指道家术士之符咒，下文有"土符不法（去），服药行道无益也"，亦有去土符之意，此处"土符"之前应有"去"字。<u>抱朴子内篇极言</u>称："但知服草药，而不知还年之要术，则终无久生之理也。"还年之道,指道家行气导引之术。

〔五〕于:云笈七签卷一〇九引神仙传"沈文泰"条作"往",太平御览卷六六二天仙引神仙传作"之",皆去之意。

〔六〕昆仑:指昆仑山。据禹贡锥指卷一〇,传记言昆仑凡四处:一在西域,山海经云,昆仑墟在西北;一在海外,大荒经云:西海之南,流沙之滨,有大山名曰昆仑;一在酒泉,括地志卷四酒泉县云在酒泉县西南八十里,今肃州卫西南昆仑山是也;一在吐蕃,通典云,吐蕃自云昆仑山在国中西南,河之所出。胡渭按,近有说昆仑山在青海日月山。抱朴子内篇金丹引太清观天经曰:"中士得道,栖集昆仑。"

〔七〕二千:云笈七签卷八二神仙古方传授所来作"二十"。按,太平御览卷六六二天仙引神仙传作"留息积年",积年,多年也,但二千年太久,不符合"积年"之义,"二千"似应作"二十"。

〔八〕李文渊:不知何许人,上文引李文丹法恐即李文渊之丹法。

〔九〕不法:云笈七签卷一〇九引神仙传"沈文泰"条、太平御览卷六六二天仙引神仙传作"不去",是。

〔一〇〕授:应如云笈七签卷一〇九引神仙传"沈文泰"条作"受"。

〔一一〕黄土去三尸:云笈七签卷一〇九引神仙传"沈文泰"条作"及黄白去三尸法",太平御览卷六六二天仙引神仙传作"及黄神去三尸法"。"三尸",上尸、中尸、下尸也,云笈七签卷八一三尸中经引太上三尸中经曰:"上尸名彭倨,在人头中,伐人上分,令人眼暗、发落、口臭、面皱、齿落;中尸名彭质,在人腹中,伐人五藏,少气多忘,令人好作恶事,啖食物命,或作梦寐倒乱;下尸名彭矫,在人足中,令人下关骚扰,五情涌动,淫邪不能自禁。"道家术士以为人体各种疾病,皆由"三尸"或"三虫"引起,除去三尸、三虫便能延年益寿。今云笈七签卷八二、卷八三记录多种去三尸法。

彭　祖^{〔一〕}

彭祖者,姓篯名铿,帝颛顼^{〔二〕}之玄孙。至殷末世,年七百六十岁^{〔三〕}而不衰老。少好恬静,不恤世务,不营名誉,不饰车服,唯以养生治身为事。殷王闻之^{〔四〕},拜为大夫,常称疾闲居,不与政事。善于补养导引^{〔五〕}之术,并服水桂^{〔六〕}、云母^{〔七〕}粉、麋鹿角^{〔八〕},常有少容。然其性沉重,终不自言有道,亦不作诡惑变化鬼怪之事,窈然^{〔九〕}无为。时乃游行^{〔一〇〕},人莫知其所诣,伺候之^{〔一一〕},竟不见也。有车马而不常乘,或数百日或数十日不持资粮,还家则衣食与人无异。常闭气内息^{〔一二〕},从平旦至日中,乃危坐^{〔一三〕}拭目^{〔一四〕},摩挱身体,舐唇咽唾^{〔一五〕},服气^{〔一六〕}数十乃起行,言笑如故^{〔一七〕}。其体中或有疲倦不安,便导引闭气,以攻其患。心存其身^{〔一八〕},头面^{〔一九〕}九窍^{〔二〇〕},五藏^{〔二一〕}四肢,至于毛发,皆令其存^{〔二二〕}。觉其气行^{〔二三〕}体中,起^{〔二四〕}于鼻口中,达十指末,寻即平和^{〔二五〕}也。王自诣问讯,不告之。致遗珍玩,前后数万,彭祖皆受之^{〔二六〕},以恤贫贱,略无所留^{〔二七〕}。

又有采女^{〔二八〕}者,亦少得道,知养形^{〔二九〕}之方,年二百七十岁,视之年如十五六^{〔三〇〕}。王^{〔三一〕}奉事之于掖庭^{〔三二〕},为立华屋紫阁^{〔三三〕},饰以金玉,乃令采女乘轻輧^{〔三四〕}而往,问道于彭祖。采女再拜^{〔三五〕},请问延年益寿之法,彭祖曰:"欲举形登天^{〔三六〕},上补仙官^{〔三七〕}者,当用金丹〔三八〕，此元君太一〔三九〕所服〔四〇〕，白日升天〔四一〕也。然此道至大，非君王所为〔四二〕。其次当爱精养神〔四三〕，服饵至药〔四四〕，可以长生，但不能役使鬼神〔四五〕，乘虚飞行耳。不知交接之道〔四六〕，虽服药无益也。采女能养阴阳者也，阴阳之意可推而得，但不思之耳，何足枉问耶〔四七〕？仆遗腹而生，三岁失母，遇犬戎之乱〔四八〕，流离西域百有馀年，加以少怙〔四九〕，丧四十九妻，失五十四子，数遭忧患，和气折伤，令〔五〇〕肌肤不泽，荣卫〔五一〕焦枯，恐不得度世〔五二〕。所闻素又浅薄〔五三〕，不足宣传，今大宛山〔五四〕中有青精先生者，传言千岁，色如童子，行步一日三百里，能终岁不食，亦能一日九餐〔五五〕，真可问也。"

采女曰："敢问青精先生所谓何仙人也？"彭祖曰："得道者耳，非仙人也。仙人者，或竦身入云，无翅而飞。或驾龙乘云，上造太阶〔五六〕。或化为鸟兽，浮游青云。或潜行江海，翱翔名山。或食元气〔五七〕，或茹芝草。或出入人间，则不可识〔五八〕，或隐其身草野之间〔五九〕。面生异骨，体有奇毛，恋〔六〇〕好深僻，不交流俗〔六一〕。然有〔六二〕此等虽有不亡之寿，皆去人情，离〔六三〕荣乐，有若雀之化蛤〔六四〕，雉之为蜃〔六五〕，失其本真，更守异器。今〔六六〕之愚心，未之愿也〔六七〕。人〔六八〕道当食甘旨，服轻丽，通阴阳〔六九〕，处官秩耳。目聪明〔七〇〕，骨节坚强，颜色和泽，老而不衰，延年久视〔七一〕，长在世间，寒温风湿不能伤，鬼神众精莫敢犯，五兵〔七二〕百虫不能近，忧〔七三〕喜毁誉不为累，乃可贵耳〔七四〕。人之受气，虽不知方术，但养之得宜，当〔七五〕至百二十岁，

神仙传校释

不及此者,皆伤之也〔七六〕。小复晓道,可得二百四十岁,能加之〔七七〕,可至四百八十岁。尽其理者,可以不死,但不成仙人耳。养寿之道,但莫伤之而已。夫冬温夏凉,不失四时之和,所以适身也。美色淑姿,幽闲娱乐〔七八〕,不致〔七九〕思欲之惑,所以通神也。车服威仪,知足无求,所以一其志〔八〇〕也。八音〔八一〕五色〔八二〕以玩视听〔八三〕,所以导心也。凡此皆以养寿,而不能斟酌之者,反以速患。古之至人〔八四〕,恐下才之子,未识事宜,流遁不还,故绝其源也。故有上士别床,中士异被〔八五〕,服药千裹〔八六〕,不如独卧〔八七〕。五色令人目盲,五味令人口爽〔八八〕,苟能节宣其宜适,抑扬其通塞者,不减年算〔八九〕而得其益。凡此之类,譬犹水火,用之过当〔九〇〕,反为害耳。人〔九一〕不知其经脉损伤,血气不足,内理空疏,髓脑不实,体已先病,故为外物所犯,因风寒〔九二〕酒色以发之耳。若本充实,岂当病耶〔九三〕!凡远思强记〔九四〕伤人,忧恚〔九五〕悲哀伤人,情乐过差伤人〔九六〕,忿怒不解伤人,汲汲所愿伤人,戚戚所患伤人,寒暖失节伤人〔九七〕,阴阳不交〔九八〕伤人。所伤人者甚众〔九九〕,而独责〔一〇〇〕于房室〔一〇一〕,不亦惑哉!男女相成,犹天地相生也,所以导养神气〔一〇二〕,使人不失其和。天地得交接之道,故无终竟之限。人失交接之道,故有残折〔一〇三〕之期。能避众伤之事,得阴阳之术〔一〇四〕,则不死之道也。天地昼离而夜合,一岁三百六十交,而精气和合者有四〔一〇五〕,故能生育万物,不知穷极〔一〇六〕,人能则之,可以长存。次有服气得其道,则邪气不得入,治身之本要也。其馀吐纳[一〇七]导引[一〇八]之术，及念体中万神[一〇九]，有含影守形[一一〇]之事[一一一]，一千七百馀条，及四时首向，责己谢过[一一二]，卧起早晏之法[一一三]，皆非真道。可以教初学者，以正其心耳[一一四]。爱精养体[一一五]，服气鍊形[一一六]，万神自守。其不然者[一一七]，则荣卫枯瘁[一一八]，万神自逝，非思念所留者也[一一九]。愚人[一二〇]为道，不务其本而逐其末，告以至言，又不能信，见约要之书，谓之轻浅，而昼夕伏诵[一二一]，观夫太清北神中经[一二二]之属，以此疲劳[一二三]，至死无益也，不亦悲哉！又人苦多事，又少能弃世，独住[一二四]山居穴处者，以顺道[一二五]教之，终不能行，是非仁人之意也。但知房中之道，闭气之术[一二六]，节思虑，适饮食，则得道矣。吾先师初著九都、节解、韬形、隐遁、无为、开明、四极、九室诸经[一二七]，万三千首，为以示始涉门庭者耳。"

采女具受诸要以教王，王试为之，有验，欲秘之[一二八]，乃令国中有传彭祖道者诛之。又欲害彭祖以绝之，彭祖知之，乃去，不知所在[一二九]。其后七十馀年，闻人[一三〇]于流沙之西[一三一]见之。王能常行彭祖之道[一三二]，得寿三百岁，力转丁壮[一三三]，如五十时。郑女妖淫[一三四]，王失其道而殂。俗间[一三五]相传言彭祖之道杀人者，由于王禁之故也[一三六]。彭祖去殷时，年七百七十[一三七]岁，非寿终也。

【校释】

〔一〕列仙传有"彭祖"条，只八十字。太平广记卷二"彭祖"条云出神仙传，与此条基本同。汉魏本彭祖与太平广记本全同。云笈七签卷三二养性延命录引述彭祖之言,亦摘录此条文字,可供参证。

〔二〕颛顼:史记卷一五帝本纪云:"帝颛顼高阳者,黄帝之孙。"

〔三〕七百六十岁:汉魏本、法苑珠林卷四一潜通篇引神仙传作"七百六十七"。艺文类聚卷七八仙道引神仙传作"七百馀岁"。列子卷六力命称:"彭祖之智,不出尧舜之上,而寿八百。"彭祖之事,本是传说,其年龄不必有确数。

〔四〕殷王闻之:汉魏本缺"殷"字。

〔五〕善于补养导引:汉魏本作"善于补导"。导引,导气令和,引体令柔也。导气令和,今谓之气功。引体令柔,即自行按摩。慧琳一切经音义卷一八"按摩"云:"自摩自捏,申缩手足,除劳去烦,名为导引。"参云笈七签卷五七导引论。隋书卷三四经籍志三著录导引图三卷。

〔六〕水桂:艺文类聚卷七八仙道引神仙传作"水精"。水精、水桂,均是道家延年之药。

〔七〕云母:见神仙传序注。又,太平御览卷四三云母山引寿春图经曰:"云母山一名濠上山,在(濠)州(治今安徽凤阳东)东南四十里。按神仙传云'彭祖服食云母',时人共传采于此山。"

〔八〕麋鹿角:或称鹿茸。说文解字第十上"麋"曰:"鹿属。……冬至解其角。"太平御览卷九八八鹿茸引本草经曰:"鹿茸强志不老。"

〔九〕窈然:幽闲也。

〔一〇〕时乃游行:汉魏本作"少周游,时还独行"。

〔一一〕伺候之:汉魏本无"之"字。

〔一二〕闭气内息:吸气入体内而存之。

〔一三〕危坐:两膝着地,直身起谓之危坐,即今跪也。

〔一四〕拭目:道家养生之法。巢氏诸病源候总论卷二八目暗不明候引养生方导引法云:"东向坐不息,再通以两手中指,口唾之二七,相摩拭目,令人目明。"

〔一五〕舐唇咽唾:以上均是道家以为的养生之术。

〔一六〕服气:道家方术之士以呼吸锻炼身体及治病之法,谓之"服气",详参云笈七签卷五七服气精义论。

〔一七〕如故:汉魏本无此二字。

〔一八〕心存其身:汉魏本作"心存其体"。此段所言,皆气功之术,以为心居身,可观一体之象,而知防治疾病之法,详参云笈七签卷一一上清黄庭内景经。

〔一九〕头面:汉魏本作"面"。

〔二〇〕九窍:指人体九孔,阳窍七,阴窍二。阳窍即眼、耳、鼻各二孔,口一孔,七者在头露见,故为阳也;阴窍即下体前阴、后阴,二者在下不见,故为阴。

〔二一〕五藏:汉魏本作"五脏",谓肺、心、肝、脾、肾,古代医家认为皆气之所藏。

〔二二〕其存:云笈七签卷三二服气疗病作"所在"。法苑珠林卷四一潜遁篇引神仙传作"其在"。汉魏本作"具至"。

〔二三〕其气行:汉魏本、云笈七签卷三二服气疗病引彭祖言、法苑珠林卷四一潜遁篇引神仙传作"其气云行"。四库本脱"云"字。云行,如云行于空中。

〔二四〕起:汉魏本作"故"。

〔二五〕平和:汉魏本作"体和"。

〔二六〕前后数万,彭祖皆受之:汉魏本作"前后数万金而皆受之"。

〔二七〕略无所留:汉魏本作"无所留"。

〔二八〕采女:原指宫女,此处指仙界之仙女。

〔二九〕养形:汉魏本作"养性",法苑珠林卷四一潜遁篇引神仙传作"养形神"。淮南子泰族训云:"治身,太上养神,其次养形。"养形,犹言锻炼身体也。

〔三〇〕视之年如十五六:汉魏本作"视之如五六十岁"。法苑珠林卷四
　　一潜遁篇引神仙传作"视之如十五六"。汉魏本误。

〔三一〕王:汉魏本作无。

〔三二〕掖庭:后宫也。

〔三三〕紫阁:豪华住所。太平御览卷六七四理所引龟元箓曰:"紫阁,
　　西华玉女居之。"

〔三四〕轻軿:汉魏本、法苑珠林卷四一潜遁篇引神仙传作"辎軿"。辎
　　軿,四面有屏车之车。古代妇人平时深居闺阃,出则乘辎軿拥
　　蔽其面。"轻軿"应作"辎軿"。

〔三五〕采女再拜:汉魏本作"既而再拜"。

〔三六〕举形登天:犹言使形体轻举登天,升仙也。

〔三七〕仙官:仙界之官。说郛卷五八下引沈汾续神仙传云:"神仙之
　　事,灵异罕测,初之修也,守一炼气,拘谨法度,孜孜辛勤,恐失
　　于半涂,往海储山,积功之高者便为仙官,卑者犹为仙民。"又
　　云:"仙官分理仙民及人间仙凡也。"

〔三八〕金丹:道家方术之士以丹砂等合成之药,又称神丹。抱朴子内
　　篇金丹云:"太清神丹,其法出于元君。"又云:"黄帝九鼎神丹经
　　曰:'黄帝服之,遂以升仙。'抱朴子内篇登涉云:"若服金丹大
　　药,虽未升虚轻举,然体不受疾,虽当风卧湿,不能伤也。"

〔三九〕元君太一:元君,汉魏本作"九召"。抱朴子内篇金丹云:"元君
　　者,大神仙之人也。"太一,又称太乙。史记卷二八封禅书曰:
　　"天神贵者太一。"索隐引宋均云:"天一、太一,北极神之别名。"
　　抱朴子内篇极言云:"按神仙经皆云黄帝及老子奉事太乙元君
　　以受要诀。"云笈七签卷一八老子中经上"第一神仙"云:"上上
　　太一者,道之父也,天地之先也。"

〔四〇〕当用金丹,此元君太一所服:"所服",汉魏本作"所以"。太平御

览卷六六八养生引集仙录中**彭祖**言作"当服元君太一金丹",云**笈七签**卷九八"太真夫人赠马明生诗二首序"云:"有安期先生,晓金液丹法,其方秘要,是元君太一之道,白日升天者矣。"元君太一金丹即是元君太一金液丹。

〔四一〕白日升天:升仙也。**抱朴子内篇至理**云:"有卜成者,学道经久,乃与家人辞去,见其行步稍高,遂入云中不复见。此所谓举形轻飞,白日升天,仙之上者也。"

〔四二〕所为:**汉魏本**作"所能为"。

〔四三〕爱精养神:**汉魏本**作"爱养精神",即所谓养气自守,闭明塞听,爱精自辅,服药导引修炼身体之法。

〔四四〕服饵至药:**汉魏本**作"服药草",**太平御览**卷六六八养生引集仙录,其中**彭祖**言延年益寿之道作"草药"。草药指草本药物。"至药"应作"草药"。

〔四五〕役使鬼神:道家方术,以为用法术符咒可以指使鬼神。

〔四六〕不知交接之道:**汉魏本**作"身不知交接之道"。交接之道,指房中术。

〔四七〕虽服药无益……何足枉问耶:**汉魏本**作"能养阴阳之意,可推之而得,但不思言耳,何足怪问也"。

〔四八〕犬戎之乱:**史记**卷四周本纪:"(幽王十一年,公元前七七一年)西夷犬戎攻幽王。幽王举烽火征兵,兵莫至。遂杀幽王骊山下。"

〔四九〕少怙:年少丧父。**汉魏本**作"少枯",误。

〔五〇〕令:**汉魏本**作"冷热",误。

〔五一〕荣卫:又作"营卫",指动静脉之血。**太平御览**卷六六八养生引集仙录此句作"血脉枯竭"。**云笈七签**卷五七导引论云:"荣气者,所以通津血,强筋骨,利开窍也。卫气者,所以温肌肉,充皮肤,肥腠理,司开阖也。"

〔五二〕度世:长生也。

〔五三〕所闻素又浅薄:汉魏本作"所闻浅薄"。

〔五四〕大宛山:所谓大宛山是虚构的地名。

〔五五〕青精先生者……亦能一日九餐:三洞群仙录卷二时荷一食青精九餐引神仙传作"青精先生年千岁,色如童子,行步日过五百里。能终岁不食,亦能一日九餐"。"行步一日三百里",汉魏本作"步行日过五百里"。

〔五六〕太阶:或作"泰阶",汉魏本作"天阶"。汉书卷六五东方朔传注引应劭曰:"黄帝泰阶六符经曰:'泰阶者,天之三阶也。上阶为天子,中阶为诸侯、公卿大夫,下阶为士、庶人。'"

〔五七〕元气:元始之气。或称天气,所以养万物者。

〔五八〕则不可识:汉魏本作"而人不识"。

〔五九〕或隐其身草野之间:汉魏本作"或隐其身而莫之见"。

〔六〇〕恋:汉魏本作"率"。

〔六一〕流俗:流移之俗。汉魏本作"俗流"。

〔六二〕有:汉魏本无此字,恐是衍文。

〔六三〕离:汉魏本作"远"。

〔六四〕蛤:指蛤蟆。礼记月令云,季秋之月,"爵(雀)入大水为蛤"。

〔六五〕雉之为蜃:汉魏本作"雉化为蜃"。蜃,指蛤蜊。礼记月令云,孟冬之月,"雉入大水为蜃"。

〔六六〕今:汉魏本作"余",是。

〔六七〕未之愿也:汉魏本作"未愿此已"。

〔六八〕人:汉魏本作"人",误。

〔六九〕通阴阳:谓男女交接。

〔七〇〕目聪明:汉魏本无,应如抱朴子内篇对俗引彭祖言作"耳目聪明"。

〔七一〕久视:久活也。

〔七二〕五兵:指古代五种兵器。太平御览卷三三九叙兵器引司马法云:"弓矢围,殳(撞击兵器)矛守,戈戟助,凡五兵。"

〔七三〕忧:汉魏本作"嗔"。

〔七四〕仙人者……乃可贵耳:此节可参抱朴子内篇对俗引彭祖言:"古之得仙者,或身生羽翼,变化飞行,失人之本,更受异形,有似雀之为蛤,雉之为蜃,非人道也。人道当食甘旨,服轻暖,通阴阳,处官秩,耳目聪明,骨节坚强,颜色悦怿,老而不衰,延年久视,出处任意,寒温不能伤,鬼神聚精不能犯,五兵百毒不能中,忧喜毁誉不为累,乃为贵耳。"

〔七五〕当:汉魏本作"常"。

〔七六〕不及此者,皆伤之也:汉魏本作"不及此者,伤也"。

〔七七〕能加之:汉魏本无"能"字。云笈七签卷三二养性延命录引彭祖言作"复微加药物",其意始明,四库本有脱讹。

〔七八〕幽闲娱乐:太平御览卷七二○养生引神仙传作"安闲性乐"。

〔七九〕不致:太平御览卷七二○养生引神仙传作"不欣"。

〔八○〕一其志:汉魏本作"一志"。

〔八一〕八音:尚书正义卷三舜典孔颖达疏云:"金、石、土、革、丝、木、匏、竹。郑云:金,钟镈也;石,磬也;土,埙也;革,鼓也;丝,琴瑟也;木,柷敔(古代木质乐器,击之以示乐曲起止)也;匏,笙也;竹,管箫也。"

〔八二〕五色:青、黄、赤、白、黑也。

〔八三〕以玩视听:汉魏本作"以悦视听"。太平御览卷七二○养生引神仙传作"以养视听之欢"。

〔八四〕至人:太平御览卷七二○养生引神仙传作"智人"。

〔八五〕故有上士别床,中士异被:三洞群仙录卷一八蒯京练精篯铿闭气引神仙传云:"上士别床,中士异被,下士服药。"语较完整,四库本似脱"下士服药"句。

〔八六〕千裹:汉魏本、三洞群仙录卷一八蒯京练精筴铿闭气引神仙传作"百裹"。太平御览卷七二〇养生引神仙传作"百过"。裹,囊也,古代服药有以裹为单位。"过"音同"裹"而误。

〔八七〕不如独卧:类说卷三引神仙传"彭祖经"条云:"尝云:'上士别床,中士异被,服药百裹(裹)不如独卧。'后人集其采纳之术,号彭祖经。"

〔八八〕五色令人目盲,五味令人口爽:按,河上公注老子道德经俭欲称:"五色令人目盲,五音令人耳聋,五味令人口爽。"色、音、味并举。汉魏本作"五音使人耳聋,五味使人口爽",只举音、味,与四库本只举色、味,似皆有脱漏。太平御览卷七二〇养生引神仙传作"色使目盲,声使耳聋,味令口爽"。五音,宫、商、角、徵、羽五调。五味,酸、苦、甘、辛、咸。淮南子精神训云:"五色乱目,使目不明;五声哗耳,使耳不聪;五味乱口,使口爽伤。"

〔八九〕不减年算:汉魏本作"不以减年"。年算,年龄也。云笈七签卷三六摄生月令引彭祖摄生论曰:"目不视不正之色,耳不听不正之声,口不尝毒疠之味,心不起欺诈之谋,此之数种,乃亡魂丧精,灭折算寿者也。"

〔九〇〕用之过当:太平御览卷七二〇养生引神仙传作"可否失适"。

〔九一〕人:汉魏本无。

〔九二〕风寒:汉魏本作"气寒"。

〔九三〕人不知其经脉损伤……岂当病耶:此数句云笈七签卷三二养性延命录云:"彭祖曰,人不知脉经服药损伤,血气不足,内理空疏,髓脑不实,内已先病,故为外物所犯,风寒酒色以发之耳。若本充实,岂有病乎。"可参读。太平御览卷七二〇养生引神仙传作"肉骨"。"肉骨"可与上文"血气"、下文"髓脑"对应。风寒,汉魏本作"气寒",均可通,而"风寒"似更合。

〔九四〕强记:太平御览卷七二〇养生引神仙传作"强健",误。

〔九五〕恚:汉魏本作"喜",因字形近致误。

〔九六〕情乐过差伤人:太平御览卷七二〇养生引神仙传作"喜乐过量伤人"。抱朴子内篇极言亦称:"喜乐过差,伤也。"汉魏本作"喜乐过差",下文缺"伤人"二字。"情乐"似应作"喜乐"。

〔九七〕戚戚所患伤人,寒暖失节伤人:汉魏本无。

〔九八〕阴阳不交:汉魏本作"阴阳不顺"。淮南子氾论训称:"天地之炁莫大于和,和者阴阳调,日夜分。"阴阳不交,不能成和也。

〔九九〕所伤人者甚众:太平御览卷七二〇养生引神仙传作"人所伤者甚众",汉魏本作"所伤者数种"。

〔一〇〇〕独责:汉魏本作"独戒"。

〔一〇一〕房室:汉魏本作"房中",谓男女交接也。

〔一〇二〕导养神气:汉魏本作"神气导养"。

〔一〇三〕残折:汉魏本作"伤残"。

〔一〇四〕阴阳之术:指房中术。

〔一〇五〕而精气和合者有四:太平御览卷七二〇养生引神仙传同,四库本作"而精气和合者有四时"。汉魏本、太平广记卷二"彭祖"条作"而精气和合"。太平御览卷六六八养生引集仙录述其意为"四时均",即四时(春夏秋冬)和合也。与"精气和合"义同,"而精气和合者有四"文句有讹误。

〔一〇六〕故能生育万物,不知穷极:汉魏本作"故能生产万物而不穷"。

〔一〇七〕吐纳:吐故气,纳新气也,道家行气称吐故纳新。抱朴子内篇微旨云:"明吐纳之道者,则曰唯行气可以延年矣。"太平御览卷七二〇养生引神仙传作"历藏"。历藏,闭目内视而思五脏之精华,道家修炼术也。抱朴子内篇遐览记有历藏延年经。

〔一〇八〕导引:导引,见前注。抱朴子内篇微旨云:"知屈伸之法者,则曰唯导引可以难老矣。"隋书卷三四经籍志三著录导引图三卷。

〔一〇九〕万神:道家以为人体五脏六腑、百关九节以至毛发,皆有神,故有万种。云笈七签卷一三太清中黄真经"百窍关连"曰:"百关九节皆神宅也。脏腑无邪气,所生即万神。"

〔一一〇〕含影守形:太平御览卷七二〇养生引神仙传作"含影中形"。道家方术以为含影守形,可以辟邪恶,度不祥,而不能延寿命,消体疾。抱朴子内篇地真云:"抱朴子曰:'吾闻之于师云,道术诸经,所思存念作,可以却恶防身者,乃有数千法。如含影藏形,及守形无生,九变十二化二十四生等,思见身中诸神,而内视令见之法,不可胜计,亦各有效也。'"

〔一一一〕之事:太平御览卷七二〇养生引神仙传下有"不然干心志也"句,而不引"一千七百馀条"至"以正其心耳"。

〔一一二〕四时首向,责己谢过:修身洁己谓之首向。后汉书卷七六刘焉传云,张鲁行五斗米道,"有病但令首过而已"。"首过"即首向谢过。

〔一一三〕卧起早晏之法:医说卷九养性云"春欲晏卧早起,夏秋欲夜寝早起,冬欲早卧晏起",皆益人。

〔一一四〕以正其心耳:汉魏本作"以正其身"。

〔一一五〕爱精养体:太平御览卷七二〇养生引神仙传作"人能爱精养体",汉魏本作"人受精养体"。前文已有"爱精养神"之语。

〔一一六〕形:太平御览卷七二〇养生引神仙传作"神"。

〔一一七〕万神自守。其不然者:汉魏本作"万神自守。其真不然者",或断句为"万神自守其真,不然者"。

〔一一八〕荣卫枯瘁:"荣卫"见前注。太平御览卷七二〇养生引神仙传作"营卫",义同。"枯瘁",太平御览卷七二〇养生引神仙传作"枯疲",误。

〔一一九〕非思念所留者也:汉魏本作"悲思所留者也","非"讹为"悲"。此句太平御览卷六六八养生引集仙录作"岂思神念真而能守之,固未知其益也",其意与"非思念所留者也"义合。此数句可参云笈七签卷五六元气论,据称:"夫元气者,乃生气之源……圣人喻引树为证也,此气是人之根本,根本若绝,则藏腑筋脉如枝叶,根朽枝枯,亦以明矣。问:'何谓肾间动气?'答曰:'右肾谓之命门,命门之气动出其间……乃元气之系也,精神之舍也。以命门有真精之神善能固守,守御之至,邪气不得妄入,故名守邪之神矣。若不守邪,邪遂得入,人即人当死也。'人所以得全生命者,以元气属阳,阳为荣,以血脉属阴,阴为卫,荣卫常流,所以常生也,亦曰荣卫。荣卫即荣华气脉,如树木芳荣也。荣卫藏腑,爱护神气,得以经营,保于生路。……使荣卫周流,神气不竭可与天地同寿矣。"

〔一二〇〕愚人:汉魏本作"人"。

〔一二一〕昼夕伏诵:汉魏本作"不尽服诵"。按,上文既以为轻浅,当不会"昼夕服诵",应从汉魏本。

〔一二二〕太清北神中经:未见著录,疑为太清中经,或隋书卷三四经籍志三著录之太清神丹中经。

〔一二三〕疲劳:汉魏本作"自疲"。

〔一二四〕独住:汉魏本作"独往"。

〔一二五〕顺道:汉魏本作"道"。

〔一二六〕但知房中之道,闭气之术:汉魏本作"但知房中、闭气"。

〔一二七〕九都、节解、韬形、隐遁、无为、开明、四极、九室诸经:汉魏本作"九节都解指韬形隐遁尤为开明四极九室诸经",太平广记卷二"彭祖"条点校者注云:"抱朴子内篇遐览篇有九都经、蹈形记、隐守记、节解经。又仙药篇引开明经。御览六六七引有四极明科经、指教经。本文(指太平广记,汉魏本同)有讹脱颠倒处,疑当作九都、节解、指教、韬形、隐守、无为、开明、四极、九灵诸经。"是也。

〔一二八〕欲秘之：汉魏本作"殷王传彭祖之术,屡欲秘之"。

〔一二九〕采女具受诸要以教王……不知所在：抱朴子内篇极言引彭祖
经云："其自帝喾佐尧,历夏至殷为大夫,殷王遣彩女从受房
中之术,行之有效,欲杀彭祖,以绝其道,彭祖觉焉而逃去。去
时年七八百馀,非为死也。"可参考。

〔一三〇〕闻人：抱朴子内篇极言引黄石公记云："彭祖去后七十馀年,
门人于流沙之西见之,非死明矣。"又法苑珠林卷四一潜道篇
引神仙传云："其后七十馀年,门人于流沙之西见之。""闻"应
作"门"。

〔一三一〕流沙之西：古代指敦煌以西地区。汉魏本作"流沙之国西",
"国"是衍文。

〔一三二〕王能常行彭祖之道：汉魏本、法苑珠林卷四一潜道篇引神仙传
作"王不常行彭祖之术",四库本"能"乃"不"字之误。

〔一三三〕力转丁壮：汉魏本、法苑珠林卷四一潜道篇引神仙传作"气力
丁壮","气力丁壮"较合乎文意。

〔一三四〕郑女妖淫：汉魏本作"得郑女妖淫"。法苑珠林卷四一潜道篇
引神仙传作"后得郑女妖淫",应从法苑珠林。郑女,文选卷
七司马相如子虚赋"郑女曼姬",如淳曰："郑女,夏姬也。"亦
指王之侍从。

〔一三五〕俗间：法苑珠林卷四一潜道篇引神仙传作"洛间",误。

〔一三六〕王禁之故也：汉魏本下有"黄山君者,修彭祖之术,数百岁,犹
有少容。彭祖既去,乃追论其言,为彭祖经"等语结束本条。

〔一三七〕七百七十：法苑珠林卷四一潜道篇引神仙传作"七百"。

35

白石生〔一〕

白石生〔二〕者,中黄丈人〔三〕弟子也。至彭祖之时,已年

二千馀岁矣〔四〕，不肯修升仙〔五〕之道，但取于不死而已，不失人间之乐。其所据行者，正以交接之道〔六〕为主，而金液〔七〕之药为上也。初患家贫身贱，不能得药〔八〕，乃养猪牧羊十数年〔九〕，约衣节用，致〔一〇〕货万金，乃买药服之〔一一〕。常煮白石为粮〔一二〕，因就白石山〔一三〕居，时人号曰白石生〔一四〕。亦时食脯饮酒，亦时〔一五〕食谷，日能行三四百里，视之色如三十许人〔一六〕。性好朝拜存神〔一七〕，又好读仙经〔一八〕及太素传〔一九〕。彭祖问之："何以不服药升天乎〔二〇〕？"答曰："天上无复能乐于此间耶〔二一〕！但莫能使老死耳。天上多有至尊相奉事，更苦人间耳。"〔二二〕故时人号白石生为隐遁仙人〔二三〕，以其不汲汲〔二四〕于升天为仙官，而不求闻达故也〔二五〕。

【校释】

〔一〕太平广记卷七、汉魏本、仙苑编珠引神仙传作"白石先生"。太平广记此条云出神仙传，文字与本条基本同。汉魏本全同于太平广记本。

〔二〕白石生：真诰卷五甄命授第一云："昔白石子者，以石为粮，故号曰白石生。此至人也，今为东府左卿。"云笈七签卷四道教相承次第录云："第四代若士。士授五十二人，唯三人系代：李元君、白石先生、李常存。"

〔三〕中黄丈人：仙苑编珠卷上黄山数百白石三千引神仙传作"中黄大夫"。中黄丈人，道家传说之仙人。云笈七签卷一〇〇轩辕本纪云，黄帝"至青城山礼谒中黄丈人"。酉阳杂俎前集卷二玉格记录有中黄丈人经。

〔四〕已年二千馀岁矣：汉魏本作"已二千岁馀矣"。

〔五〕升仙:汉魏本作"升天"。

〔六〕交接之道:指房中术。

〔七〕金液:抱朴子内篇金丹云:"合之,用古秤黄金一斤,并用玄明龙膏、太乙旬首中石、冰石、紫游女、玄水液、金化石、丹砂,封之成水。……老子受之于元君。"据云,百日成,服一两便仙。

〔八〕初患家贫身贱,不能得药:汉魏本作"初以居贫,不能得药"。

〔九〕乃养猪牧羊十数年:汉魏本作"乃养羊牧猪,十数年间"。

〔一〇〕致:汉魏本作"置"。

〔一一〕乃买药服之:汉魏本作"乃大买药服之"。

〔一二〕常煮白石为粮:真诰卷五甄命授第一云:"煮白石自有方也。白石之方,白石生所造也。"太平御览卷六六九服饵上引仙经云:"煮石方,东府左卿白石先生造也,皆真人所授,但未见真本,世有两本,以省少者为佳。"

〔一三〕白石山:太平御览卷四七会稽东越诸山引孔晔会稽记曰:"剡县(今浙江嵊州)西七十里有白石山。"

〔一四〕时人号曰白石生:艺文类聚卷六石引神仙传曰:"白石生者,恒煮白石为粮,就白石山居,故号白石先生。"汉魏本作"时人故号曰白石先生"。太平御览卷五一一石上引神仙传曰:"白生者,常煮白石为粮,就白石山居,故号曰白石先生。"

〔一五〕时:汉魏本无此字。

〔一六〕三十许人:汉魏本作"四十许人"。

〔一七〕朝拜存神:汉魏本作"朝拜事神","事神"较通。

〔一八〕仙经:汉魏本作"幽经",幽经,仙术之经。

〔一九〕太素传:真诰卷五甄命授第一称:"太素传者,道书也。学此应奉太上老君、上清皇人。"

〔二〇〕何以不服药升天乎:汉魏本作"何不服升天之药"。

〔二一〕天上无复能乐于此间耶:汉魏本作"天上复能乐比人间乎"。

〔二二〕天上多有至尊相奉事，更苦人间耳：三洞群仙录卷一四隐仙白
　　　　石卢生黄粮引神仙传作"天上多至尊相奉，苦于人间"。抱朴子
　　　　内篇对俗云："彭祖言，天上多尊官大神，新仙者位卑，所奉事者
　　　　非一，但更劳苦，故不足役役于登天，而止人间八百馀年也。"其
　　　　意相同，此处却成了白石生答彭祖之问。

〔二三〕故时人号白石生为隐遁仙人："号"，汉魏本作"呼"。三洞群仙
　　　　录卷一四隐仙白石卢生黄粮引神仙传作"时呼为隐仙"。

〔二四〕汲汲：欲速之义。

〔二五〕而不求闻达故也：汉魏本作"亦犹不求闻达者也"。

黄山君〔一〕

　　黄山君者，修彭祖〔二〕之术，年数百岁，犹有少容。亦
治地仙〔三〕，不取飞升。彭祖既去，乃追论其言，为彭祖
经〔四〕。得彭祖经者，便为木中之松柏也。

【校释】

〔一〕太平广记无"黄山君"条，而卷二"彭祖"条末段文字与本条大体
　　　同。汉魏本全录太平广记"彭祖"条后，又另立"黄山君"条，文
　　　字与本条同。

〔二〕彭祖：参"彭祖"条。

〔三〕地仙：抱朴子内篇论仙云："按仙经云：上士举形升虚，谓之天
　　　仙；中士游于名山，谓之地仙；下士先死后蜕，谓之尸解仙。"

〔四〕彭祖经：类说卷三引神仙传"彭祖经"条云："篯铿即彭祖也，有
　　　导引之术，每有疾，则闭气以攻所患，其气云行体中，下达指末，
　　　寻即体和。尝云：'上士别床，中士异被，服药百裹（裹），不如独
　　　卧。'后人集其采纳之术，号彭祖经。"

38

凤　纲〔一〕

　　凤纲者,渔阳〔二〕人也。常采百草花〔三〕,以水渍泥封之〔四〕,自正月始,尽九月末,埋之百日〔五〕,煎丸之〔六〕。卒死者,以此药内口中,皆立生。纲长服〔七〕此药,得寿数百岁不老。后入地肺山〔八〕中仙去。

【校释】

〔一〕太平广记卷四"凤纲"条与本条基本同。汉魏本凤纲全同于太平广记本。

〔二〕渔阳:今北京密云西南。各本引文均同,唯仙苑编珠卷上初平松脂凤纲花卉引神仙传作"元阳"。

〔三〕百草花:太平御览卷七二四医四引神仙传作"百药华"。百草花,据说当取群草中之芳烈者。

〔四〕以水渍泥封之:汉魏本、太平御览卷七二四医四引神仙传作"以水渍封泥之"。仙苑编珠卷上初平松脂凤纲花卉引神仙传作"水渍泥封埋之"。重修政和证类本草卷六引异类作"水渍封泥埋之"。渍,浸泡也。

〔五〕自正月始,尽九月末,埋之百日:"尽九月末",各本引文同,唯太平御览卷七二四医四引神仙传作"尽五月末"。下文云"埋之百日",正月至九月末约二百馀日,至五月末约百馀日,似应作"尽五月末"。

〔六〕煎丸之:太平御览卷七二四医四引神仙传同。汉魏本作"煎九火","九火"乃形近"丸之"之误。真仙通鉴卷三四凤纲作"煎而丸之"。重修政和证类本草卷六引异类作"煎为丸",其意较明。

〔七〕长服:汉魏本作"常服"。

〔八〕地肺山:云笈七签卷二七天地宫府图"七十二福地"云:"太上曰:其次七十二福地,在大地名山之间,上帝命真人治之。其间多得道之所。第一地肺山,在江宁府句容县(在今江苏)界,昔陶隐居幽栖之处,真人谢允治之。"

神仙传校释

神仙传卷二

皇初平^{〔一〕}

　　<u>皇初平</u>者,<u>丹谿</u>^{〔二〕}人也。年十五,而家使牧羊,有道士见其良谨,使将至<u>金华山</u>^{〔三〕}石室中四十馀年,忽然^{〔四〕}不复念家。其兄<u>初起</u>入山索<u>初平</u>^{〔五〕},历年不能得见,后在市中有道士,善卜^{〔六〕},乃问之^{〔七〕},曰:"吾有弟名<u>初平</u>,因令牧羊,失之,今四十馀年,不知死生所在,愿道君为占之。"道士曰:"<u>金华山</u>中有一牧羊儿,姓<u>皇</u>名<u>初平</u>^{〔八〕},是卿弟非耶^{〔九〕}?"<u>初起</u>闻之惊喜^{〔一〇〕},即随道士去寻求^{〔一一〕},果得相见,兄弟悲喜^{〔一二〕},因问弟曰:"羊皆何在?"<u>初平</u>曰:"羊近在山东。"<u>初起</u>往视,了不见羊^{〔一三〕},但见白石无数^{〔一四〕},还谓<u>初平</u>曰:"山东无羊也。"<u>初平</u>曰:"羊在耳,但兄自不见之。"<u>初平</u>便乃^{〔一五〕}俱往看之,乃叱曰^{〔一六〕}:"羊起!"于是白石皆变为羊数万头。<u>初起</u>曰:"弟独得神通^{〔一七〕}如此,吾可学否?"<u>初平</u>曰:"唯好道便得耳。"<u>初起</u>便弃妻子,留就<u>初</u>

41

平〔一八〕，共服松脂茯苓，至五千日〔一九〕，能坐在立亡〔二〇〕，行于日中无影，而有童子之色。后乃俱还乡里，诸亲死亡略尽〔二一〕，乃复还去。临去，以方授南伯逢〔二二〕。易姓为赤，初平改字为赤松子〔二三〕，初起改字为鲁班〔二四〕。其后传服此药而得仙者，数十人焉〔二五〕。

【校释】

〔一〕太平广记卷七"皇初平"条云出神仙传，文字与本条略有不同。汉魏本作"黄初平"，内容与太平广记全同。云笈七签卷一〇九引神仙传有"皇初平"条，文字差异更大。

〔二〕丹谿：今浙江义乌。

〔三〕使将至金华山："使"，汉魏本作"便"。金华山在今浙江金华。太平寰宇记卷九七江南东道九婺州"金华县"云："名山略记云：'有长山在东北，县因之为名。'隋改长山为金华。按金华即长山别名，今为金华县焉。长山，在县南二十里，一名金华山，即黄初平、初起遇道士教以仙方处。"

〔四〕忽然：汉魏本、太平御览卷六六三地仙引真诰无此二字。云笈七签卷一〇九引神仙传"皇初平"条作"翛然"。

〔五〕其兄初起入山索初平：汉魏本作"其兄初起行山寻索初平"。

〔六〕历年不能得见，后在市中有道士，善卜：汉魏本作"历年不得，后见市中有一道士"，无"善卜"二字，云笈七签卷一〇九引神仙传"皇初平"条作"善易"。

〔七〕乃问之：汉魏本作"初起召问之"。

〔八〕姓皇名初平：汉魏本作"姓黄字初平"。

〔九〕非耶：汉魏本作"非疑"。

〔一〇〕惊喜：汉魏本无此二字。

〔一一〕寻求：汉魏本作"求弟"。

神仙传校释

〔一二〕兄弟悲喜:汉魏本、艺文类聚卷九四羊引神仙传、太平御览卷
　　　九〇二羊引神仙传作"悲喜,语毕"。

〔一三〕初起往视,了不见羊:汉魏本作"初起往视之,不见"。

〔一四〕无数:汉魏本无此二字。

〔一五〕便乃:汉魏本作"与初起"。

〔一六〕乃叱曰:汉魏本作"初平乃叱曰"。

〔一七〕神通:汉魏本、太平御览卷九〇三羊引神仙传作"仙道"。真仙
　　　通鉴卷五皇初平作"神仙之道"。云笈七签卷一〇九引神仙传
　　　"皇初平"条作"神仙道","仙道"或"神仙道"似为原文。

〔一八〕留就初平:汉魏本作"留住就初平学",语较完整。

〔一九〕五千日:汉魏本作"五百岁"。太平御览卷六六三地仙引真诰亦
　　　作"五百岁",卷九〇二羊引神仙传作"五万日"。仙苑编珠卷上
　　　初平松脂凤纲花卉引神仙传作"万日"。

〔二〇〕坐在立亡:道家隐遁变化之术,如叱石为羊,亦属坐在立亡之术。

〔二一〕诸亲死亡略尽:汉魏本作"亲族死终略尽"。

〔二二〕临去,以方授南伯逢:云笈七签卷一〇九引神仙传"皇初平"条
　　　作"临行,以方授南伯逢"。汉魏本无此二句。

〔二三〕易姓为赤,初平改字为赤松子:汉魏本作"初平改字为赤松子"。
　　　太平御览卷九〇二羊引神仙传作"易姓为赤松子",有脱文。云
　　　笈七签卷一〇九引神仙传"皇初平"条作"易姓为赤松子也",句
　　　后却插入"初起改字为鲁班",接着又有"初平改字为松子"句。
　　　应如仙苑编珠卷上初平松脂凤纲花卉引神仙传作"初平改姓赤
　　　氏,号松子"。

〔二四〕初起改字为鲁班:仙苑编珠卷上初平松脂凤纲花卉引神仙传云
　　　"初起号赤须子",误。

〔二五〕宋倪守约撰赤松山志将此条改编为另一故事,兹录全文以供参
　　　考:"二皇君,丹谿皇氏,婺之隐姓也。皇氏显于东晋,上祖皆隐

神仙传卷二　皇初平

43

德不仕,明帝太宁三年四月八日,皇氏生长子讳初起,是为大皇君。成帝咸和三年八月十三日,生次子讳初平,是为小皇君。二君生而颖悟,俊拔秀耸,有异相。小君年十五,家使牧羊,遇一道士,爱其良谨,引入于金华山之石室,盖赤松子幻相而引之。小君即炼质其中,绝弃世尘,追求象罔,且谓朱髓之诀,指掌而可明,上帝之庭,鞠躬而自致,积世累功,逾四十稔。大君念小君之不返,巡历山水,寻觅踪迹而不得见。后于市中复遇一道士,善卜,就占之,道士曰:'金华山中有牧羊儿,非卿弟耶?'遂同至石室,此亦赤松子幻相而引之。兄弟相见,且悲且喜,大君问曰:'羊何在?'小君曰:'近在山东。'及大君往视,了无所见,惟见白石无数。还谓小君曰:'无羊。'小君曰:'羊在耳,但兄自不见。'便俱往山东,小君言叱吒,于是白石皆起,成羊数万头,今卧羊山即是其所。大君曰:'我弟得神通如此,吾可学否?'小君曰:'惟好道便得。'大君便弃妻子,留就小君,共服松脂茯苓至五千日,能坐在立亡,日中无影,有童子之色。修道既成,还乡省亲,则故老皆无者。今石室之下,有洞焉,盖二君深隐之秘宫也。二君以服脂苓方,教授弟子南伯逢等,其后传授又数十人得仙。神仙传曰:二君得道之后,大君号鲁班,小君亦号赤松子。此盖二君不眩名惊世,故诡姓遁身以求不显,此乃祖述赤松子称黄石公之遗意也。二君道备于松山绝顶,为炼丹计。丹成,大君则鹿骑,小君则鹤驾,乘云上升,今大箦山即是也。二君既仙,同邦之人相与谋,而置栖神之所,遂建赤松宫,偕其师赤松子而奉事焉。召学其道者而主之,自晋而我朝,香火绵滋,道士常盈百,敬奉之心,未有涯也。按山录,南岳衡山,太虚真人得道处,玉帝命小皇君主之,赐神姓崇,名嘗,号司天,主世界分野。孝庙淳熙十六年,封大君为冲应真人,小君为养素真人。理庙景定三年,加封大君冲应净感真人,封小君养素净正真人。猗欤休哉,大道流行,正教恢阐,福庇于婺,垂千万年。"

吕　恭〔一〕

吕恭,字文敬,少好服食〔二〕,将一奴一婢于太行山中采药,忽有三人在谷中,因问恭曰:"子好长生乎?而乃勤苦艰险如是耶?"恭曰:"实好长生,而不遇良方,故采服此物〔三〕,冀有微益也。"一人曰:"我姓吕,字文起。"一人〔四〕曰:"我姓孙,字文阳。"一人〔五〕曰:"我姓李〔六〕,字文上。"皆太清太和府仙人〔七〕也〔八〕,"时来采药,当以成授〔九〕新学者,公既与吾同姓,又字得吾半〔一〇〕,是公命当应长生也。若能随我采药,语公不死之方。"恭即拜曰:"有幸得遇神人〔一一〕,但恐暗塞多罪,不足教授。若见采救〔一二〕,是更生之愿也。"即随仙人去。二日,乃授恭秘方一通〔一三〕,因遣恭还,曰:"可归省〔一四〕乡里。"恭即拜辞,仙人〔一五〕语恭曰:"公来虽二日,今人间已二百年。"

恭归到家,但见空野〔一六〕,无复子孙〔一七〕,乃见乡里数世后人赵光辅〔一八〕,遂问吕恭家何在〔一九〕,人转怪之〔二〇〕,曰〔二一〕:"君自何来,乃问此久远之人。吾闻先世传有吕恭,将一奴一婢入山采药,不复归还,以为虎狼所伤耳,经今已二百馀年。君何问乎?吕恭有后世孙吕习者,在城东北十里作道士,人多奉事之,推求易得耳。"〔二二〕恭承辅言,往到习家,叩门而呼之〔二三〕,奴出问曰:"公何来?"恭曰:

"此是吾家也。我昔采药[二四]，随仙人去，至今二百馀年，今复归矣[二五]。"习举家惊喜，徒跣而出[二六]，拜曰"仙人来归"，流涕[二七]不能自胜。居久之[二八]，乃以神方授习而去。时习已年八十，服之转转还少[二九]，至二百岁，乃入山去。其子孙世世服此药，无复老死，皆得仙也[三〇]。

【校释】

〔一〕太平广记卷九"吕文敬"条云出神仙传，与本条基本同。汉魏本吕文敬全同于太平广记。

〔二〕服食：指道家服食药物，求轻身益气，延年益寿。

〔三〕此物：汉魏本作"此药"。

〔四〕一人：汉魏本作"次一人"。

〔五〕一人：汉魏本亦作"次一人"。

〔六〕李：汉魏本作"王"。

〔七〕皆太清太和府仙人：汉魏本作"三人皆太清太和府仙人"。"太清太和府仙人"，太清中太和府之仙人也。云笈七签卷四四太一帝君太丹隐书称："九天九宫中有九神，是谓天皇九魂，变成九气，化为九神，各治一宫，故曰九宫。太清中有太素、太和。"

〔八〕也：以下乃吕文起对吕恭之语，此处疑缺"吕文起曰"等字。

〔九〕授：汉魏本无此字。

〔一〇〕吾半：汉魏本作"吾半支"。

〔一一〕神人：汉魏本作"仙人"。

〔一二〕采救：汉魏本作"采收"。真仙通鉴卷一二吕恭作"来救"。

〔一三〕一通：汉魏本作"一首"。

〔一四〕归省：汉魏本作"视"。

〔一五〕仙人：汉魏本作"三人"。

〔一六〕空野：汉魏本作"空宅"。

〔一七〕无复子孙:汉魏本作"子孙无复一人也"。

〔一八〕赵光辅:汉魏本作"赵辅"。

〔一九〕吕恭家何在:汉魏本作"吕恭家人皆何在"。

〔二〇〕人转怪之:汉魏本无此句。

〔二一〕曰:汉魏本作"辅曰"。

〔二二〕君自何来……推求易得耳:汉魏本辅之答语曰:"君从何来,乃
问此久远人也。吾昔闻先人说云,昔有吕恭者,持奴婢入太行
山采药,遂不复还,以为虎狼所食,已二百馀年矣。恭有数世子
孙吕习者,居在城东十数里作道士,民多奉事之,推求易得耳。"

〔二三〕而呼之:汉魏本作"问讯"。

〔二四〕采药:汉魏本无此二字。

〔二五〕今复归矣:汉魏本无此句。

〔二六〕习举家惊喜,徒跣而出:汉魏本作"习闻之,惊喜跣出"。徒跣,
赤足也。

〔二七〕流涕:汉魏本作"悲喜"。

〔二八〕居久之:汉魏本无此句。

〔二九〕服之转转还少:汉魏本作"服之即还少壮"。太平御览卷六六三
地仙引真诰作"服之还少"。

〔三〇〕其子孙世世服此药,无复老死,皆得仙也:汉魏本作"子孙世世
不复老死"。

沈 建〔一〕

沈建者,丹阳〔二〕人也。世为长史〔三〕,而建独好道,不
肯仕宦,学导引服食之术〔四〕,远年〔五〕却老之法。又能治
病,病无轻重,遇建则差〔六〕,举事之者千馀家〔七〕。一日,建

当远行〔八〕，留寄一奴一婢〔九〕，并驴一头，羊十口〔一〇〕，各与药一丸，语主人曰："但累舍居〔一一〕，不烦主人〔一二〕饮食也。"便决去〔一三〕。主人怪之〔一四〕，曰："此君所寄口有十三〔一五〕，不留寸资，当若之何？"建去之后，主人饮啖〔一六〕奴婢，奴婢闻食〔一七〕皆吐逆〔一八〕。以草与〔一九〕驴羊，驴羊皆避而不食〔二〇〕，便欲抵人〔二一〕，主人乃惊〔二二〕。后百馀日，奴婢面体〔二三〕光泽，转胜于初时〔二四〕。驴羊悉肥如饲〔二五〕。建去三年乃还，又各以一丸药与奴婢驴羊，乃却〔二六〕饮食如故。建遂断谷不食，能轻举飞行往还〔二七〕，如此三百馀年，乃绝迹，不知所之也。

【校释】

〔一〕太平广记卷九"沈建"条云出神仙传，与本条基本同。汉魏本沈建与太平广记本全同。云笈七签卷一〇九引神仙传"沈建"条与本条略有差异。

〔二〕丹阳：今江苏句容。

〔三〕长史：汉魏本、云笈七签卷一〇九引神仙传"沈建"条作"长吏"。太平御览卷三九四行引列仙传作"长史"，卷六六三地仙引真诰作"长吏"。长吏，官吏也；长史，州长官下属官，官职专称，沈家不可能世世为之，应作"长吏"。

〔四〕导引服食之术：导引谓摇筋骨、动肢节以行气血也。论衡道虚篇称："道家或以导气养性，度世而不死。以为血脉在形体之中，不动摇屈伸则闭塞不通，不通积聚则为病而死。""服食"，见"吕恭"条注。

〔五〕远年：汉魏本、云笈七签卷一〇九引神仙传"沈建"条作"还年"。还年，意为返老还少，"远"为"还"之讹。

〔六〕遇建则差：汉魏本作"治之即愈"。云笈七签卷一〇九引神仙传

"沈建"条作"见建者愈"。

〔七〕举事之者千馀家：汉魏本作"奉事之者数百家"。云笈七签卷
　　一〇九引神仙传"沈建"条作"奉之者数千家"。"举"为"奉"
　　之讹。

〔八〕一日，建当远行：汉魏本作"建尝欲远行"。云笈七签卷一〇九
　　引神仙传"沈建"条作"每远行"。

〔九〕留寄一奴一婢：汉魏本作"寄一婢三奴"。云笈七签卷一〇九引
　　神仙传"沈建"条作"寄奴侍三五人"。

〔一〇〕羊十口：云笈七签卷一〇九引神仙传"沈建"条作"羊数十口"，
　　与下文"所寄口有十三"不合。

〔一一〕舍居：汉魏本作"屋"。云笈七签卷一〇九引神仙传"沈建"条作
　　"屋舍"。

〔一二〕主人：汉魏本、云笈七签卷一〇九引神仙传"沈建"条均无此
　　二字。

〔一三〕便决去：汉魏本作"便去"。云笈七签卷一〇九引神仙传"沈建"
　　条作"便辞去"。

〔一四〕怪之：汉魏本、云笈七签卷一〇九引神仙传"沈建"条作"大怪
　　之"。

〔一五〕此君所寄口有十三：汉魏本作"此客所寄十五口"。云笈七签卷
　　一〇九引神仙传"沈建"条作"此君所寄奴畜十五馀口"。

〔一六〕唉：汉魏本无此字。

〔一七〕闻食：汉魏本、云笈七签卷一〇九引神仙传"沈建"条作"食气"。
　　食气，食物之气味，意较贴合，四库本脱"气"字。

〔一八〕皆吐逆：汉魏本作"皆逆吐不用"。云笈七签卷一〇九引神仙传
　　"沈建"条作"皆吐逆不视人"。

〔一九〕与：汉魏本作"饲"。

〔二〇〕驴羊皆避而不食：汉魏本作"驴羊避去不食"。云笈七签卷一〇

49

九引神仙传"沈建"条作"亦避去不食"。

〔二一〕便欲抵人:汉魏本作"或欲抵触"。云笈七签卷一〇九引神仙传
"沈建"条作"更欲抵触人"。

〔二二〕主人乃惊:汉魏本作"主人大惊愕"。云笈七签卷一〇九引神仙
传"沈建"条作"主人乃惊异之"。

〔二三〕奴婢面体:汉魏本作"奴婢体貌"。云笈七签卷一〇九引神仙传
"沈建"条作"奴侍身体"。

〔二四〕转胜于初时:汉魏本作"胜食之时"。云笈七签卷一〇九引神仙
传"沈建"条作"异于食时"。

〔二五〕驴羊悉肥如饲:汉魏本作"驴羊皆肥如饲"。云笈七签卷一〇九
引神仙传"沈建"条作"驴羊俱肥"。

〔二六〕却:汉魏本、云笈七签卷一〇九引神仙传"沈建"条均无此字。

〔二七〕往还:汉魏本、云笈七签卷一〇九引神仙传"沈建"条作"或去或
还",意较明白。

华子期〔一〕

　　华子期者,淮南人〔二〕也。师禄里先生〔三〕,受隐仙灵宝
方〔四〕,一曰伊洛飞龟秩,二曰伯禹正机,三曰平衡方〔五〕,按
合服之〔六〕,日以还少〔七〕,一日能行五百里,力举千斤,一岁
十二易其形〔八〕。后乃仙去。

【校释】

〔一〕太平广记、汉魏本无此条。云笈七签卷一〇九引神仙传"华子
期"与本条基本同。

〔二〕淮南人:江南通志卷一七五称之为九江人。汉高祖年间,淮南
国领有九江郡,其地包括今江西全境。

〔三〕禄里先生：云笈七签卷一〇九引神仙传"华子期"条作"角（角）里先生"。角，音鹿，故又称禄里先生，秦汉时隐居于商山之逸民，即所谓四皓之一。文选卷二六谢灵运入华子岗是麻源第三谷五言李善注曰："谢灵运山居图曰：华子岗，麻山第三谷，故老相传，华子期者，角里先生弟子，翔集此顶，故华子为称也。"

〔四〕隐仙灵宝方：云笈七签卷一〇九引神仙传"华子期"条、真仙通鉴卷五华子期作"山隐灵宝方"。仙苑编珠卷上华生易皮乐长童子引神仙传作"灵宝隐方"。

〔五〕一曰伊洛飞龟秩，二曰伯禹正机，三曰平衡方：抱朴子内篇辨问云："灵宝经有正机、平衡、飞龟授袟（同书遐览作'飞龟振经'），凡三篇，皆仙术也。""伯禹正机"，云笈七签卷一〇九引神仙传"华子期"条作"白禹正机"。又酉阳杂俎卷二玉格"图籍有符图七千章"中有飞龟袟，经名记录各有不同。

〔六〕按合服之：仙苑编珠卷上华生易皮乐长童子引神仙传云"合而服之"，其意较明。

〔七〕日以还少：意为返老还少。

〔八〕一岁十二易其形：云笈七签卷一〇九引神仙传"华子期"条、真仙通鉴卷五华子期作"一岁十易皮"。仙苑编珠卷上华生易皮乐长童子引神仙传作"每一岁十度易皮"，"形"是"皮"之讹。

乐子长〔一〕

乐子长者，齐〔二〕人也。少好道，因到霍林山〔三〕，遇仙人〔四〕，授以服巨胜赤松散方〔五〕。仙人告之曰："蛇服此药化为龙，人服此药老成童。又能升云上下，改人形容，崇气益精，起死养生。子能行之，可以度世。"〔六〕子长服之，年

一百八十岁,色如少女,妻子九人,皆服其药,老者返少,小者不老。乃入海登劳盛山〔七〕而仙去也。〔八〕

【校释】

〔一〕太平广记、汉魏本无此条。

〔二〕齐:今山东淄博一带。

〔三〕霍林山:云笈七签卷二七天地官府图"三十六小洞天"云:"第一霍桐山洞,周回三千里,名霍林洞天,在福州长溪县(今福建霞浦北),属仙人王纬玄治之。"

〔四〕遇仙人:太平御览卷六七二仙经上引太上太霄琅书曰:"齐人乐子长受之于霍林山人韩众,乃敷演服御之方,藏于东海北阴之室。"同书卷九八四药引列仙传曰:"乐子长……直到霍林山,遭(遇)仙人,受服巨胜赤松散方。"记纂渊海卷八六"三十六小洞天"云:"霍桐山……名霍林之天,即郑思远、韩众、许映真人为司命府君所理。"此仙人乃韩众。

〔五〕巨胜赤松散方:太平寰宇记卷二〇河南道二十莱州"即墨县"引神仙传作"神胜赤散方",误。云笈七签卷六七金液法附威喜巨胜法云:"威喜巨胜法。取金液及水银、左味合煮之,三十日出,以黄玉瓯盛,以六一泥封置,猛火炊之,卒时皆化为丹,服如小豆大,便仙。"抱朴子内篇金丹云:"乐子长丹法,以曾青铅丹合汞及丹砂,着铜箭中,干瓦白滑石封之,于白砂中蒸之,八十日,服如小豆,三年仙矣。"与云笈七签所说类似,巨胜赤松散方或即此方。

〔六〕蛇服此药化为龙……可以度世:此段太平御览卷九八四药引列仙传作"蛇服此药化为龙,人服此药老翁成童。能升云上下,改易形容,崇气益精,起死养生。子能服之,可以度世"。

〔七〕劳盛山:太平寰宇记卷二〇河南道二十莱州"即墨县"引神仙传作"劳山",并说:"山高十五里,周八里,在县(今山东即墨)东

神仙传校释

52

南三十八里。"

〔八〕太平御览卷六六二天仙引风俗通云："乐子长,齐人也。少好道,到霍林山服巨胜赤松散方,去仙。"可知乐子长传说,东汉之时已有之。太平广记卷二七"刘白云"条引仙传拾遗,记唐朝人刘白云于江都遇一道士,自称为乐子长,则知乐子长故事流传数百年。

卫叔卿^{〔一〕}

卫叔卿者,中山^{〔二〕}人也。服云母^{〔三〕}得仙。汉元凤^{〔四〕}二年八月壬辰,武帝闲居殿上,忽有一人乘浮云^{〔五〕}驾白鹿,集于殿前,帝惊问之为谁,曰:"我中山卫叔卿也。"帝曰:"中山非我臣乎?"叔卿不应,即失所在。帝甚悔恨,即使使者梁伯之^{〔六〕}往中山推求,遂得叔卿子,名度世,即将还见。帝问焉,度世答曰:"臣父少好仙道,服药治身八十馀年,体转少壮,一旦委臣去,言当入华山^{〔七〕}耳,今四十馀年,未尝还也。"帝即遣梁伯之与度世往华山觅之。度世与梁伯之俱上山,辄雨^{〔八〕},积数日^{〔九〕},度世乃曰:"吾父岂不欲吾与人俱往乎?"更斋戒^{〔一〇〕}独上,望见其父与数人于石上嬉戏^{〔一一〕}。度世既到,见父上有紫云,覆荫郁郁,白玉为床,有数仙童执幢节^{〔一二〕}立其后。度世望而再拜,叔卿问曰:"汝来何为?"度世具说天子悔恨不得与父共语,故遣使者与度世共来。叔卿曰:"吾前为太上^{〔一三〕}所遣,欲戒帝以灾厄之期,及救危厄之法,国祚可延,而帝强梁^{〔一四〕}自贵,不识道真,反欲臣我,不足告语,是以弃去。今当与中黄太一〔一五〕共定天元〔一六〕九五〔一七〕之纪,吾不得复往也。"度世因曰:"向与父博者为谁?"叔卿曰:"洪崖先生〔一八〕、许由〔一九〕、巢父〔二〇〕、王子晋〔二一〕、薛容〔二二〕也。今世向大乱,天下无聊,后数百年间,土灭金亡〔二三〕,天君来出,乃在壬辰耳〔二四〕。我有仙方,在家西北柱下,归取,按之合药服饵,令人长生不死,能乘云而行〔二五〕。道成,来就吾于此,不须复为汉臣也。"度世拜辞而归,掘得玉函,封以飞仙之香〔二六〕,取而按之饵服,乃五色云母〔二七〕,并以教梁伯之,遂俱仙去,不以告武帝也。

【校释】

〔 一 〕太平广记卷四"卫叔卿"条云出神仙传,文字与本条多不同,其中差异之处,不一一比勘。汉魏本卫叔卿同于太平广记本。

〔 二 〕中山:今河北定州。

〔 三 〕云母:参神仙传序注。

〔 四 〕元凤:汉元凤年号;太平广记卷四"卫叔卿"条作"仪凤",乃唐高宗年号,汉魏本则作"元封","凤"、"封"同音,或应作"元封",元封二年即公元前一〇九年;而真仙通鉴卷七卫叔卿作"天汉二年"。

〔 五 〕乘浮云:汉魏本及其他各家引文均作"乘云车"。抱朴子内篇仙药称,卫叔卿服五色云母,"积久能乘云而行"。本条下文卫叔卿告度世,取其留下之药方,合服之,"能乘云而行",则四库本作"乘浮云"为是。

〔 六 〕梁伯之:汉魏本作"梁伯"。

〔 七 〕华山:在今陕西华阴。

〔 八 〕辄雨:汉魏本作"辄火"。

〔 九 〕积数日:汉魏本作"积数十日"。

〔一〇〕斋戒:洗心曰斋。斋戒,去心中杂念也。

〔一一〕于石上嬉戏:汉魏本作"博戏于石上"。水经注卷一九渭水引神仙传作"博于石上"。真仙通鉴卷七卫叔卿作"博戏于岩上"。太平御览卷七五四博引神仙传亦作"博戏"。下文度世问:"向与父博者为谁?""嬉戏"应作"博戏"。

〔一二〕幢节:指道家之旗幡。

〔一三〕太上:太上老君,道家之天神。

〔一四〕强梁:跋扈谓之强梁。

〔一五〕中黄太一:汉魏本作"中黄太乙",同。道家仙人。

〔一六〕天元:史记卷二六历书第四云:"王者易姓受命,必慎始初,改正朔,易服色,推本天元,顺承厥意。"索隐:"言王者易姓而兴,必当推本天之元气行运所在,以定正朔,以承天意,故云承顺厥意也。"定天元,推定历法也。

〔一七〕九五:易以九五天子之爻,指王者。

〔一八〕洪崖先生:"崖"又作"涯"。真仙通鉴卷四洪崖先生云:"洪崖先生者,或曰黄帝之臣伶伦也,得道仙去,姓张氏。"真诰卷一四稽神枢第四云:"洪涯先生今为青城真人。"云笈七签卷一八老子中经上"第十五神仙"又称:"东方之神名曰句芒子,号曰文始洪崖先生,东方苍帝东海君也。"

〔一九〕许由:皇甫谧高士传卷上"许由"条云:"许由字武仲。阳城槐里人也。为人据义履方,邪席不坐,邪膳不食,后隐于沛泽之中。尧让天下于许由……不受而逃去。……尧又召为九州长,由不欲闻之,洗耳于颍水滨。"

〔二〇〕巢父:皇甫谧高士传卷上"巢父"条云:"巢父者,尧时隐人也。山居不营世利,年老以树为巢而寝其上,故时人号曰'巢父'。尧之让许由也,由以告巢父,巢父曰:'汝何不隐汝形,藏汝光,若非吾友也。'"

〔二一〕**王子晋**:列仙传卷上"王子乔"云:"王子乔者,周灵王太子晋也。好吹笙,作凤凰鸣,游伊洛之间。"

〔二二〕**薛容**:未识是何许人。文选卷二八陆机前缓声歌曰:"太容挥高弦,洪崖发清歌。"李善注曰:"太容,黄帝乐师。"吕向注曰:"洪崖,三皇时乐人,(与太容)后皆登仙。"薛容或是太容。除此数人外,汉魏本、真仙通鉴卷七卫叔卿还有火低公、飞黄子二仙。

〔二三〕**土灭金亡**:按五德终始说,汉为土德,晋为金德,土、金指汉晋两朝。

〔二四〕**天君来出,乃在壬辰耳**:汉魏本无此二句。壬辰,指壬辰年。

〔二五〕**我有仙方……能乘云而行**:汉魏本作"汝归,当取吾斋室西北隅大柱下玉函,函中有神素书,取而按方合服之,一年可乘云而行"。

〔二六〕**飞仙之香**:汉魏本同。太平御览卷六七六简章引神仙传及其他引文均作"飞仙之印","香"是"印"之讹。

〔二七〕**五色云母**:指五种云母,其区别各说不一,抱朴子内篇仙药称:"云母有五种,而人多不能分别也。法当举以向日,看其色,详占视之,乃可知耳。正尔于阴地视之,不见其杂色也。五色并具而多青者名云英,宜以春服之。五色并具而多赤者名云珠,宜以夏服之。五色并具而多白者名云液,宜以秋服之。五色并具而多黑者名云母,宜以冬服之。但有青黄二色者名云沙,宜以季夏服之。晶晶纯白名磷石,可以四时长服之也。"隋书卷三四经籍志三记有卫叔卿服食杂方一卷。

魏伯阳〔一〕

魏伯阳者,吴人〔二〕也。本高门之子,而性好道术,不肯仕宦,闲居养性,时人莫知之〔三〕。后与弟子三人入山作神丹,丹成,知弟子心不尽〔四〕,乃试〔五〕之曰:"此丹今虽成,当先试之,今试饴犬〔六〕,犬即飞者可服之〔七〕,若犬死者,则不可服也。"伯阳入山,特将一白犬自随,又有毒〔八〕丹,转数未足〔九〕,合和〔一〇〕未至,服之暂死〔一一〕。故伯阳便以毒丹与白犬食之,即死。伯阳乃问〔一二〕弟子曰:"作丹惟恐不成,丹既成,而犬食之即死,恐未合神明之意〔一三〕,服之恐复如犬,为之奈何?"弟子曰:"先生当服之否?"伯阳曰:"吾背违世俗〔一四〕,委家入山,不得仙道〔一五〕,亦不复归〔一六〕,死之与生,吾当服之耳。"伯阳乃服丹,丹入口即死〔一七〕。弟子顾相谓曰:"作丹欲长生〔一八〕,而服之即死,当奈何?"独有一弟子曰:"吾师非凡〔一九〕人也,服丹而死,将无有意耶〔二〇〕?"亦乃服丹,即复死〔二一〕。馀二弟子乃相谓曰:"所以作丹〔二二〕者,欲求长生,今服即死,焉用此为!若不服此〔二三〕,自可数十年在世间活也〔二四〕。"遂不服,乃共出山,欲为伯阳及死弟子求市棺木〔二五〕。二人去后,伯阳即起,将所服丹内〔二六〕死弟子及白犬口中,皆起。弟子姓虞,遂皆仙去〔二七〕。因逢人入山伐木〔二八〕,乃作书〔二九〕与乡里〔三〇〕,寄谢二弟子,弟子方乃懊恨〔三一〕。伯阳作参同契〔三二〕、五行相类〔三三〕,凡三卷,其说似〔三四〕解周易,其实假借爻象以论作丹之意,而儒者不知神仙之事,反作阴阳注之,殊失其大旨〔三五〕也。

【校释】

〔一〕太平广记卷二"魏伯阳"条云出神仙传,汉魏本魏伯阳与太平广

神仙传卷二　魏伯阳

57

记本全同。太平广记本、云笈七签卷一〇九引神仙传"魏伯阳"条与本条文字多处有差异。

〔二〕吴人:会稽志卷一五"神仙"称"魏伯阳,会稽上虞人"。上虞在今浙江省,也可称吴人。

〔三〕而性好道术,不肯仕宦,闲居养性,时人莫知之:此四句汉魏本无。"时人莫知之",云笈七签卷一〇九引神仙传"魏伯阳"条作"时人莫知其所从来,谓之治民养身而已"。

〔四〕知弟子心不尽:汉魏本作"知弟子心怀未尽"。云笈七签卷一〇九引神仙传"魏伯阳"条作"知两弟子心不尽诚"。

〔五〕试:云笈七签卷一〇九引神仙传"魏伯阳"条作"诚"。

〔六〕当先试之,今试饴犬:汉魏本作"然先宜与犬试之"。云笈七签卷一〇九引神仙传"魏伯阳"条"当先试之饲于白犬"。

〔七〕犬即飞者可服之:汉魏本作"若犬飞,然后人可服耳"。云笈七签卷一〇九引神仙传"魏伯阳"条"犬即能飞者,人可服之"。

〔八〕毒:云笈七签卷一〇九引神仙传"魏伯阳"条无此字。

〔九〕转数未足:此指九转炼丹。抱朴子内篇金丹云:"其转数少,则用日多,其药力不足,故服之用日多,得仙迟也。其转数多,药力盛,故服之用日少,而得仙速也。"

〔一〇〕合和:此指合成药也。

〔一一〕伯阳入山……服之暂死:汉魏本缺,致使下文不连贯。又太平寰宇记卷一二六淮南道四庐州"巢县"引郡国志云,巢县(今安徽巢湖)四鼎山,"魏伯阳以白犬试丹处"。

〔一二〕问:云笈七签卷一〇九引神仙传"魏伯阳"条作"复问"。汉魏本作"谓"。

〔一三〕作丹惟恐不成,丹既成,而犬食之即死,恐未合神明之意:云笈七签卷一〇九引神仙传"魏伯阳"条"作丹恐不成,今成,而与犬食,犬又死,恐是未得神明之意"。

神仙传校释

〔一四〕世俗:汉魏本、云笈七签卷一○九引神仙传"魏伯阳"条作"世路",义同。

〔一五〕仙道:汉魏本缺"仙"字。

〔一六〕亦不复归:汉魏本作"亦耻复还"。云笈七签卷一○九引神仙传"魏伯阳"条作"吾亦耻复归"。"不"应作"耻"。

〔一七〕伯阳乃服丹,丹入口即死:汉魏本作"乃服丹,入口即死"。

〔一八〕作丹欲长生:汉魏本作"作丹以求长生"。云笈七签卷一○九引神仙传"魏伯阳"条作"所以作丹者,以求长生耳"。

〔一九〕非凡:汉魏本作"非常"。

〔二○〕服丹而死,将无有意耶:云笈七签卷一○九引神仙传"魏伯阳"条作"服丹而死,得无有意邪"。汉魏本作"服此而死,得无意也",脱"有"字。

〔二一〕亦乃服丹,即复死:汉魏本作"因乃取丹服之,亦死"。云笈七签卷一○九引神仙传"魏伯阳"条作"又服之,丹入口,复死"。

〔二二〕作丹:汉魏本作"得丹"。

〔二三〕若不服此:汉魏本作"若不服此药"。

〔二四〕自可数十年在世间活也:汉魏本作"自可更得数十岁在世间也"。

〔二五〕市棺木:云笈七签卷一○九引神仙传"魏伯阳"条作"求棺木殡具"。

〔二六〕内:汉魏本作"纳"。

〔二七〕将所服丹……皆仙去:云笈七签卷一○九引神仙传"魏伯阳"条作"将服丹弟子姓虞及白犬而去"。

〔二八〕因逢人入山伐木:汉魏本作"道逢入山伐木人"。云笈七签卷一○九引神仙传"魏伯阳"条作"逢入山伐薪人"。

〔二九〕作书:汉魏本、云笈七签卷一○九引神仙传"魏伯阳"条作"作手书"。

〔三〇〕乡里:汉魏本、云笈七签卷一〇九引神仙传"魏伯阳"条作"乡里人"。

〔三一〕弟子方乃懊恨:汉魏本作"乃始懊恨"。云笈七签卷一〇九引神仙传"魏伯阳"条作"弟子见书,始大懊恼"。

〔三二〕伯阳作参同契:新唐书卷五九艺文志三著录魏伯阳周易参同契二卷,旧唐书卷四七经籍志下同。

〔三三〕五行相类:云笈七签卷一〇九引神仙传"魏伯阳"条、仙苑编珠卷上叔卿不臣伯阳示死引神仙传作"五相类"。旧唐书卷四七经籍志下著录魏伯阳撰周易五相类一卷,新唐书卷五九艺文志三同。五行相类应作五相类。

〔三四〕似:汉魏本作"是"。

〔三五〕大旨:汉魏本无"大"字。云笈七签卷一〇九引神仙传"魏伯阳"条作"奥旨"。

神仙传卷三

沈　羲[一]

　　沈羲者,吴郡[二]人也。学道于蜀中,但能消灾治病,救济百姓,而不知服食药物,功德感于天,天神识之。羲与妻贾氏[三]共载,诣子妇卓孔宁家,道次,忽逢[四]白鹿车一乘,青龙车一乘,白虎车一乘。从数十骑[五],皆是朱衣仗节,方饰带剑[六],辉赫满道。问羲曰:"君见沈道士乎[七]?"羲愕然曰:"不知何人耶?"[八]又曰:"沈羲[九]。"答曰:"是某也[一○]。何为问之?"骑史[一一]曰:"羲有功于民,心不忘道,从少已来[一二],履行无过,寿命[一三]不长,算禄[一四]将尽,黄老愍之[一五],今遣仙官来下迎之。侍郎薄延[一六]者,白鹿车是也。度世君司马生者,青龙车是也。送迎使者[一七]徐福者,白虎车是也。"须臾,忽有三仙人在前,羽衣持节,以白玉版青玉介丹玉字授与羲[一八],羲跪受,未能读,云:"拜羲为碧落侍郎,主吴越生死之籍[一九]。"

61

遂载羲升天,时〔二〇〕道间锄耘人皆共见之,不知何等〔二一〕。须臾大雾,雾解,失其所在,但见羲所乘车牛入田食苗,或有识是羲牛〔二二〕者,以语其家。弟子数百人恐是邪魅将羲藏于山谷间〔二三〕,乃分布于百里之内求之,不得。

而后〔二四〕四百馀年,忽来还乡〔二五〕,推求得其数世孙名怀喜〔二六〕。怀喜告曰:"闻先人相传说,家祖有仙人,今仙人果归也〔二七〕。"留数十日,羲因话〔二八〕初上天时,不得见天尊〔二九〕,但见老君〔三〇〕,东向坐,有左右敕。羲不得谢,但默〔三一〕坐而已。见宫殿郁郁,有如云气,五色玄黄〔三二〕,不可名字。侍者数百人,多女子及少男〔三三〕。庭中有珠玉之树,蒙茸〔三四〕丛生,龙虎辟邪〔三五〕,游戏其间。但闻琅琅有如铜铁之声,不知何物〔三六〕。四壁熠熠〔三七〕,有符书著之。老君形体略高一丈,披发垂衣,顶项有光〔三八〕,须臾数发〔三九〕,有玉女持金盘玉盃盛药赐羲〔四〇〕,曰:"此是神丹,服之者不死矣。"妻各得一刀圭〔四一〕,告言饮毕而谢之〔四二〕。服药后,赐枣二枚,大如鸡子,脯五寸,遣羲去〔四三〕,曰:"汝还人间〔四四〕,救治百姓之疾病者〔四五〕。君欲来上天〔四六〕,书此符悬于竿杪,吾当迎汝。"乃以一符及仙方一首赐羲。羲奄忽如睡,已在地上。后人多得其方术者也〔四七〕。

【校释】

〔一〕太平广记卷五"沈羲"条云出神仙传,内容与本条基本同,而文字多异。汉魏本沈羲与太平广记本基本同。云笈七签卷一〇九引神仙传"沈羲"条,文字又有不同。

〔二〕吴郡:今江苏苏州。北堂书钞卷一三三案"金案"条注引神仙传、太平御览卷七一○案引神仙传作"吴兴"。其馀各本引文均作"吴郡"。

〔三〕贾氏:汉魏本无"氏"字。

〔四〕道次,忽逢:汉魏本、云笈七签卷一○九引神仙传"沈羲"条作"还逢"。

〔五〕从数十骑:汉魏本作"从者皆数十骑"。云笈七签卷一○九引神仙传"沈羲"条作"从骑数十人"。

〔六〕朱衣仗节,方饰带剑:汉魏本、云笈七签卷一○九引神仙传"沈羲"条作"皆朱衣仗矛带剑"。

〔七〕君见沈道士乎:汉魏本作"君是沈羲否"。云笈七签卷一○九引神仙传"沈羲"条作"君是道士沈羲否"。

〔八〕羲愕然曰:"不知何人耶":汉魏本、云笈七签卷一○九引神仙传"沈羲"条作"羲愕然不知何等"。

〔九〕又曰:"沈羲":汉魏本、云笈七签卷一○九引神仙传"沈羲"条无此句。

〔一○〕是某也:汉魏本、云笈七签卷一○九引神仙传"沈羲"条无"某"字。

〔一一〕吏:汉魏本作"人"。云笈七签卷一○九引神仙传"沈羲"条无此字。

〔一二〕从少已来:汉魏本作"自少小已来"。云笈七签卷一○九引神仙传"沈羲"条作"从生以来"。

〔一三〕寿命:云笈七签卷一○九引神仙传"沈羲"条作"受命",误。

〔一四〕算禄:汉魏本作"年寿"。云笈七签卷一○九引神仙传"沈羲"条作"寿",义同。

〔一五〕黄老愍之:汉魏本、云笈七签卷一○九引神仙传"沈羲"条无"愍之"二字。

〔一六〕薄延:汉魏本、云笈七签卷一〇九引神仙传"沈羲"条及其他引文多作"薄延之"。

〔一七〕送迎使者:云笈七签卷一〇九引神仙传"沈羲"条同。汉魏本作"迎使者",无"送"字。

〔一八〕忽有三仙人在前,羽衣持节,以白玉版青玉介丹玉字授与羲:"忽有三仙人在前",汉魏本、云笈七签卷一〇九引神仙传"沈羲"条作"有三仙人"。"玉版",汉魏本作"玉简",真仙通鉴卷四沈羲作"玉册"。"玉介",云笈七签卷一〇九引神仙传"沈羲"条作"玉界"。吴郡志卷四〇仙事引神仙传作"有三仙人羽衣持节,以白王简、青玉册、丹玉字授羲"。王简、玉册、玉字,古代常用以形容神书。疑"介"、"界"乃"册"字之讹。

〔一九〕羲跪受……主吴越生死之籍:汉魏本、云笈七签卷一〇九引神仙传"沈羲"条无。

〔二〇〕时:汉魏本作"升天之时"。云笈七签卷一〇九引神仙传"沈羲"条作"尔时"。

〔二一〕太平寰宇记卷九四江南东道六湖州"武康县"记沈羲升天之地云:"仙人渚,在县西四十里,昔沈羲得道之所。见神仙传。"武康在今浙江余杭。

〔二二〕牛:汉魏本、云笈七签卷一〇九引神仙传"沈羲"条作"车牛",四库本无"车"字。

〔二三〕弟子数百人恐是邪魅将羲藏于山谷间:汉魏本作"弟子恐是邪鬼将羲藏山谷间"。云笈七签卷一〇九引神仙传"沈羲"条作"弟子数百人恐是邪魅将羲入山谷间"。

〔二四〕而后:云笈七签卷一〇九引神仙传"沈羲"条作"后"。汉魏本无此二字。

〔二五〕忽来还乡:汉魏本作"忽还乡里"。云笈七签卷一〇九引神仙传"沈羲"条作"求还乡里"。

〔二六〕推求得其数世孙名怀喜:云笈七签卷一〇九引神仙传"沈羲"条作"推求得数十世孙名怀",无"喜"字。

〔二七〕怀喜告曰……今仙人果归也:汉魏本作"闻先人说,家有仙人仙去,久不归也"。云笈七签卷一〇九引神仙传"沈羲"条作"闻先人相传,有祖仙人,仙人今来"。

〔二八〕羲因话:汉魏本、云笈七签卷一〇九引神仙传"沈羲"条作"说"。

〔二九〕不得见天尊:汉魏本作"云不得见帝"。云笈七签卷一〇九引神仙传"沈羲"条作"云不见天帝"。天尊指元始天尊,道家最高之神,初学记卷二三道释部引太玄真一本际经曰:"无宗无上,而独能为万物之始,故名元始;运道一切,为极尊而常处三清,出诸天上,故称天尊。"

〔三〇〕老君:指太上老君。云笈七签卷一〇二混元皇帝圣纪云:"太上老君者,混元皇帝也。乃生于无始,起于无因,为万道之先,元气之祖也。"

〔三一〕默:云笈七签卷一〇九引神仙传"沈羲"条作"嘿"。

〔三二〕玄黄:天色为玄,地色为黄。说郛卷六六引中荒经云:"西方有宫,白石为墙,五色玄黄,门有金牓而银镂。"

〔三三〕多女子及少男:汉魏本、云笈七签卷一〇九引神仙传"沈羲"条作"多女少男"。

〔三四〕蒙茸:言草木茂盛。汉魏本、云笈七签卷一〇九引神仙传"沈羲"条作"众芝"。

〔三五〕辟邪:兽名。汉书卷九六上西域传上称,乌弋地有桃拔、师子、犀牛。孟康注曰:"桃拔一名符拔,似鹿,长尾,一角者或为天鹿,两角者或为辟邪。"汉魏本作"成群"。

〔三六〕不知何物:云笈七签卷一〇九引神仙传"沈羲"条作"不可知测"。

〔三七〕熠熠:形容光彩。云笈七签卷一〇九引神仙传"沈羲"条作"习习",其义不同,似应从四库本。

〔三八〕老君形体……顶项有光:汉魏本作"老君身形略长一丈,被发文衣,身体有光耀"。云笈七签卷一○九引神仙传"沈羲"条作"老君身形长一丈,被发文衣,身体有光"。

〔三九〕数发:汉魏本无此二字。云笈七签卷一○九引神仙传"沈羲"条作"数变","发(髮)"形近"变(變)"而误。

〔四○〕有玉女持金盘玉盃盛药赐羲:云笈七签卷一○九引神仙传"沈羲"条作"玉女持金案玉杯盛药赐羲"。汉魏本作"数玉女持金按玉杯来赐羲",敦煌文书(伯二五二四)类书残卷语对引神仙传"沈羲"条作"与金案玉盘赐羲",而实是赐药,缺"盛药"二字。

〔四一〕妻各得一刀圭:汉魏本作"夫妻各一杯,寿万岁"。云笈七签卷一○九引神仙传"沈羲"条作"夫妻各得一刀圭",四库本无"夫"字。刀圭原为药量名称,十分方寸匕之一,准如梧桐子大,此处指仙药量。

〔四二〕告言饮毕而谢之:汉魏本作"乃告言饮服毕,拜而勿谢"。云笈七签卷一○九引神仙传"沈羲"条作"告言饮毕,拜而不谢"。四库本无"拜"、"不"二字。

〔四三〕脯五寸,遣羲去:汉魏本作"脯五寸遗羲"。

〔四四〕汝还人间:汉魏本作"暂还人间"。云笈七签卷一○九引神仙传"沈羲"条作"汝还民间"。

〔四五〕救治百姓之疾病者:汉魏本作"治百姓疾病"。

〔四六〕君欲来上天:汉魏本作"如欲上来"。云笈七签卷一○九引神仙传"沈羲"条作"若欲来上界"。

〔四七〕后人多得其方术者也:汉魏本作"多得其符验也",无"后人"二字,语义不完整。云笈七签卷一○九引神仙传"沈羲"条作"今多得符者矣"。

陈安世〔一〕

陈安世者,京兆〔二〕人也,为灌叔平〔三〕客〔四〕。禀性慈仁,行见鸟兽〔五〕,下道避之〔六〕,不欲惊动〔七〕,不践生虫,未尝杀物。年三十〔八〕,而叔平好道思神,忽有二仙人托为书生,从叔平行游〔九〕,以观试之,叔平不觉其是仙人也。久而转懈怠〔一〇〕,叔平在内方作美食,二仙人复来,诣门问安世曰:“叔平在否?”答曰:“在。”因入白叔平,叔平即欲出,其妻止之〔一一〕,曰:“饿书生辈,复欲求腹饱耳,勿与食〔一二〕。”于是叔平使安世出,告言〔一三〕不在。二人曰:“汝向言在,今言不在〔一四〕,何也〔一五〕?”“大家敕我去耳〔一六〕。”二人益善之以实对〔一七〕,乃相谓曰:“叔平勤苦有年〔一八〕,今日值吾二人而反懈怠〔一九〕,是其不遇我〔二〇〕,几成而败之。”乃问安世曰:“汝好邀戏〔二一〕耶?”答曰:“不好也。”又曰:“汝好道希仙〔二二〕耶?”答曰:“好道,然无缘知耳〔二三〕。”二人曰:“汝审好道,明日早会道北大树下。”安世早往期处〔二四〕,到日西而不见二人〔二五〕,乃起将去,曰:“书生定欺我耳〔二六〕。”二人已在其耳边〔二七〕,呼之曰:“安世,汝来何晚耶?”答曰:“早旦〔二八〕来,但不见君耳。”二人曰:“我端坐在汝边耳。”频三期之〔二九〕,而安世辄早至,知其可教,乃以药两丸与之,诫曰:“汝归家〔三〇〕,勿复饮食,别止一处。”安世依诫〔三一〕,二人常往〔三二〕其处。叔平怪之,曰:“安世处空室,何得有人语?往辄不见,何也〔三三〕?”答曰:

"我独语耳。"叔平见安世不服食〔三四〕，但饮水，止息别位，疑非常人，自知失贤，乃叹曰："夫道尊德贵，不在年齿，父母生我，然非师则莫能使我长生也，先闻道者则为师矣。"乃自执〔三五〕弟子之礼，朝夕拜事安世〔三六〕，为之洒扫。安世道成，白日升天，临去，遂以要道〔三七〕传叔平，叔平后亦得仙也〔三八〕。

【校释】

〔一〕太平广记卷五"陈安世"条与本条基本同。汉魏本与太平广记本全同。

〔二〕京兆：今陕西西安。

〔三〕灌叔平：汉魏本作"权叔本"。应如太平御览卷六六二天仙引神仙传作"灌叔本"。元和姓纂卷九"灌"亦云"神仙传灌叔本"。"平"为"本"之讹。下文同样误字不再校。

〔四〕客：汉魏本作"佣赁"，其义同。

〔五〕鸟兽：汉魏本作"禽兽"。

〔六〕下道避之：汉魏本作"常下道避之"。

〔七〕不欲惊动：汉魏本作"不欲惊之"。

〔八〕年三十：汉魏本作"年十三四"。仙苑编珠卷上沈羲三车安世二士引神仙传作"年十三"。抱朴子内篇勤求云："陈安世者，年十三岁，盖灌叔本之客子耳。""年三十"应作"年十三"。

〔九〕行游：汉魏本无"行"字。

〔一〇〕久而转懈怠：汉魏本作"久而意转怠"。

〔一一〕其妻止之：汉魏本作"其妇引还而止"。

〔一二〕勿与食：汉魏本无此三字。

〔一三〕告言：汉魏本作"答言"。

〔一四〕汝向言在，今言不在：汉魏本作"前者云在，旋言不在"。

〔一五〕何也:此句后汉魏本有"答曰"二字,四库本脱漏,致下文答言失依据。

〔一六〕大家敕我去耳:汉魏本作"大家君教我云耳"。"大家"乃古代下人对主人之尊称。"去"形近"云"而讹。

〔一七〕二人益善之以实对:汉魏本作"二人善其诚实"。

〔一八〕乃相谓曰叔本勤苦有年:汉魏本作"乃谓叔本勤苦有年"。

〔一九〕今日值吾二人而反懈怠:汉魏本作"今适值我二人而乃懈怠"。

〔二〇〕是其不遇我:汉魏本作"是其不遇"。

〔二一〕遨戏:汉魏本作"游戏"。

〔二二〕好道希仙:汉魏本无"希仙"二字。

〔二三〕好道,然无缘知耳:汉魏本作"好,而无由知之"。

〔二四〕安世早往期处:汉魏本作"安世承言早往期处"。太平御览卷六六二天仙引神仙传作"安世承言早往"。

〔二五〕二人:汉魏本作"一人",下文说的是二人。

〔二六〕书生定欺我耳:太平御览卷六六二天仙引神仙传作"书生诈我哉"。

〔二七〕耳边:汉魏本作"侧"。

〔二八〕早旦:汉魏本无"旦"字。

〔二九〕频三期之:其意不明。太平御览卷六六二天仙引神仙传作"三期",恐是。"三期"谓三次约会也。

〔三〇〕归家:汉魏本无"家"字。

〔三一〕依诚:汉魏本作"承诚"。

〔三二〕常往:汉魏本作"常来往"。

〔三三〕往辄不见何也:汉魏本作"往辄不见",而下文又有"叔本曰:'向闻多人语声,今不见一人,何也?'"

〔三四〕不服食:汉魏本作"不复食"。上文称仙人嘱安世勿复饮食,此处应作"复食"。

〔三五〕自执:汉魏本无"自"字。

〔三六〕朝夕拜事安世:汉魏本作"朝夕拜事之"。可参抱朴子内篇勤
　　求,云:"叔本年七十皓首,朝夕拜安世,曰:'道尊德贵,先得道
　　者则为师矣,吾不敢倦执弟子之礼也。'由是安世告之要方,遂
　　复仙去矣。"

〔三七〕要道:汉魏本作"要道术"。

〔三八〕叔平后亦得仙也:汉魏本作"叔本后亦仙去矣"。

李八伯〔一〕

李八伯〔二〕者,蜀人也。莫知其名〔三〕,历世见之,时人
计之已年八百岁,因以号之。或隐山林,或在鄽市〔四〕。知
汉中唐公昉〔五〕求道〔六〕而不遇明师,欲教以至道〔七〕,乃先
往试之,为作佣客〔八〕,公昉不知也〔九〕。八伯驱使用意,过
于他人〔一○〕,公昉甚爱待之〔一一〕。后八伯乃伪作病〔一二〕,
危困欲死〔一三〕,公昉为迎医合药,费数十万〔一四〕,不以为
损,忧念之意,形于颜色。八伯又转作恶疮,周身匝
体〔一五〕,脓血臭恶〔一六〕,不可近视,人皆不忍近之〔一七〕。公
昉为之流涕,曰:"卿为吾家〔一八〕勤苦累年而得笃病〔一九〕,
吾趣欲令卿得愈〔二○〕,无所恡〔二一〕惜,而犹不愈〔二二〕,当如
卿何〔二三〕!"八伯曰:"吾疮可愈〔二四〕,然须得人舐之〔二五〕。"
公昉乃使三婢〔二六〕为舐之,八伯曰〔二七〕:"婢舐之不能使
愈,若得君舐之乃当愈耳〔二八〕。"公昉即为舐之。八伯又
言:"君舐之复不能使吾愈,得君妇为舐之当愈也。"〔二九〕公
昉乃使妇舐之〔三○〕。八伯曰:"疮乃欲差,然须得三十斛美

酒以浴之，乃都愈耳。"〔三一〕公昉即为具酒三十斛着大器中〔三二〕，八伯乃起入酒中洗浴，疮则尽愈〔三三〕，体如凝脂，亦无馀痕，乃告公昉曰："吾是仙人，君有至心〔三四〕，故来相试〔三五〕，子定可教〔三六〕。今当相授度世之诀矣。"乃使公昉夫妻及舐疮三婢以浴馀酒自洗〔三七〕，即皆更少，颜色悦美。以丹经一卷授公昉，公昉入云台山〔三八〕中合丹〔三九〕，丹成便登仙去〔四〇〕。今拔宅之处在汉中也〔四一〕。

【校释】

〔一〕太平广记卷七"李八百"条与本条基本同。汉魏本李八百全同于太平广记本。云笈七签卷一〇九引神仙传"李八百"条文字与两本略有差异。

〔二〕李八伯：汉魏本作"李八百"，各本引文同。下文说"计之已年八百岁，因以号之"，"伯"可通"百"。

〔三〕莫知其名：太平广记卷六一"李真多"条称："（李）脱居蜀金堂山龙桥峰下修道，蜀人历代见之，约其往来八百馀年，因号曰'李八百'焉。"有以为李八百名脱。按晋书卷五八周札传云："时有道士李脱者，妖术惑众，自言八百岁，故号李八百。"是晋人李脱假名李八百而已，其后称"李八百"的道士屡见。

〔四〕或在鄽市：汉魏本作"或出市廛"。

〔五〕唐公昉："昉"，云笈七签卷一〇九引神仙传条作"房"。宋洪适隶释卷三仙人唐公房碑称："君字公房，成固（在今陕西）人。"释云：公房为王莽时人，东汉汉中太守郭芝为之立碑于兴元。又云："盖隶法，'房'字其'户'在侧，故人多不晓，或作'防'或作'昉'，皆误也。"华阳国志卷二汉中志记褒中县（今陕西汉中褒城）有唐公房祠。又太平寰宇记卷一三八山南西道六洋州"西乡县"引神仙传云："唐公房昔事李八百，公房患无酒，八百因以杖指崖,酒泉涌出,故后人敬之立祠,甚灵,号曰<u>唐公房</u>。"今本<u>神仙传</u>不记此事,而"<u>公房</u>"之名乃当时人所常用。

〔六〕求道:<u>汉魏</u>本作"有志"。

〔七〕教以至道:<u>汉魏</u>本、<u>云笈七签</u>卷一〇九引<u>神仙传</u>"李八百"条作"教授之"。

〔八〕为作佣客:<u>汉魏</u>本作"为作客佣赁者"。

〔九〕不知也:<u>云笈七签</u>卷一〇九引<u>神仙传</u>"李八百"条作"不知仙人也"。

〔一〇〕过于他人:<u>汉魏</u>本作"异于他客"。

〔一一〕<u>公昉</u>甚爱待之:<u>汉魏</u>本作"<u>公昉</u>爱异之"。<u>云笈七签</u>卷一〇九引<u>神仙传</u>"李八百"条作"<u>公房</u>甚爱之"。

〔一二〕后八伯乃伪作病:<u>汉魏</u>本作"八百乃伪病"。<u>云笈七签</u>卷一〇九引<u>神仙传</u>"李八百"条作"八百诈为病"。

〔一三〕危困欲死:<u>汉魏</u>本作"困当欲死"。<u>云笈七签</u>卷一〇九引<u>神仙传</u>"李八百"条作"困劣欲卒"。

〔一四〕数十万:<u>汉魏</u>本、<u>云笈七签</u>卷一〇九引<u>神仙传</u>"李八百"条作"数十万钱"。

〔一五〕周身匝体:<u>汉魏</u>本、<u>云笈七签</u>卷一〇九引<u>神仙传</u>"李八百"条作"周遍身体"。

〔一六〕脓血臭恶:<u>云笈七签</u>卷一〇九引<u>神仙传</u>"李八百"条作"溃烂臭浊"。

〔一七〕不可近视,人皆不忍近之:<u>汉魏</u>本作"不可忍近"。<u>云笈七签</u>卷一〇九引<u>神仙传</u>"李八百"条作"不可近也"。

〔一八〕吾家:<u>汉魏</u>本作"吾家使者"。

〔一九〕而得笃病:<u>汉魏</u>本作"常得笃疾"。

〔二〇〕吾趣欲令卿得愈:<u>汉魏</u>本作"吾取医欲令卿愈"。<u>云笈七签</u>卷一〇九引<u>神仙传</u>"李八百"条作"吾甚要汝得愈"。趣,急欲之意。

〔二一〕恣:同"眢"。

〔二二〕而犹不愈:云笈七签卷一〇九引神仙传"李八百"条作"而今正尔"。

〔二三〕当如卿何:云笈七签卷一〇九引神仙传"李八百"条作"当奈汝何"。

〔二四〕可愈:汉魏本作"不愈"。

〔二五〕然须得人舐之:汉魏本作"须人舐之当可"。

〔二六〕三婢:汉魏本重复"三婢"二字。

〔二七〕八伯曰:汉魏本、云笈七签卷一〇九引神仙传"李八百"条作"八百又曰"。

〔二八〕婢舐之不能使愈,若得君舐之乃当愈耳:汉魏本作"婢舐不愈,若得君为舐之,即当愈耳"。云笈七签卷一〇九引神仙传"李八百"条作"婢舐不能使疾愈,若得君舐,应愈耳"。

〔二九〕公昉即为舐之。八伯又言:"君舐之复不能使吾愈,得君妇为舐之当愈也":汉魏本作"公昉即舐,复言无益,欲公昉妇舐之最佳"。云笈七签卷一〇九引神仙传"李八百"条"妇"作"妻","当愈耳"作"当差"。

〔三〇〕公昉乃使妇舐之:汉魏本作"又复令妇舐之"。云笈七签卷一〇九引神仙传"李八百"条"妇"作"妻"。

〔三一〕八伯曰:"疮乃欲差,然须得三十斛美酒以浴之,乃都愈耳":汉魏本作"八百又告曰:'吾疮乃欲差,当得三十斛美酒浴身,当愈。'"云笈七签卷一〇九引神仙传"李八百"条作"八百曰:'吾疮已差,欲得三十斛旨酒以沐浴,乃当都愈耳'"。

〔三二〕即为具酒三十斛着大器中:汉魏本作"即为酒具着大器中"。三洞群仙录卷一三公房舔疮张苍吮乳引神仙传云"公房乃为具酒浴"。具酒,供酒也。

〔三三〕疮则尽愈:汉魏本、云笈七签卷一〇九引神仙传"李八百"条作

“疮即愈”。

〔三四〕君有至心：汉魏本作“子有志”。云笈七签卷一〇九引神仙传“李八百”条作“子有志心”。至心、志心，诚心也。

〔三五〕故来相试：汉魏本作“故此相试”。

〔三六〕子定可教：汉魏本作“子真可教也”。

〔三七〕以浴馀酒自洗：汉魏本作“以其浴酒自浴”。云笈七签卷一〇九引神仙传“李八百”条作“以其浴馀酒澡洗”。

〔三八〕云台山：在今四川苍溪。云笈七签卷二八二十八治“第一云台山治”称：“（云台山）在巴西郡阆州苍溪县东二十里。”

〔三九〕合丹：汉魏本作“作药”。云笈七签卷一〇九引神仙传“李八百”条作“合作丹”。

〔四〇〕丹成便登仙去：汉魏本作“药成服之仙去”。云笈七签卷一〇九引神仙传“李八百”条作“丹成乃服之仙去也”。

〔四一〕今拔宅之处在汉中也：汉魏本、云笈七签卷一〇九引神仙传“李八百”条均无。相传唐公房妻饮药升仙，还求欲得家俱去，乃以药涂屋柱，饮牛马六畜。须臾，有大风玄云来迎公房，妻子屋宅六畜儵然与之俱去（参隶释卷三仙人唐公房碑及南朝宋刘敬叔撰异苑卷三“唐鼠”条）。宋董逌撰广川书跋卷五君子公昉碑云：“（葛洪神仙传）不闻其（指唐公房）与六畜俱逝，然碑立于汉，而洪为书在后，洪不取此，知其谬也。”其所见之神仙传本无此句。李八百传通篇皆神奇事迹，而葛洪不取屋宅六畜升天之事，可知此句乃后人所添加。

李　阿〔一〕

李阿〔二〕者，蜀人也。蜀人〔三〕传世见之，不老如故〔四〕。

常乞〔五〕于成都市，而所得随复以拯贫穷者〔六〕，夜去朝还，市人莫知其所宿也〔七〕。或问往事〔八〕，阿无所言，但占阿颜色。若颜色欣然，则事皆吉。若容貌惨戚，则事皆凶。若阿含笑者，则有大庆，微叹者，则有深忧。如此之候〔九〕，未曾不审也〔一〇〕。有古强者，疑阿是异人，常亲事之，试随阿还所宿，乃在〔一一〕青城山〔一二〕中。强后复欲随阿去，然身未知道〔一三〕，恐有虎狼，故持其父长刀以自卫〔一四〕。阿见之，怒〔一五〕曰："汝随我行，何畏虎耶〔一六〕？"取强刀击石，折败〔一七〕，强窃忧刀败〔一八〕。至旦，复出随之〔一九〕。阿问曰〔二〇〕："汝愁刀败耶？"强言实恐父怒〔二一〕，阿即取刀，以左右手击地〔二二〕，刀复如故以还强〔二三〕。强逐〔二四〕阿还成都，未至，道次逢奔车〔二五〕，阿以脚置车下，轹其脚，胫皆折〔二六〕，阿即死。强惊视之〔二七〕，须臾，阿起，以手抑按〔二八〕，脚复如故〔二九〕。强年〔三〇〕十八，见阿色如五十许人〔三一〕，至强年八十馀，而阿犹如故〔三二〕。后语人云〔三三〕"被昆仑山召〔三四〕，当去"，遂不复还耳。

【校释】

〔 一 〕太平广记卷七"李阿"条与本条基本同。汉魏本李阿与太平广记本全同。云笈七签卷一〇九引神仙传"李阿"条内容较简略。

〔 二 〕李阿：抱朴子内篇道意称："或问李氏之道起于何时，余答曰：'吴大帝时，蜀中有李阿者，穴居不食，传世见之，号为八百岁公。……后有一人姓李名宽，到吴而蜀语，能祝水治病颇愈，于是远近翕然，谓宽为李阿，因共呼之为李八百，而实非也。……'"可知李阿乃三国时人。魏晋之时，李家道以李八百为号召，冒称李八百者不止一人。

〔三〕蜀人:汉魏本、云笈七签卷一〇九引神仙传"李阿"条均无,此二字似重出。

〔四〕不老如故:汉魏本无"如故"二字。

〔五〕乞:云笈七签卷一〇九引神仙传"李阿"条作"乞食"。

〔六〕而所得随复以拯贫穷者:汉魏本作"所得复散赐与贫穷者"。云笈七签卷一〇九引神仙传"李阿"条"所得随多少与贫穷者"。

〔七〕市人莫知其所宿也:汉魏本作"市人莫知所止"。

〔八〕或问往事:汉魏本作"或往问事"。太平御览卷六六六道士引抱朴子作"人往问事"(今本抱朴子内篇道意作"人往往问事",重一"往"字)。四库本"问"、"往"两字倒置。此句以下至"未曾不审也",云笈七签卷一〇九引神仙"李阿"条缺。

〔九〕之候:抱朴子内篇道意同。汉魏本作"候之"。

〔一〇〕未曾不审也:抱朴子内篇道意作"未曾一失也"。

〔一一〕乃在:"在",云笈七签卷一〇九引神仙传"李阿"条"去"。太平御览卷三四五刀上引神仙传作"随阿入青城山"。"去"、"入"义同,"在"是"去"之误。

〔一二〕青城山:在今四川都江堰西南。

〔一三〕然身未知道:云笈七签卷一〇九引神仙传"李阿"条作"然未知道",未曾得道也。

〔一四〕故持其父长刀以自卫:汉魏本、云笈七签卷一〇九引神仙传"李阿"条作"私持其父大刀"。

〔一五〕阿见之,怒:汉魏本、云笈七签卷一〇九引神仙传"李阿"条作"阿见而怒强"。

〔一六〕何畏虎耶:汉魏本、云笈七签卷一〇九引神仙传"李阿"条作"那畏虎也"。

〔一七〕折败:汉魏本作"折坏"。

〔一八〕强窃忧刀败:太平御览卷三四五刀上引神仙传同。汉魏本、北

76

堂书钞卷一二三刀"取刀击石"条注引神仙传作"强忧刀败"。云笈七签卷一〇九引神仙传"李阿"条作"强窃忧刀折"。

〔一九〕至旦,复出随之:汉魏本作"至旦随出"。云笈七签卷一〇九引神仙传"李阿"条作"至旦复出"。

〔二〇〕阿问曰:汉魏本、云笈七签卷一〇九引神仙传"李阿"条作"阿问强曰"。

〔二一〕强言实恐父怒:汉魏本作"强言实恐父怪怒"。云笈七签卷一〇九引神仙传"李阿"条作"曰实愁父怒"。

〔二二〕阿即取刀,以左右手击地:汉魏本作"阿则取刀,左手击地"。云笈七签卷一〇九引神仙传"李阿"条作"阿即取刀,以左右击地"。皆不甚明,应如北堂书钞卷一二三刀"取刀击石"条注引神仙传、太平御览卷三四五刀上引神仙传作"阿复取刀,左右击地"。

〔二三〕以还强:汉魏本无此三字。太平御览卷三四五刀上引神仙传作"还强也"。

〔二四〕逐:云笈七签卷一〇九引神仙传条同。汉魏本作"随",义同。

〔二五〕道次逢奔车:汉魏本、云笈七签卷一〇九引神仙传"李阿"条作"道逢人奔车"。

〔二六〕轹其脚,胫皆折:汉魏本作"轹脚皆折"。云笈七签卷一〇九引神仙传"李阿"条作"轹其骨,皆折"。

〔二七〕强惊视之:汉魏本作"强怖守视之"。云笈七签卷一〇九引神仙传"李阿"条作"强守视之"。

〔二八〕以手抑按:汉魏本作"以手抚脚"。云笈七签卷一〇九引神仙传"李阿"条作"以手抑脚",语意更明白。

〔二九〕脚复如故:汉魏本、云笈七签卷一〇九引神仙传"李阿"条作"而复如常"。

〔三〇〕强年:云笈七签卷一〇九引神仙传条作"强时年"。

〔三一〕见阿色如五十许人：汉魏本作"见阿年五十许"。云笈七签卷
　　　一○九引神仙传"李阿"条作"见阿如五十许人"。

〔三二〕而阿犹如故：汉魏本作"而阿犹然不异"。

〔三三〕后语人云：汉魏本无"云"字。云笈七签卷一○九引神仙传"李
　　　阿"条无"后"字。

〔三四〕被昆仑山召：云笈七签卷一○九引神仙传"李阿"条作"被昆仑
　　　召"。仙苑编珠卷上八百历代李阿丐市引神仙传作"昆仑召
　　　吾"。昆仑山，见"沈文泰"条注。

王　远〔一〕

王远，字方平，东海〔二〕人也。举孝廉〔三〕，除郎中〔四〕，
稍加至中散大夫〔五〕。博学五经〔六〕，尤明〔七〕天文图谶〔八〕，
河洛〔九〕之要，逆知天下盛衰之期，九州吉凶〔一○〕，观诸掌
握〔一一〕。后弃官入山修道，道成，汉孝桓帝〔一二〕闻之，连征
不出，使郡牧〔一三〕逼载以诣京师。远低头闭口，不肯答诏，
乃题宫门扇板〔一四〕四百馀字，皆说方来之事〔一五〕。帝恶
之，使人削之〔一六〕，外字始去，内字复见，字墨皆彻入
板里〔一七〕。

方平无复，子孙〔一八〕乡里人累世相传共事之〔一九〕。同
郡故太尉公〔二○〕陈耽为方平架〔二一〕道室，旦夕朝拜之，但
乞福消灾〔二二〕，不从学道〔二三〕。方平在耽家四十〔二四〕馀
年，耽家无疾病死丧，奴婢皆然〔二五〕，六畜繁息，田蚕万
倍〔二六〕，仕宦高迁〔二七〕。后语耽云〔二八〕："吾期运将
尽〔二九〕，当去，不得复停〔三○〕，明日日中当发也。"至时，方

平死，耽知其化去〔三一〕，不敢下着地，但悲涕叹息，曰："先生舍我去耶？我将何如〔三二〕！"具棺器烧香，就床上〔三三〕衣装之，至三日三夜〔三四〕，忽失其尸〔三五〕，衣带〔三六〕不解，如蛇蜕耳。方平去〔三七〕后百馀日，耽亦死〔三八〕。或谓耽得方平之道化去，或谓方平〔三九〕知耽将终，委之而去也。

其后〔四〇〕方平欲东之括苍山〔四一〕，过吴〔四二〕往胥门蔡经家〔四三〕。经者，小民也，骨相当仙，方平知之，故住其家。遂语经曰："汝生命应得度世〔四四〕，故欲取汝以补仙官〔四五〕。然汝〔四六〕少不知道，今气〔四七〕少肉多，不得上升〔四八〕，当为尸解〔四九〕耳。尸解一剧〔五〇〕，须臾〔五一〕如从狗窦中过耳。"告以要言，乃委经去。后经忽身体发热如火，欲得水〔五二〕灌，举家汲水以灌之，如沃燋石〔五三〕，似此三日中〔五四〕，消耗骨立〔五五〕，乃入室，以被自覆，忽然失其所在〔五六〕，视其被中，惟有皮头足具〔五七〕，如今蝉蜕也〔五八〕。去十馀年，忽然还家，去时已老〔五九〕，还更少壮〔六〇〕，头发还黑〔六一〕。语其家〔六二〕云："七月七日王君当来过，到其日〔六三〕，可多作数百斛〔六四〕饮食〔六五〕以供从官。"乃去〔六六〕。

到期日，其家假借盆瓮〔六七〕，作饮食数百斛〔六八〕，罗列覆置庭中〔六九〕。其日〔七〇〕，方平果来。未至经家〔七一〕，则闻〔七二〕金鼓箫管人马之声，比近皆惊，不知何所在〔七三〕。及至经家〔七四〕，举家皆见，方平着远游冠〔七五〕，朱服，虎头鞶裳〔七六〕，五色绶〔七七〕，带剑，少须黄色〔七八〕，长短中形人也〔七九〕。乘羽车〔八〇〕，驾五龙，龙各异色，麾节幡旗，前后导从〔八一〕，威仪奕奕〔八二〕，如大将军也〔八三〕。有十二玉壶，皆以腊蜜封其口〔八四〕。鼓吹皆乘麟〔八五〕，从天上下悬集〔八六〕，不从道行也〔八七〕。既至，从官皆隐〔八八〕，不知所在，惟见〔八九〕方平坐耳〔九〇〕。须臾，引见经父母兄弟〔九一〕。因遣人召〔九二〕麻姑相问〔九三〕，亦莫知麻姑是何神〔九四〕也。言〔九五〕："王方平敬报，久不在〔九六〕民间，今集在此〔九七〕，想姑能暂来语否?"有顷〔九八〕，信还，但闻其语，不见所使人也〔九九〕。答言〔一〇〇〕："麻姑再拜〔一〇一〕，比〔一〇二〕不相见，忽已五百馀年，尊卑有序，修敬〔一〇三〕无阶〔一〇四〕，思念〔一〇五〕。烦信承来〔一〇六〕，在彼，登当倾倒，而先被记〔一〇七〕，当案行蓬莱〔一〇八〕，今便暂往，如是当还。还便亲觐，愿未即去。"如此两时间〔一〇九〕，麻姑来，来时亦先闻人马之声〔一一〇〕，既至，从官当〔一一一〕半于方平也。

麻姑至，蔡经亦举家见之，是好女子，年十八九许〔一一二〕，于顶中〔一一三〕作髻，馀发散垂至腰。其衣有文章〔一一四〕而非〔一一五〕锦绮，光彩耀日〔一一六〕，不可名字〔一一七〕，皆世所无有〔一一八〕也。入拜方平，方平为之起立。坐定，召进〔一一九〕行厨〔一二〇〕，皆金玉盃盘〔一二一〕，无限也。肴膳多是诸花果〔一二二〕，而香气达于内外。擘脯而行之〔一二三〕，如松柏炙〔一二四〕，云是麟脯也〔一二五〕。麻姑自说："接待〔一二六〕以来，已见东海三为桑田。向到蓬莱，水又浅于往昔〔一二七〕，会时略半也。岂将复还为陵陆乎〔一二八〕?"方平笑〔一二九〕曰："圣人皆言，海中行复〔一三〇〕扬尘也。"

麻姑欲见蔡经母及妇侄〔一三一〕。时经弟妇新产数十日〔一三二〕，麻姑望见，乃知之〔一三三〕，曰："噫！且止勿前。"
即求少许米〔一三四〕，至得米，便以撒地〔一三五〕，谓以米祛其秽
也，视米皆成真珠〔一三六〕。方平笑曰："姑故少年也〔一三七〕，
吾老矣，不喜复作此曹辈〔一三八〕狡狯〔一三九〕变化也。"方平语
经家人曰："吾欲赐汝辈酒〔一四○〕，此酒乃出天厨〔一四一〕，其
味醇酿〔一四二〕，非俗人〔一四三〕所宜饮，饮之或能烂肠〔一四四〕。
今当以水和之〔一四五〕，汝辈勿怪也。"乃以一升酒，合水一
斗〔一四六〕搅之，以赐经家人，人饮一升许，皆醉。良久酒尽。
方平语〔一四七〕左右曰："不足复还取也。"以千钱〔一四八〕与馀
杭姥〔一四九〕，相闻求其酤酒〔一五○〕。须臾信还，得一油囊酒，
五斗许，信〔一五一〕传馀杭姥答言："恐地上酒不中尊者
饮耳〔一五二〕。"

又麻姑手爪不如人爪，形皆似鸟爪〔一五三〕。蔡经中心
私言〔一五四〕："若背大痒时〔一五五〕，得此爪以爬背，当佳也。"
方平已知经心中所言，即使人牵经鞭之，曰："麻姑神人也，
汝何忽谓〔一五六〕其爪可以爬背耶！"便见鞭着经背，亦不见
有人持鞭者。方平告经曰："吾鞭不可妄得也。"

经比舍有姓陈〔一五七〕，失其名字，尝罢尉〔一五八〕，闻经家
有神人，乃诣门扣头，求乞拜见。于是方平引前〔一五九〕与
语，此人便乞得驱使〔一六○〕，比于蔡经。方平曰："君且起，
可向日立〔一六一〕。"方平从后视之，曰："噫！君心不
正〔一六二〕，影不端〔一六三〕，终不可教以仙道也〔一六四〕，当授君
地上主者之职〔一六五〕。"临去，以一符并一传〔一六六〕，着小箱
中以与陈尉，告言："此不能令君度世，止能令君竟本寿，寿

自出百岁也〔一六七〕。可以消灾治病〔一六八〕,病者命未终及无罪犯者〔一六九〕,以符〔一七〇〕到其家便愈矣。若有邪鬼血食作祸者〔一七一〕,带此传以敕社吏〔一七二〕,当收送其鬼〔一七三〕。君心中亦当知其轻重,临时以意治之。"陈尉〔一七四〕以此符治病,有效,事之者数百家。陈尉寿一百一十一岁〔一七五〕而死。死后,其子孙〔一七六〕行其符,不复效〔一七七〕矣。

方平去后,经家所作饮食数百斛在庭中者,悉尽〔一七八〕,亦不见人饮食之也。经父母私问经曰:"王君是何神人?复居何处〔一七九〕?"经答曰:"常治〔一八〇〕昆仑山,往来罗浮山〔一八一〕、括苍山〔一八二〕。此三山上,皆有宫殿〔一八三〕,宫殿一如王宫〔一八四〕。王君常任天曹〔一八五〕事,一日之中,与天上相反覆者数遍〔一八六〕。地上五岳〔一八七〕生死之事,悉关王君〔一八八〕。王君出时〔一八九〕,或不尽将百官〔一九〇〕,惟乘一黄麟〔一九一〕,将士数十人侍〔一九二〕。每行〔一九三〕,常见山林在下,去地常数百丈。所到,山海之神皆来奉迎拜谒,或有千道者〔一九四〕。"

后数年〔一九五〕,经复暂归家〔一九六〕,方平有书与陈尉,真书廓落,大而不工〔一九七〕。先是无人知方平名远者,起此,乃因陈尉书知之〔一九八〕。其家〔一九九〕于今,世世存录〔二〇〇〕王君手书及其符传于小箱中,秘之也〔二〇一〕。

【校释】

〔一〕太平广记卷七"王远"条云出神仙传,与本条基本同。汉魏本王远与太平广记本全同。太平广记卷六〇女仙五另立"麻姑"条,亦引自神仙传,所记从王方平到蔡经家至末尾,文字与"王远"

条有关部分稍有不同。汉魏本也有"麻姑"条,照抄太平广记卷六〇"麻姑"条文,属重出。云笈七签卷一〇九引神仙传则分为"王远"条及"蔡经"条,又卷八五"王方平"条实重复卷一〇九"王远"条。云笈七签卷一〇九引神仙传"王远"、"蔡经"之文,与本条基本同。引用此条较详者尚有颜鲁公文集卷一三抚州南城县麻姑山仙坛记、说郛卷一一三下葛洪麻姑传、宋范成大吴郡志卷四〇仙事引葛洪神仙传等。说郛本文字与四库本相近,吴郡志本则与汉魏本相近。

〔二〕东海:今山东临沂。

〔三〕举孝廉:汉代州郡推选入仕之人。汉书卷六武帝纪颜师古注曰:"孝谓善事父母者,廉谓清洁有廉隅者。"

〔四〕郎中:官名近侍之臣,司宿卫执戟。

〔五〕稍加至中散大夫:汉魏本作"稍加中散大夫"。中散大夫,东汉官名,掌论议,秩六百石。

〔六〕博学五经:汉魏本作"学通五经"。五经指易、诗、书、礼、春秋五种儒家经典。

〔七〕尤明:云笈七签卷一〇九引神仙传"王远"条作"兼明"。

〔八〕图谶:图指"河图",传说伏羲受龙马图于河,八卦是也;谶,符命之征验。古代用以预测未来之书。

〔九〕河洛:指河图洛书,其来源各说不同。易系辞:"河出图,洛出书,圣人则之。"孔安国以为,河图八卦是也,洛书则九畴(上天所示之九种法则)是也。儒家以为图以示天道,书以示人道。其后该说为术士穿凿附会,用作解释时事之依据。

〔一〇〕九州吉凶:云笈七签卷一〇九引神仙传"王远"条作"九州吉凶之事"。据尚书禹贡,禹平水土,画中国为九州。

〔一一〕观诸掌握:汉魏本作"如观诸掌握",较准确。云笈七签卷一〇九引神仙传"王远"条此句至"道成"缺。

〔一二〕汉孝桓帝:公元一四六——一六七年在位。

〔一三〕郡牧:汉魏本、云笈七签卷一〇九引神仙传"王远"条、真仙通鉴卷五王远作"郡国"。东汉州长官称刺史,灵帝时新置牧,郡长官称太守,或称郡守。此处"郡牧"或为"郡国"之误。东汉桓帝建和元年四月,诏大将军、公卿、郡国举至孝笃行之士各一人,是其例。

〔一四〕扇板:门板也。云笈七签卷一〇九引神仙传"王远"条缺"板"字。

〔一五〕皆说方来之事:云笈七签卷一〇九引神仙传"王远"条作"皆纪方来"。方来,未来也。

〔一六〕使人削之:汉魏本作"使削去"。

〔一七〕字墨皆彻人板里:汉魏本作"墨皆彻板里,削之愈分明"。云笈七签卷一〇九引神仙传"王远"条作"墨皆彻人木里"。

〔一八〕方平无复,子孙:汉魏本作"远无子孙"。真仙通鉴卷五王远作"无复还",指方平弃官不再还乡,则"子孙"连"乡里人累世传事之",文意较通顺。

〔一九〕相传共事之:汉魏本作"相传供养之"。云笈七签卷一〇九引神仙传"王远"条作"相传事之"。真仙通鉴卷五王远作"传事之"。

〔二〇〕故太尉公:汉魏本、云笈七签卷一〇九引神仙传"王远"条无"故"及"公"字。太尉,汉代最高之官衔,通典卷二〇职官二云,东汉"太尉公主天"。按,后汉书卷八灵帝纪记陈耽于东汉灵帝熹平三年(一七四)二月官太尉,五年五月罢免,在位时间约两年。

〔二一〕架:汉魏本作"营"。

〔二二〕但乞福消灾:汉魏本、云笈七签卷一〇九引神仙传"王远"条无"消灾"二字。

〔二三〕不从学道:汉魏本作"未言学道"。云笈七签卷一〇九引神仙传
　　　　"王远"条、真仙通鉴卷五王远作"愿从学道"。

〔二四〕四十:云笈七签卷一〇九引神仙传"王远"条作"三十"。各本多
　　　　作"四十"。

〔二五〕皆然:云笈七签卷一〇九引神仙传"王远"条作"皆安然"。

〔二六〕田蚕万倍:汉魏本作"田桑倍获",真仙通鉴卷五王远作"田蚕数
　　　　倍"。万倍太夸大,"万"或是"数"之误。

〔二七〕仕宦高迁:汉魏本无此四字。

〔二八〕后语耽云:汉魏本作"远忽语陈耽曰"。

〔二九〕期运将尽:汉魏本无"将尽"二字。所谓期运乃以为物各有其
　　　　运数。

〔三〇〕复停:汉魏本作"久停"。

〔三一〕化去:汉魏本作"仙去"。

〔三二〕先生舍我去耶?我将何如:汉魏本、云笈七签卷一〇九引神仙
　　　　传"王远"条作"先生舍我,我将何怙"。

〔三三〕床上:汉魏本无"上"字。

〔三四〕三日三夜:汉魏本作"三日夜"。

〔三五〕忽失其尸:云笈七签卷一〇九引神仙传"王远"条作"忽然失其
　　　　所在"。

〔三六〕衣带:汉魏本作"衣冠"。

〔三七〕去:汉魏本作"卒"。

〔三八〕死:云笈七签卷一〇九引神仙传"王远"条作"薨"。

〔三九〕或谓方平:汉魏本无"方平"名字。

〔四〇〕其后:汉魏本作"初",王方平过蔡经家应在其后,"初"字误。

〔四一〕括苍山:在今浙江丽水东南。太平寰宇记卷九八江南东道十台
　　　　州"临海县"称,括苍山"高一万六千丈,神仙传:王方平居昆仑,
　　　　往来罗浮、括苍山"。太平御览卷四七括苍山引五岳图序曰:

"括苍山,东岳之佐命。"

〔四二〕吴:今江苏苏州。

〔四三〕往胥门蔡经家:汉魏本、云笈七签卷八五"王方平"条作"住胥门蔡经家"。既称王方平往括苍山,经过吴地而已,不应又云"往蔡经家",应作"住",下文云"故住其家",可证。日知录集释卷三一胥门云:"今苏州之西南门曰胥门。"

〔四四〕度世:道家谓长生为度世。

〔四五〕仙官:汉魏本、云笈七签卷一〇九引神仙传"蔡经"条作"官僚",非是。云笈七签卷一一三下续仙传序云:"积功已高便为仙官,卑者犹为仙民。"

〔四六〕汝:汉魏本无。

〔四七〕气:道家谓气为支持生命之元素。抱朴子内篇至理云:"夫人在气中,气在人中,自天地至于万物,无不须气以生者也。"又云:"气竭则命终。"

〔四八〕上升:汉魏本作"上去"。云笈七签卷一〇九引神仙传"蔡经"条作"上天去"。

〔四九〕尸解:道家所谓尸解以为人死譬犹蝉蜕,蝉飞而蜕在也。真诰卷四运象篇第四云:"人死,必视其形,如生人,皆尸解也。视足不青,皮不皱者,亦尸解也。要目光不毁,无异生人,亦尸解也。头发尽脱,而失形骨者,皆尸解也。白日尸解自是仙,非尸解之例也。"说略卷一八冥契上亦云:"尸解有数端,足不青,皮不皱,目光不毁,头发不脱,不失其形骨者,皆尸解也。有未敛而失尸者,有人形犹在而无复骨者,有衣在形去者,有发脱而形去者。白日去谓之上尸解,夜半去谓之下尸解。"

〔五〇〕尸解一剧:汉魏本、云笈七签卷一〇九引神仙传"蔡经"条无此句。三洞群仙录卷一六蔡经狗窦宋卿鸡窠引王氏神仙传云:"(方平)谓经曰:'汝应得度世以补仙官,但汝少不知道,气少肉

86

多,唯可尸解,此法须臾如过狗窦中耳。'"一剧,意为瞬间。

〔五一〕须臾:汉魏本无此二字。

〔五二〕水:汉魏本作"冷水"。

〔五三〕燋石:云笈七签卷一〇九引神仙传"蔡经"条作"燋状"。"燋"
通"焦"。

〔五四〕似此三日中:汉魏本作"如此三日",语较明白。

〔五五〕骨立:云笈七签卷一〇九引神仙传"蔡经"条作"骨尽"。骨立,
皮包骨之谓也。

〔五六〕失其所在:汉魏本作"失之"。

〔五七〕惟有皮头足具:云笈七签卷一〇九引神仙传"蔡经"条作"皮头
足俱存"。此为道家尸解"形犹在而无复骨者"之例。

〔五八〕如今蝉蜕也:汉魏本、云笈七签卷一〇九引神仙传"蔡经"条无
"今"字,是。云笈七签卷二七七十二福地云:"第十丹霞洞。在
麻姑山,是蔡经真人得道之处,至今雨夜多闻钟磬之声,属蔡真
人治之。"

〔五九〕去时已老:汉魏本无此句。

〔六〇〕还更少壮:初学记卷四岁时部下"七月七日第九"注引神仙传、
太平御览卷三一七月七日引列仙传同,汉魏本作"容色少壮"。

〔六一〕头发还黑:汉魏本作"鬓发髭黑"。初学记卷四岁时部下"七月
七日第九"注引神仙传、太平御览卷三一七月七日引列仙传作
"头发皆黑"。

〔六二〕语其家:汉魏本作"语家人"。云笈七签卷一〇九引神仙传"蔡
经"条作"语家"。初学记卷四岁时部下"七月七日第九"注引
神仙传、太平御览卷三一七月七日引列仙传作"语家中"。

〔六三〕当来过,到其日:云笈七签卷一〇九引神仙传"蔡经"条、太平御
览卷八六一饮引神仙传、颜鲁公文集卷一三抚州南城县麻姑山
仙坛记同,汉魏本作"当来,其日"。

〔六四〕数百斛:汉魏本作"百馀斛"。下文述王方平去后,蔡经家所作饮食数百斛悉尽,似应作"数百斛"。

〔六五〕饮食:云笈七签卷一〇九引神仙传"蔡经"条无"食"字。

〔六六〕乃去:汉魏本无此二字。

〔六七〕盆瓮:汉魏本、云笈七签卷一〇九引神仙传"蔡经"条作"瓮器"。

〔六八〕作饮食数百斛:汉魏本作"作饮食百馀斛"。真仙通鉴卷五蔡经作"作酒数百斛"。

〔六九〕罗列覆置庭中:汉魏本作"罗列布置庭下"。

〔七〇〕其日:汉魏本作"是日"。云笈七签卷一〇九引神仙传"蔡经"条作"至其日"。

〔七一〕未至经家:汉魏本无"经家"二字。

〔七二〕则闻:汉魏本作"先闻"。云笈七签卷一〇九引神仙传"蔡经"条作"一时间但闻"。

〔七三〕不知何所在:汉魏本作"莫知所在"。云笈七签卷一〇九引神仙传"蔡经"条作"不知何等"。

〔七四〕家:汉魏本作"舍"。云笈七签卷一〇九引神仙传"蔡经"条无此字,便读如"及至,经举家皆见"。

〔七五〕远游冠:南齐书卷一七舆服云:"远游冠,太子诸王所冠。太子朱缨,翠羽緌珠节(饰),诸王玄缨,公侯皆同。"道家仙人往往亦用为冠。

〔七六〕虎头鞶裳:汉魏本、云笈七签卷一〇九引神仙传"蔡经"条作"鞶囊","裳"为"囊"之误。虎头鞶囊,以虎头装饰之小囊。文献通考卷一一二君臣冠冕服章曰:"汉世着鞶囊者,侧在腰间,或谓之傍囊,或谓之绶囊。"鞶囊侧在腰间,以为盛物之用。道家描写仙人,常用此类词语,如云笈七签卷一〇六马明生真人传云:"安期先生至,乘驳骟,着绯衣,戴远游冠,带玉佩及虎头鞶囊。"

〔七七〕五色绶：云笈七签卷一〇九引神仙传"蔡经"条、说郛卷一一三下引葛洪麻姑传均作"五色之绶带"，太平御览卷六八二绶引应劭汉官仪云："绶者有所受，以别尊卑，彰有德也。"五色以显其高贵也。

〔七八〕少须黄色：汉魏本作"黄色少髭"。云笈七签卷一〇九引神仙传"蔡经"条作"黄色少鬓"。真仙通鉴卷五蔡经作"黄色少须"。

〔七九〕长短中形人也：云笈七签卷一〇九引神仙传"蔡经"条无"形"字。太平广记卷六〇"麻姑"条无"长短"二字。

〔八〇〕羽车：云笈七签卷一〇九引神仙传"蔡经"条作"羽盖之车"。羽车，以羽毛装饰之车，道家常称仙人乘之车为羽车。

〔八一〕麾节幡旗，前后导从：汉魏本作"前后麾节，幡旗导从"。云笈七签卷一〇九引神仙传"蔡经"条作"前后麾节，旌旗导从"。麾，指挥用之旗帜；节，表明官位之符节。幡旗，旗帜也；此处指仪仗之旗帜。

〔八二〕威仪奕奕：云笈七签卷一〇九引神仙传"蔡经"条无"奕奕"二字。

〔八三〕如大将军也：云笈七签卷一〇九引神仙传"蔡经"作"如大将军出也"。

〔八四〕有十二玉壶，皆以腊蜜封其口：汉魏本作"有十二伍伯，皆以蜡封其口"。太平广记卷七"蔡经"条作"有十二队五伯士，皆以蜡封其口"。云笈七签卷一〇九引神仙传"蔡经"条作"有十二队五伯士，皆以蜡密封其口"。真仙通鉴卷五蔡经条作"有十二队五伯士，皆以蜜蜡封其口"。海录碎事卷一三上仙门"玉壶十二"引神仙传作"持玉壶十二，皆以蜡封其口"。汉代役卒谓之伍伯，多为前驱导从。下文之"鼓吹"，均仪仗之属。"玉壶"乃"伍伯"之误。云笈七签卷一〇九引神仙传"蔡经"条"蜜"作"密"，是。海录碎事或因"有十二玉壶"而不明其意，便改为

"持玉壶十二"。

〔八五〕麟:汉魏本作"龙",误。盖导从不应乘龙。

〔八六〕从天上下悬集:汉魏本作"从天而下悬集于庭",太平广记卷六〇"麻姑"条引神仙传同。云笈七签卷一〇九引神仙传"蔡经"条作"从天上来下悬集"。说郛卷一一三下引葛洪麻姑传亦作"从天而下悬集于庭",应如是。此句之后,汉魏本、太平广记卷六〇"麻姑"条、说郛卷一一三下引葛洪麻姑传有"从官皆长丈馀"等字。

〔八七〕不从道行也:汉魏本作"不从道衢"。云笈七签卷一〇九引神仙传"蔡经"条作"不从人道行也",意较明确。

〔八八〕皆隐:云笈七签卷一〇九引神仙传"蔡经"条作"皆不复见"。

〔八九〕见:汉魏本作"独见"。云笈七签卷一〇九引神仙传"蔡经"条作"尚见"。

〔九〇〕坐耳:云笈七签卷一〇九引神仙传"蔡经"条作"身坐"。

〔九一〕父母兄弟:云笈七签卷一〇九引神仙传"蔡经"条作"父兄"。

〔九二〕召:云笈七签卷一〇九引神仙传"蔡经"条作"与",误。

〔九三〕相问:汉魏本无此二字。

〔九四〕神:汉魏本作"人"。

〔九五〕言:汉魏本作"言曰"。

〔九六〕不在:汉魏本作"不到"。云笈七签卷一〇九引神仙传"蔡经"条作"不行"。

〔九七〕今集在此:"集",说郛卷一一三下引神仙传同。汉魏本、云笈七签卷一〇九引神仙传"蔡经"条、颜真卿抚州南城县麻姑山仙坛记、范成大吴郡志卷四〇仙事引神仙传均作"来"。

〔九八〕有顷:汉魏本作"须臾"。

〔九九〕但闻其语,不见所使人也:汉魏本作"不见其使,但闻信语"。

〔一〇〇〕答言:汉魏本作"曰"。

〔一〇一〕再拜:汉魏本作"载拜"。"载"通"再"。

〔一〇二〕比:汉魏本无此字。云笈七签卷一〇九引神仙传"蔡经"条作"但"。比,近来也。

〔一〇三〕修敬:汉魏本作"拜敬"。修敬,致敬也。

〔一〇四〕无阶:阶指等级。

〔一〇五〕思念:汉魏本无此二字。云笈七签卷一〇九引神仙传"蔡经"条、颜真卿抚州南城县麻姑山仙坛记作"思念久",四库本脱"久"字。

〔一〇六〕烦信承来:意为烦来信邀请。云笈七签卷一〇九引神仙传"蔡经"条无"信"字。太平广记卷六〇"麻姑"条作"烦信来承"。颜真卿抚州南城县麻姑山仙坛记作"烦信承",可供参读。

〔一〇七〕登当倾倒,而先被记:意不明。太平广记卷六〇"麻姑"条作"登山颠倒,而先受命"。颜真卿抚州南城县麻姑山仙坛记作"登山颠倒,而先被记",文字与四库本接近。汉魏本作"先受命"。云笈七签卷一〇九引神仙传"蔡经"条、真仙通鉴卷五蔡经作"故当躬到,而先彼诏",其意始明。"登当倾倒"原是"故当躬到","彼"应作"被","记"应是"诏"。意为应亲自到临,而先受他诏,故下文云此行完成诏命后,便亲往谒见,四库本几处因字形近而讹误。

〔一〇八〕蓬莱:山海经卷一三海内北经云:"蓬莱山在海中。"郭璞注云:"上有仙人宫室,皆以金玉为之,鸟兽尽白,望之如云,在渤海中也。"

〔一〇九〕两时间:指去蓬莱为一时间,来见王方平为一时间。汉魏本"间"作"闻",读如"如此两时,闻麻姑来",恐误。

〔一一〇〕亦先闻人马之声:太平广记卷六〇"麻姑"条作"亦先闻人马箫鼓声",与王方平来时情状相对应。

〔一一一〕当:汉魏本无此字。

〔一一二〕年十八九许:汉魏本作"年可十八九许"。

〔一一三〕中:汉魏本作"上"。

〔一一四〕文章:汉魏本作"文彩"。文章,五采斑斓也。春秋繁露卷八
度制第二十七称:"凡衣裳之生也,为盖形暖身也。然而染五
采饰文章者……将以贵贵尊贤而明别上下之伦。"

〔一一五〕而非:汉魏本作"又非"。

〔一一六〕耀日:汉魏本、太平广记卷六〇"麻姑"条作"耀目"。

〔一一七〕名字:汉魏本、太平广记卷六〇"麻姑"条作"名状"。

〔一一八〕所无有:汉魏本作"之所无"。

〔一一九〕召进:汉魏本、云笈七签卷一〇九引神仙传"蔡经"条作"各
进"。

〔一二〇〕行厨:指进送酒食。抱朴子内篇金丹说行厨之法,云:"欲致
行厨,取黑丹和水,以涂左手,其所求如口所道,皆自至,可致
天下万物也。"道家以为修道功深者,能享行厨,凡有所需,举
意即至。

〔一二一〕金玉盃盘:太平广记卷六〇"麻姑"条、汉魏本、云笈七签卷
一〇九引神仙传"蔡经"条作"金盘玉杯",较贴切。

〔一二二〕肴膳多是诸花果:汉魏本、颜真卿抚州南城县麻姑山仙坛记、
云笈七签卷一〇九引神仙传"蔡经"条、真仙通鉴卷五蔡经无
"果"字。

〔一二三〕擘脯而行之:云笈七签卷一〇九引神仙传"蔡经"条、太平广
记卷六〇"麻姑"条同。汉魏本、北堂书钞卷一四五脯注引神
仙传作"擘脯而食之"。擘,撕开。行,送递。

〔一二四〕如松柏炙:汉魏本、太平御览卷八六二脯引神仙传无此四字。
云笈七签卷一〇九引神仙传"蔡经"条作"如行柏炙",真仙通
鉴卷五蔡经作"如有柏炙"。说郛卷一一三下引葛洪麻姑传

作"如柏灵",皆意义不明。原文应如初学记卷二六器物部"脯第十六"引神仙传作"如巧狛炙",只是"巧"形近于"行"而讹,"狛炙"或作"貊炙"。刘熙释名卷四云:"貊炙,(猪)全体炙之,各自以刀割,出于胡貊之为也。"王先谦疏证补曰:"即今之烧猪。"宋书卷三○五行志云:"晋武帝泰始后,中国相尚用胡床、貊盘,及为羌煮、貊炙。贵人富室,必置其器,吉享嘉会,皆此为先。"

〔一二五〕云是麟脯也:诸本引文多同。汉魏本作"云麟脯"。

〔一二六〕接待:汉魏本、艺文类聚卷八海水引神仙传、颜真卿太平御览卷六○海引神仙传、抚州南城县麻姑山仙坛记均作"接侍"。"待"通"侍",接待意为接任职务。

〔一二七〕水又浅于往昔:汉魏本作"又水浅于往日",云笈七签卷一○九引神仙传"蔡经"条作"水乃浅于往昔者"。

〔一二八〕会时略半也,岂将复还为陵陆乎:汉魏本作"会时略半耳,岂将复为陵陆乎"。云笈七签卷一○九引神仙传"蔡经"条作"会将略半也,岂时复为陵陆乎"。

〔一二九〕笑:诸本引文同。汉魏本作"叹"。

〔一三○〕行复:汉魏本作"将复"。云笈七签卷一○九引神仙传"蔡经"条作"复行"。

〔一三一〕妇侄:汉魏本作"妇等"。云笈七签卷一○九引神仙传"蔡经"条作"经妇"。太平御览卷八○三珠下引神仙传作"经弟妇"。似应作"妇等",或作"经弟妇",方能与下文相呼应。

〔一三二〕数十日:诸本引文多同。汉魏本作"数日"。太平御览卷八○三珠下引神仙传作"十数日",似较合理,山堂肆考卷一八六珍宝"麻姑掷米"条便称:"蔡经弟妇新产方十数日。"

〔一三三〕麻姑望见,乃知之:此两句汉魏本作"姑见知之"。

〔一三四〕即求少许米:汉魏本作"即求少许米来"。云笈七签卷一○九引神仙传"蔡经"条作"索少许米来"。

〔一三五〕至得米,便以撒地:汉魏本作"得米掷之堕地"。云笈七签卷
一〇九引神仙传"蔡经"条作"便以掷之"。太平御览卷八〇
三珠下引神仙传作"便以掷地"。

〔一三六〕谓以米祛其秽也,视米皆成真珠:汉魏本作"谓以米祛其秽
也,视其米,皆成丹砂"。云笈七签卷一〇九引神仙传"蔡经"
条作"视以堕地,皆成真珠"。太平御览卷八〇三珠下引神仙
传作"视米堕地皆成珠"。真仙通鉴卷五蔡经作"视米堕地,
皆成丹砂"。皆缺"谓以米祛其秽也"等语。颜真卿抚州南城
县麻姑山仙坛记亦作"丹砂"。米变珠,形色相似,变丹砂则
相去远,作"丹砂"恐非原文。

〔一三七〕姑故少年也:太平广记卷六〇"麻姑"条引神仙传、太平御览
卷八〇三珠下引神仙传作"姑故年少"。云笈七签卷一〇九
引神仙传"蔡经"条作"麻姑故作少年戏也",更合乎文意。

〔一三八〕此曹辈:汉魏本作"如此"。云笈七签卷一〇九引神仙传"蔡
经"条无"曹辈"二字。太平御览卷八〇三珠下引神仙传无
"曹辈狡狯"四字。

〔一三九〕狡狯:陆游老学庵续笔记云:"麻姑传:王方平曰:'吾子不喜
作狡狯事。'盖古谓戏为狡狯。"

〔一四〇〕酒:汉魏本作"美酒"。

〔一四一〕此酒乃出天厨:太平广记卷七"王远"条、北堂书钞卷一四八
酒"味醇酽"条注引神仙传作"此酒方出天厨"。又太平广记
卷三"汉武帝"条引汉武内传云:"(西)王母自设天厨,真妙非
常,丰珍上果,芳华百味,紫芝萎蕤,芬芳填樏,清香之酒,非地
上所有,香气殊绝。"以之描述天厨。

〔一四二〕酿:太平广记卷六〇"麻姑"条、汉魏本、云笈七签卷一〇九引
神仙传"蔡经"条作"酘"。太平御览卷七六五升引神仙传云

"其味酸"。酸，浓也，"酿"应作"酸"。

〔一四三〕俗人：太平广记卷六〇"麻姑"条作"世人"。

〔一四四〕或能烂肠：云笈七签卷一〇九引神仙传"蔡经"条作"或能烂人肠胃"。太平御览卷七六五升引神仙传作"或能烂人肠"。四库本似脱"人"字。

〔一四五〕和之：云笈七签卷一〇九引神仙传"蔡经"条作"添之"。

〔一四六〕乃以一升酒，合水一斗搅之：汉魏本作"乃以斗水合升酒"。云笈七签卷一〇九引神仙传"蔡经"条作"乃以水一斗合酒一升搅之"。太平御览卷七六五升引神仙传作"乃以一升酒以一斛水搅之"。

〔一四七〕语：汉魏本作"遣"。

〔一四八〕千钱：云笈七签卷一〇九引神仙传"蔡经"条作"一贯钱"。

〔一四九〕馀杭姥：道家仙人。山堂肆考卷一五〇仙人"卖酒"条引神仙传云："馀杭姥嫁于西湖农家，善采百花酿酒。王方平尝以千钱过蔡经家与姥沽酒，饮而甘之。是后群仙时降，因授一丸药以偿酒价，姥服之仙去。后十馀年，有人经过洞庭湖边，见卖百花酒者，即姥也。"此神仙传当非葛洪所撰，或他书误为神仙传。

〔一五〇〕相闻求其酤酒：汉魏本作"乞酤酒"。云笈七签卷一〇九引神仙传"蔡经"条作"相闻求酤酒"。真仙通鉴卷五蔡经作"求沽酒"。相闻，互通信息也。

〔一五一〕信：太平广记卷七"王远"条作"使"，与汉魏本异。

〔一五二〕恐地上酒不中尊者饮耳：汉魏本、云笈七签卷一〇九引神仙传"蔡经"条作"恐地上酒不中尊饮耳"，无"者"字。

〔一五三〕又麻姑手爪不如人爪，形皆似鸟爪：汉魏本作"麻姑手爪似鸟"。云笈七签卷一〇九引神仙传"蔡经"条作"麻姑手爪不似人形，皆似鸟爪"。

〔一五四〕蔡经中心私言:汉魏本作"经见之,心中念曰"。云笈七签卷
　　　　一〇九引神仙传"蔡经"条作"蔡经心言"。

〔一五五〕若背大痒时:汉魏本无"若"字。

〔一五六〕汝何忽谓:真仙通鉴卷五蔡经作"汝谓"。颜真卿抚州南城县
　　　　麻姑山仙坛记作"汝何思"。太平广记卷六〇"麻姑"条作"汝
　　　　何思谓"。

〔一五七〕经比舍有姓陈:太平御览卷七三七禁引神仙传作"北(比)舍
　　　　有姓陈者"。汉魏本作"经比舍有姓陈者",云笈七签卷一〇
　　　　九引神仙传"蔡经"条作"经家比舍有姓陈者"。四库本无
　　　　"者"字。

〔一五八〕尝罢尉:汉魏本作"尝罢县尉",语较明确。

〔一五九〕引前:汉魏本作"使引前"。

〔一六〇〕此人便乞得驱使:汉魏本作"此人便欲从驱使"。云笈七签卷
　　　　一〇九引神仙传"蔡经"条作"此人便乞得随从驱使"。

〔一六一〕君且起,可向日立:汉魏本作"君且向日而立"。云笈七签卷
　　　　一〇九引神仙传"蔡经"条作"君且起向日立"。

〔一六二〕君心不正:汉魏本作"君心邪不正"。云笈七签卷一〇九引神
　　　　仙传"蔡经"条、真仙通鉴卷五蔡经作"君心邪不正于经"。

〔一六三〕影不端:汉魏本、云笈七签卷一〇九引神仙传"蔡经"条无此
　　　　三字。按,方平命陈姓者向日立,从后视之,即是观其影,然后
　　　　判其"影不端",此三字不应缺。

〔一六四〕终不可教以仙道也:汉魏本作"终未可教以仙道也"。云笈七
　　　　签卷一〇九引神仙传"蔡经"条作"不可教以仙道也"。

〔一六五〕职:汉魏本作"职司"。

〔一六六〕传:传召之信物。

〔一六七〕止能令君竟本寿,寿自出百岁也:汉魏本作"止能存君本寿,
　　　　自出百岁"。云笈七签卷一〇九引神仙传"蔡经"条作"能令

神仙传校释

君延寿,本寿自出百岁也"。

〔一六八〕可以消灾治病:汉魏本作"可以禳灾治病者"。云笈七签卷
　　　　一〇九引神仙传"蔡经"条作"可以禳灾治病"。

〔一六九〕病者命未终及无罪犯者:汉魏本作"命未终及无罪者"。云笈
　　　　七签卷一〇九引神仙传"蔡经"条作"病者命未终及无罪过
　　　　者"。

〔一七〇〕以符:汉魏本、云笈七签卷一〇九引神仙传"蔡经"条、太平御
　　　　览卷七三七禁引神仙传均作"君以符",语较完整。

〔一七一〕若有邪鬼血食作祸者:汉魏本作"若邪鬼血食作祟祸者"。云
　　　　笈七签卷一〇九引神仙传"蔡经"条、太平御览卷七三七禁引
　　　　神仙传作"若有邪鬼血食作祸祟者"。

〔一七二〕带此传以敕社吏:汉魏本作"便带此符以传敕吏"。云笈七签
　　　　卷一〇九引神仙传"蔡经"条作"君带此符以敕社吏"。太平
　　　　御览卷七三七禁引神仙传作"便以符带此传以敕社吏"。真
　　　　仙通鉴卷五蔡经作"君使带此传以敕社吏",语较清楚。社,
　　　　后土之神,又称土地神。

〔一七三〕当收送其鬼:汉魏本作"遣其鬼"。

〔一七四〕陈尉:汉魏本无"尉"字。

〔一七五〕陈尉寿一百一十一岁:汉魏本、云笈七签卷一〇九引神仙传
　　　　"蔡经"条、太平御览卷七三七禁引神仙传均无"陈尉"二字,
　　　　而"一百一十一岁"作"一百一十岁",四库本后"一"当是
　　　　衍文。

〔一七六〕子孙:汉魏本作"子弟"。下文云"世世存录王君手书",应是
　　　　其子孙。

〔一七七〕效:汉魏本作"验"。

〔一七八〕经家所作饮食数百斛在庭中者,悉尽:汉魏本作"经家所作饮
　　　　食数百斛,皆尽"。云笈七签卷一〇九引神仙传"蔡经"条作

"经家所作数百斛酒饮,皆尽"。真仙通鉴卷五蔡经作"经家所作数百斛酒在庭中者,皆尽"。

〔一七九〕王君是何神人? 复居何处:云笈七签卷一〇九引神仙传"蔡经"条作"王君常在何处"。

〔一八〇〕治:汉魏本作"在"。

〔一八一〕罗浮山:在今广东博罗。

〔一八二〕括苍山:在今浙江丽水东南。

〔一八三〕此三山上,皆有宫殿:汉魏本作"山上皆有宫室"。云笈七签卷一〇九引神仙传"蔡经"条"宫殿"亦作"宫室"。

〔一八四〕宫殿一如王宫:汉魏本、真仙通鉴卷五蔡经无此句。云笈七签卷一〇九引神仙传"蔡经"条此句只有"如一"二字,显有脱讹。

〔一八五〕王君常任天曹:汉魏本作"主天曹事",缺"王君"二字。云笈七签卷一〇九引神仙传"蔡经"条、真仙通鉴卷五蔡经"常任"作"常平"。天曹,天官也,据说天曹记人善恶,每月一送地府。

〔一八六〕数遍:汉魏本、云笈七签卷一〇九引神仙传"蔡经"条作"数十过"。

〔一八七〕五岳:云笈七签卷三九说戒云:"老君曰:'五戒者,在天为五纬,天道失戒,则见灾祥;在地为五岳,地道失戒,则百谷不成。……'"五岳之事,便指百谷丰歉之事。

98 〔一八八〕悉关王君:汉魏本作"皆先来告王君"。云笈七签卷一〇九引神仙传"蔡经"条、真仙通鉴卷五蔡经条作"皆先来关王君"。

〔一八九〕王君出时:"时",汉魏本作"城"。云笈七签卷一〇九引神仙传"蔡经"条无"时"字。真仙通鉴卷五蔡经作"王君出入"。

〔一九〇〕或不尽将百官:汉魏本作"尽将百官从行"。真仙通鉴卷五蔡经无此句。下文称"惟乘一黄麟",即不尽将百官也。应如四库本文。

〔一九一〕黄麟:古代称之为瑞兽,与青龙、白虎、玄武并称。

〔一九二〕将士数十人侍:汉魏本作"将十数侍人"。云笈七签卷一〇九引神仙传"蔡经"条作"将十数人"。范成大吴郡志卷四〇仙事引神仙传亦作"将十数侍人",原文或如此。

〔一九三〕每行:云笈七签卷一〇九引神仙传"蔡经"条无"行"字。

〔一九四〕或有千道者:汉魏本无此句。云笈七签卷一〇九引神仙传"蔡经"条作"或有干道白言者",意为于道路中上言。四库本"干"讹为"千",又脱"白言"等字。

〔一九五〕后数年:汉魏本作"其后数十年"。云笈七签卷一〇九引神仙传"蔡经"条作"后数十年"。范成大吴郡志卷四〇仙事作"十数年"。未知孰是。

〔一九六〕暂归家:云笈七签卷一〇九引神仙传"蔡经"条作"暂归省家"。

〔一九七〕真书廓落,大而不工:汉魏本作"其书廓落,大而不上","工"误为"上"。云笈七签卷一〇九引神仙传"蔡经"条作"真书字廓落,大而不楷"。说郛卷一一三下引葛洪麻姑传云:"王君亦有书与陈尉,多是篆文或真书。"太平广记卷六〇"麻姑"条此两句作"多是篆文或真书,字廓落而大"。真书,隶书也;廓落,内容空泛。

〔一九八〕起此,乃因陈尉书知之:汉魏本作"因此乃知之"。云笈七签卷一〇九引神仙传"蔡经"条作"至此乃知之"。

〔一九九〕其家:汉魏本、云笈七签卷一〇九引神仙传"蔡经"条作"陈尉家"。

〔二〇〇〕世世存录:真仙通鉴卷五蔡经条作"四世存录"。

〔二〇一〕秘之也:汉魏本、云笈七签卷一〇九引神仙传"蔡经"条无此三字。

伯山甫[一]

伯山甫者,雍州[二]人也。在华山[三]中,精思服饵[四],时时归乡里省亲,如此二百馀年[五]不老。每入[六]人家,即知人家先世[七]已来善恶功过,有如临见[八]。又知未来[九]吉凶,言无不效。见[一〇]其外生女年老多病,将[一一]药与之。女服药[一二]时年七十[一三],稍稍[一四]还少,色如桃花。汉遣使者经见西河城东[一五]有一女子[一六]笞一老翁,其老翁头发皓白,长跪而受杖[一七]。使者怪而问之,女子曰:"此是妾儿[一八]。昔妾舅氏伯山甫,以神方[一九]教妾,妾教使服之,不肯,而致今日衰老[二〇],不及于妾[二一]。妾恚怒[二二],故与之杖耳[二三]。"使者问女及儿今各年几[二四],女子答云:"妾年二百三十岁[二五]矣,儿今年七十[二六]。"此女后入华山得仙而去[二七]。

【校释】

〔一〕太平广记卷七"伯山甫"条云出神仙传,与本条基本同。汉魏本与太平广记本文字略异。太平广记卷五九又有"西河少女"条,云出女仙传,文字与"伯山甫"条大体相同;太平广记立于女仙部,云出女仙传,可知女仙传此条原出自神仙传。而汉魏本亦立"西河少女"条,全抄太平广记之文。太平广记立此条于不同部类,有其道理;汉魏本立于同类传记,乃属重复。

〔二〕雍州:其境诸说不一,一说华山以北即今陕西、山西一带;一说在黄河以西,黑河以东,即今陕西西部与甘肃武威间。

〔三〕华山:在今陕西华阴。

〔四〕服饵:汉魏本作"服食",其义同。

〔五〕二百馀年:汉魏本作"二百年"。

〔六〕每入:汉魏本作"到"。

〔七〕即知人家先世:汉魏本作"即数人先世"。

〔八〕临见:太平广记卷七"伯山甫"条同。汉魏本作"目见"。

〔九〕未来:汉魏本作"方来"。

〔一○〕见:汉魏本无此字。

〔一一〕将:汉魏本作"乃以"。

〔一二〕服药:汉魏本无此二字。

〔一三〕七十:太平广记卷七"伯山甫"条作"八十"。

〔一四〕稍稍:汉魏本作"转"。

〔一五〕汉遣使经见西河城东:汉魏本作"汉武遣使者行河东"。西河,据资治通鉴卷三四胡三省注,在汉乃指雍州武威、张掖、燉煌、酒泉等地,此处应为武威之代称。汉魏本作"行河东"混淆了"西河"与"城东"两义,其"西河少女"条引自女仙传便云:"汉遣使行经西河,于城东见一女子。"是原意。

〔一六〕有一女子:汉魏本作"忽见城西有一女子","城西"亦误。

〔一七〕其老翁头发皓白,长跪而受杖:汉魏本作"俛首跪受杖"。

〔一八〕此是妾儿:汉魏本作"此翁乃妾子也"。

〔一九〕神方:汉魏本作"神药"。

〔二○〕而致今日衰老:汉魏本作"今遂衰老"。

〔二一〕不及于妾:汉魏本作"行不及妾"。

〔二二〕妾恚怒:汉魏本无此三字。

〔二三〕故与之杖耳:汉魏本作"故杖之"。

〔二四〕使者问女及儿今各年几:汉魏本作"使者问女及子年几"。

〔二五〕妾年二百三十岁:汉魏本作"妾有一百三十岁",同其所抄女仙传"西河少女"之文。类说卷三列仙传"女笞老翁"条同。绀珠

集卷二引神仙传"女子答老翁"条作"一百二十岁"。神仙岁数，
传说不一，但其儿七十，母二百三十岁，相差太远，四库本或误
"一"为"二"。

〔二六〕儿今年七十：汉魏本作"儿七十一"，亦与女仙传同。太平广记
卷七"伯山甫"条作"儿八十矣"。

〔二七〕此女后入华山得仙而去：汉魏本作"后入华山去"。

神仙传卷四

墨　子〔一〕

墨子者，名翟，宋人也。仕宋为大夫，外治经典，内修道术，著书十篇，号为墨子〔二〕。世多学之者。与儒家分涂，务尚俭约，颇毁孔子。尤善战守之功〔三〕。

公输班〔四〕为楚将，作云梯之械〔五〕，将以攻宋。墨子闻之，徒行诣楚〔六〕，足乃坏，裂裳以裹之，七日七夜到楚〔七〕，见公输班，说之曰："子为云梯将以攻宋，宋何罪之有耶？楚〔八〕馀于地而不足于民，杀所不足而争所有馀，不可谓智；宋无罪而攻之，不可谓仁；知而不争，不可谓忠；争而不得，不可谓强〔九〕。"公输班曰："吾不可以，言于王矣〔一〇〕。"墨子曰："子令见我于王。"公输班曰："诺！"墨子见王曰："今有人舍其文轩〔一一〕，邻有弊舆〔一二〕，而欲窃之。舍其锦绣，邻有短褐〔一三〕，而欲窃之。舍其粱〔一四〕肉，邻有糟糠，而欲窃之。此谓何若人也？"楚王曰〔一五〕："若然者，必有狂疾〔一六〕。"翟曰:"楚有云梦,麇鹿满之〔一七〕,江汉鱼鳖,为天下富。宋无雉兔鲋鲋〔一八〕,此犹粱肉之与糟糠也。楚有柟、梓、松、橡〔一九〕,宋无数尺〔二〇〕之木,此犹有锦绣之与短褐也。臣闻大王吏议攻宋〔二一〕,与此同也。"王曰:"善哉!然公输班已为云梯,谓必取宋。"于是见公输班攻宋〔二二〕,墨子解带为城,以牒〔二三〕为械,公输班乃设攻城之机,九变,而墨子九拒之。公输班之攻城械尽,而墨子之守有馀,公输班屈〔二四〕,曰:"吾知所以攻子矣,吾不言。"墨子曰:"吾知子所以攻我,吾不言矣〔二五〕。"楚〔二六〕王问其故,墨子曰:"公输班之意,不过欲杀臣,谓宋莫能守耳。然臣之弟子禽滑釐〔二七〕等三百人,早已操臣守御之器,在宋城之上而待楚寇至矣,虽杀臣不能绝也。"楚乃止,不复攻宋焉。

墨子年八十有二,乃叹曰:"世事已可知矣,荣位非可长保〔二八〕,将委流俗以从赤松〔二九〕游矣。"乃谢遣门人〔三〇〕,入山精思至道〔三一〕,想像神仙,于是夜常闻〔三二〕左右山间有诵书声者。墨子卧后,又有人来以衣覆之〔三三〕,墨子乃伺之,忽有〔三四〕一人,乃起问之曰:"君岂〔三五〕山岳之灵气乎?将度世之神仙乎?愿且少留,诲以道教〔三六〕。"神人曰:"子有至德好道〔三七〕,故来相候,子欲何求?"墨子曰:"愿得长生,与天地同毕〔三八〕耳。"于是神人授以素书〔三九〕朱英丸〔四〇〕方、道灵教戒、五行变化,凡二十五卷〔四一〕,告墨子曰:"子既有仙分缘,又聪明,得此便成,不必须师也。"墨子拜受合作,遂得其效。乃撰集其要,以为五行记五卷〔四二〕,乃得地仙〔四三〕,隐居以避战国。至汉武

神仙传校释

104

帝时,遂遣使者杨辽〔四四〕,束帛加璧〔四五〕以聘墨子,墨子不出。视其颜色,常如五六十岁〔四六〕人。周游五岳,不止一处也。

【校释】

〔一〕太平广记卷五"墨子"条云出神仙传,而文字与四库本略异。汉魏本墨子与太平广记本同。本条"墨子"到楚论攻守之事,源出墨子卷一三公输篇,战国策宋策亦记其事。墨子主张兼爱非攻,尚俭约,何以入道家神仙传?胡应麟称:"墨子绝不及神仙事,然道家率以为得仙,太平广记、御览皆载之,抱朴子引墨子七变法诸幻化之术,总之方士依托也。"(少室山房笔丛卷四四玉壶遐览三)张衡以图纬虚妄,上疏陈事,亦曾提到春秋元命苞中有公输班与墨翟事(后汉书卷五九张衡传),春秋元命苞乃流传颇广之纬书,则方士列墨子为伍,东汉时已然。

〔二〕墨子:四库全书总目卷一一七墨子称:"墨子十五卷。旧本题宋墨翟撰,考汉书艺文志,墨子七十一篇,注曰名翟,宋大夫。然其书中多称'子墨子',则门人之言,非所自著。……第五十二篇以下,皆兵家言。……疑因五十一篇言公输般九攻、墨子九拒之事,其徒因采摭其术,附记其末。"书以贵俭、兼爱、尊贤、右鬼、非命、尚同为说。

〔三〕尤善战守之功:汉魏本无此句。

〔四〕公输班:汉魏本作"公输般",墨子作"工输盘",班、般、盘,古字通。公输班,鲁国人,又名鲁班,以巧工闻名于世。

〔五〕云梯之械:史记卷七四孟子荀卿列传索隐云:"按,梯者,构木瞰高也,言云者,言其升高入云,故曰云梯。械者,器也,谓攻城之楼橹也。"又飞梯、撞车、飞石车、弩皆可称械。

〔六〕徒行诣楚:汉魏本作"往诣楚"。

〔七〕七日七夜到楚:汉魏本无"楚"字。墨子卷一三公输作"十日十夜而至于郢"。郢,楚国之都城,在今湖北荆州西北。

〔八〕楚:汉魏本无此字。

〔九〕不可谓强:以下墨子公输还有"义不杀少而杀众,不可谓知类"句。

〔一〇〕言于王矣:汉魏本作"已言于王矣",是。王,鲍彪战国策校注卷一〇以为非楚昭王即楚惠王。

〔一一〕文轩:有装饰之车。

〔一二〕弊舆:"舆"同"舆",弊舆,破旧之车。

〔一三〕短褐:下等人穿之衣。

〔一四〕粱:国语晋语韦昭注云:"粱,食之精者。"精细之小米。

〔一五〕楚王曰:汉魏本无"楚"字。

〔一六〕狂疾:墨子公输作"窃疾"。疾,犹癖也。

〔一七〕楚有云梦,麋鹿满之:汉魏本作"楚有云梦之麋鹿"。云、梦,分别为古代二泽之名,傅寅禹贡说断卷二称:"在安陆(在今湖北)者,云也,在汉水之东;在华容(在今湖北)者,梦也,在长江之南。二泽夹江、汉于其中,而各自聚水于江、汉之外者也。后世以其地望相近,故总称云梦,方圆八九百里。"

〔一八〕雉兔井鲋:汉魏本作"雉兔鲋鱼"。"雉",俗称野鸡。雄者文采而尾长,雌者文暗而尾短。"井鲋",战国策宋策亦作"鲋鱼"。太平御览卷九三七鲋鱼引吕氏春秋曰:"鱼之美者,有洞庭之鲋。"鲋,小鱼也,即今之鲫鱼。此句是墨子言宋国无楚国洞庭之鲋鱼,劝楚勿攻宋。井鲋乃井中小鱼,不合文意,"井鲋"应作"鲋鱼"。

〔一九〕柟、梓、松、橡:汉魏本作"杞、梓、豫章",皆山木也。左传卷一八云:"杞、梓、皮革,自楚往也,虽楚有材,晋实用之。"杞、梓且被目为楚之良材。

〔二〇〕数尺:汉魏本作"数丈"。

〔二一〕大王吏议攻宋:汉魏本作"大王更议攻宋",战国策宋策云:"以王吏之攻宋,为与此同类也。""更"字误。

〔二二〕于是见公输班攻宋:汉魏本无"攻宋"二字。墨子公输作"于是见公输盘子(班)"。"攻宋"是衍文。

〔二三〕幧:头巾,古人以皂罗三尺裹头,称幧或襆。墨子公输作"牒",叠布也。

〔二四〕屈:汉魏本无此字。

〔二五〕吾不言矣:汉魏本作"我亦不言"。

〔二六〕楚:汉魏本无此字。

〔二七〕禽滑釐:姓禽,墨子之弟子,史记卷一二一儒林列传谓田子方、段干木、吴起、禽滑釐之属,皆受业于子夏之伦,则禽滑釐亦曾学于儒家之门。

〔二八〕非可长保:汉魏本作"非常保"。

〔二九〕赤松:汉魏本作"赤松子"。列仙传"赤松子"条云:"赤松子者,神农时雨师也。"参见本书序注。

〔三〇〕乃谢遣门人:汉魏本无此句。

〔三一〕入山精思至道:汉魏本作"乃入周狄山精思道法"。三洞群仙录卷一六肩吾三住墨狄五行引神仙传作"乃入周狄山精思"。

〔三二〕夜常闻:汉魏本作"数闻"。

〔三三〕覆之:汉魏本作"覆足"。

〔三四〕忽有:汉魏本作"忽见"。

〔三五〕岂:汉魏本作"岂非"。

〔三六〕道教:汉魏本作"道要"。

〔三七〕子有至德好道:汉魏本作"知子有志好道"。

〔三八〕同毕:汉魏本作"相毕"。

〔三九〕素书:用朱墨写在白绢上之道书。

107

〔四〇〕朱英丸:道家视朱英为瑞草,据说朱英丸能延年益寿。

〔四一〕卷:<u>汉魏本</u>作"篇"。

〔四二〕以为<u>五行记</u>五卷:<u>汉魏本</u>无"五卷"二字。<u>抱朴子内篇遐览</u>记<u>墨子枕中五行记</u>五卷,又云:"其变化之术,大者唯有<u>墨子五行记</u>,本有五卷,昔<u>刘君安</u>未仙去时,钞取其要,以为一卷,其法用药用符,乃能令人飞行上下,隐沦无方。含笑即为妇人,蹙面即为老翁,踞地即为小儿。执杖即成林木,种物即生瓜果可食。画地为河,撮壤成山,坐致行厨,兴云起火,无所不作也。"<u>刘君安</u>即<u>刘根</u>。查<u>神仙传</u>"刘根"条并无治<u>墨子五行记</u>之说,上引所记事例却与"刘政"条所言幻术大体同,所谓<u>刘根</u>或是<u>刘政</u>之误。

〔四三〕地仙:见"黄山君"条注。

〔四四〕杨辽:<u>汉魏本</u>作"杨连"。

〔四五〕束帛加璧:古代尊敬有德者之礼品。

〔四六〕五六十岁:<u>汉魏本</u>作"五十许"。

刘 政〔一〕

<u>刘政</u>者,<u>沛国</u>〔二〕人也。高才博物,学无不览。深维居世荣贵须臾〔三〕,不如学道,可得长生。乃绝进取之路,求养性〔四〕之术。勤寻异闻,不远千里,苟有胜己,虽奴客〔五〕必师事之。后治<u>墨子五行记</u>〔六〕,兼服朱英丸〔七〕,年百八十馀岁也,如童子〔八〕。好为变化隐形〔九〕,又能以一人作〔一〇〕百人,百人作千人,千人作万人。又能隐三军之众,使人化〔一一〕成一丛林木,亦能使成鸟兽。试取他人器物,以置其众处〔一二〕,人不觉之〔一三〕。又能种五果之木〔一四〕,便华实可食〔一五〕,生致行厨〔一六〕,供数百人〔一七〕。又能吹气为

风,飞沙扬石。以手指屋宇、山林〔一八〕、壶器,便欲倾〔一九〕坏,更指之,则还如故。又能化作美女之形〔二〇〕。及作木人,能一日之中行数千里〔二一〕。嘘水兴云〔二二〕,奋手起雾,聚壤成山,刺地成渊。能忽老忽少,乍大乍小。入水不湿,步行水上。召江海中鱼鳖蛟龙鼋鼍〔二三〕,即皆登岸。又口吐五色之气,方广十里,气上〔二四〕连天。又能腾跃上下,去地数百丈。后〔二五〕不知所在。

【校释】

〔 一 〕太平广记卷五“刘政”条云出神仙传,与本条基本同。汉魏本刘政与太平广记本同。

〔 二 〕沛国:汉魏本作“沛”,今江苏沛县,东汉时属沛国。

〔 三 〕深维居世荣贵须臾:汉魏本作“以为世之荣贵,乃须臾耳”,语意较清楚。深维,意为深思。

〔 四 〕养性:汉魏本作“养生”。论衡卷七道虚云:“道家或以导气养性,度世而不死。”抱朴子外篇自叙云:“养生延年,禳邪却祸之事,属道家。”养性、养生两义同。

〔 五 〕客:指仆从。

〔 六 〕墨子五行记:见“墨子”条注。

〔 七 〕朱英丸:见“墨子”条注。

〔 八 〕如童子:汉魏本作“色如童子”。

〔 九 〕好为变化隐形:汉魏本作“能变化隐形”。

〔一〇〕作:汉魏本作“分作”。

〔一一〕人化:汉魏本无此二字。

〔一二〕以置其众处:汉魏本作“易置其处”,其义较明。真仙通鉴卷六刘政作“以置其处”。四库本“以”乃“易”字之讹,“众”是衍文。

〔一三〕人不觉之:汉魏本作“人不知觉”。

〔一四〕之木:汉魏本无此二字。

〔一五〕便华实可食:汉魏本作"立使华实可食",更合乎道家变幻之术。

〔一六〕生致行厨:汉魏本、真仙通鉴卷六刘政作"坐致行厨"。道家方术有"坐致行厨"。行厨,见"王远"条注。"生"形近"坐"而讹。

〔一七〕供数百人:汉魏本作"饭膳俱数百人"。

〔一八〕山林:汉魏本作"山陆"。太平广记卷五"刘政"条作"山陵"。

〔一九〕倾:汉魏本作"颓"。

〔二〇〕又能化作美女之形:汉魏本作"又能化生美女之形"。

〔二一〕及作木人,能一日之中行数千里:汉魏本作"及作水火。又能一日之中行数千里"。作水火,虽是道家方士幻术,下文便是说刘政"能一日之中行数千里",亦可通。"木人"与"水火"字形相近,可能某本因而讹误。真仙通鉴卷五刘政作"及作木人,能一日之中行数千里",木人或是原文。

〔二二〕嘘水兴云:汉魏本作"能嘘水兴云"。三洞群仙录卷一四自在掬水刘政兴云引神仙传作"又能嘘水兴云"。四库本无"能"字。

〔二三〕鼋鼍:鼋,说文卷一三下云:"大鳖也。"鼍,陆玑毛诗草木鸟兽虫鱼疏卷下鼍鼓逢逢云:"鼍似蜥蜴,四足,长丈馀……甲如铠……其皮坚厚,可以冒鼓。"

〔二四〕气上:汉魏本作"直上"。

〔二五〕后:汉魏本作"后去"。

孙　博〔一〕

孙博者,河东〔二〕人也。有清才〔三〕,能属文,著书百许篇〔四〕,诵经数十万言。晚乃学道〔五〕,治墨子之术〔六〕,能使草木金石皆为火,光照耀数十里〔七〕。亦能使身中成炎〔八〕,

口中吐火。指大树生草，即焦枯。若更指之，则复如故。亦能使三军之众，各成一丛火〔九〕。又有藏人亡奴在军中者〔一〇〕，自捕之不得〔一一〕，因就博请〔一二〕。博语奴主曰："吾为卿烧其营舍，奴必走出，卿但谛伺〔一三〕捉取之。"于是博以一赤丸〔一四〕掷于军中〔一五〕，须臾火起涨天〔一六〕，奴果走出而得之〔一七〕。博乃更以一青丸掷之火中〔一八〕，火势即灭，屋舍百物向已焦燃者，皆悉如故不损〔一九〕。博每作火有所烧，他人虽以水灌之，终不可灭，须博自止之，乃止耳〔二〇〕。行火水中，不但己身不沾〔二一〕，乃能兼使从者数百人皆不沾〔二二〕。又能将人于水上敷席而坐〔二三〕，饮食作乐，使众人舞于其上，不没不濡，终日尽欢。其疾病者，就博自治，亦无所云，为博直指之，言愈即愈〔二四〕。又山间石壁，及地上盘石，博便入其中，初尚〔二五〕见背及两耳出石间〔二六〕，良久都没。又能吞刀剑数十〔二七〕枚，及从壁中出入，如有孔穴也。又能引镜为刀，屈刀为镜，可积时不改，须博指之，刀复如故。后入林虑山〔二八〕中，合神丹而仙矣〔二九〕。

【校释】

〔一〕太平广记卷五"孙博"条云出神仙传，文字与四库本略有不同，且有删节。汉魏本孙博与太平广记本同。云笈七签卷一〇九引神仙传"孙博"条，文字近于四库本。

〔二〕河东：汉代郡名，治今山西夏县西北。

〔三〕清才：卓越之才。

〔四〕著书百许篇：汉魏本作"著书百馀篇"。云笈七签卷一〇九引神仙传"孙博"条作"著诗百篇"，"诗"字误。

〔五〕学道:汉魏本作"好道"。

〔六〕治墨子之术:指墨子五行记之术,参"墨子"条注。

〔七〕光照耀数十里:汉魏本作"光照数里"。

〔八〕身中成炎:汉魏本、云笈七签卷一〇九引神仙传"孙博"条作"身成火"。仙苑编珠卷上孙博同道班孟异名引神仙传云"能令草木金石人物尽成猛火"。

〔九〕亦能使三军之众,各成一丛火:汉魏本无此二句。"一丛火",云笈七签卷一〇九引神仙传"孙博"条作"一聚火"。

〔一〇〕又有藏人亡奴在军中者:汉魏本作"又有人亡奴藏匿军中者",语意较明。四库本"藏"字应在"在军中"之前。

〔一一〕自捕之不得:汉魏本无"自"字,云笈七签卷一〇九引神仙传"孙博"条作"累日求之不得"。

〔一二〕因就博请:汉魏本、云笈七签卷一〇九引神仙传"孙博"条无此句。

〔一三〕谛伺:仔细察看。

〔一四〕赤丸:太平御览卷七六七瓦引神仙传作"赤瓦",下文"青丸"亦作"青瓦"。"瓦"形近"丸"而误。

〔一五〕军中:汉魏本作"军门"。

〔一六〕涨天:汉魏本作"烛天"。

〔一七〕而得之:汉魏本作"乃捉得之"。

〔一八〕掷之火中:汉魏本无"火中"二字。云笈七签卷一〇九引神仙传"孙博"条无"中"字。

〔一九〕屋舍百物向已焦燃者,皆悉如故不损:汉魏本作"屋舍百物,如故不损"。云笈七签卷一〇九引神仙传"孙博"条作"所燔屋舍百物向已焦然者,皆悉复故"。

〔二〇〕须博自止之,乃止耳:云笈七签卷一〇九引神仙传"孙博"条同。汉魏本作"须臾自止之,方止","须臾"为"须博"之误。

〔二一〕行火水中，不但己身不沾：汉魏本作"行水火中，不沾灼"，因言火，故加"灼"字。"行火水中"，云笈七签卷一〇九引神仙传"孙博"条作"行大水中"，不言火灼，四库本"火"似应作"大"。

〔二二〕乃能兼使从者数百人皆不沾：汉魏本作"亦能使千百人从己蹈之，但不沾灼"。

〔二三〕又能将人于水上敷席而坐：汉魏本作"又与人往水上布席而坐"。

〔二四〕不没不濡……言愈即愈：汉魏本无。

〔二五〕初尚：汉魏本作"渐"。

〔二六〕出石间：汉魏本无此三字。

〔二七〕数十：汉魏本作"数千"，"千"字误。

〔二八〕林虑山：在今河南林州西。

〔二九〕合神丹而仙矣：汉魏本作"服神丹而仙去"。云笈七签卷一〇九引神仙传"孙博"条作"合神丹仙去矣"。

班　孟〔一〕

　　班孟者，不知何许人，或云女子也。能飞行终日〔二〕。又能坐空虚之中与人言语。又能入地中，初时〔三〕没足至腰及胸〔四〕，渐渐〔五〕但馀冠帻〔六〕，良久而尽没不见。又以指刻地〔七〕，即成泉井，而可汲引〔八〕。又吸人屋上瓦〔九〕，瓦即飞入人家〔一〇〕。人家有桑果数十株〔一一〕，皆聚之成积如山〔一二〕，如此十馀日，吹之各还其本处如常。又能含墨〔一三〕，舒纸着前，嚼墨一喷之〔一四〕，皆成文字，满纸〔一五〕各有意义〔一六〕。后服酒饵丹〔一七〕，年四百馀岁〔一八〕，更少容〔一九〕。后入大治山中〔二〇〕，仙去也〔二一〕。

113

【校释】

〔一〕太平广记卷六一"班孟"条列于女仙传,云出神仙传,与本条文字略异。汉魏本班孟与本条同。

〔二〕终日:太平广记卷六一"班孟"条作"经日"。

〔三〕初时:太平广记卷六一"班孟"条作"初去时"。

〔四〕没足至腰及胸:太平广记卷六一"班孟"条作"没足至胸"。

〔五〕渐渐:太平广记卷六一"班孟"条作"渐入"。

〔六〕帻:说文卷七下"帻"云:"发有巾曰帻。"

〔七〕刻地:太平广记卷六一"班孟"条、汉魏本作"刺地"。

〔八〕即成泉井,而可汲引:太平广记卷六一"班孟"条作"即成井,可吸"。

〔九〕又吸人屋上瓦:太平广记卷六一"班孟"条作"吹人屋上瓦","吹"比"吸"更合理。

〔一○〕瓦即飞入人家:太平广记卷六一"班孟"条作"瓦飞入人家间"。

〔一一〕人家有桑果数十株:汉魏本、太平广记卷六一"班孟"条作"桑果数千株"。

〔一二〕皆聚之成积如山:太平广记卷六一"班孟"条作"孟皆拔聚之成一,积如山",语意较明。

〔一三〕又能含墨:太平广记卷六一"班孟"条作"又能含墨一口中"。

〔一四〕嚼墨一喷之:太平广记卷六一"班孟"条、汉魏本班孟作"嚼墨喷之"。

〔一五〕满纸:太平广记卷六一"班孟"条作"竟纸"。

〔一六〕又能含墨……满纸各有意义:此数句敦煌文书珥玉集引神仙传作"能含墨喷纸,皆成文字,欲作义理,(皆有)其意焉"(斯二〇七二)。

〔一七〕后服酒饵丹:太平广记卷六一"班孟"条作"服酒丹"。

〔一八〕四百馀岁:太平广记卷六一"班孟"条作"四百岁"。

〔一九〕容:太平广记卷六一"班孟"条无此字。

〔二〇〕后入大治山中:汉魏本、太平广记卷六一"班孟"条作"入大治山中"。大治山,未明在何处。

〔二一〕仙去也:太平广记卷六一"班孟"条无此三字。

玉 子〔一〕

　　玉子〔二〕者,姓张震〔三〕,南郡〔四〕人也。少学众经〔五〕,周幽王〔六〕征之不起〔七〕,乃叹曰:"人居世间,日失一日,去生转远,去死转近,而贪富贵,不知养性,命尽气绝即死。位为王侯,金玉如山,何益于是为灰土乎〔八〕?独有神仙度世,可以无穷耳。"乃师长桑子〔九〕,受其众术〔一〇〕,乃造一家之法〔一一〕,著道书百馀篇。其术以务魁〔一二〕为主,而精于五行〔一三〕之意,演其微妙。以养性治病,消灾散祸。能起飘风,发木折屋〔一四〕,作云雷雨雾〔一五〕。以草芥瓦石为六畜龙虎,立便能行〔一六〕。分形为数百千人〔一七〕。又能涉行江汉〔一八〕,含水喷之,立成珠玉,遂不复变也〔一九〕。或时闭气不息〔二〇〕,举之不起,推之不动,屈之不曲,伸之不直,如此数十日,乃复起如故〔二一〕。每与诸弟子行〔二二〕,各丸泥为马与之,皆令闭目,须臾皆乘大马,乘之一日千里。又能吐五色气〔二三〕,起数丈〔二四〕。见飞鸟过,指之堕地〔二五〕。又临渊投符,召鱼鳖〔二六〕,鱼鳖皆走上岸〔二七〕。又能使诸弟子举眼,即见千里外物,亦不能久也。其务魁时,以器盛水着两魁〔二八〕之间,吹而嘘之〔二九〕,水上立有赤光,绕之晔晔而起〔三〇〕。又以此水治百病〔三一〕,在内者饮之〔三二〕,在外者浴之〔三三〕，皆使立愈〔三四〕。后入崆峒山〔三五〕合丹，丹成〔三六〕，白日升天也〔三七〕。

【校释】

〔一〕太平广记卷五"玉子"条云出神仙传，文字与本条略异。汉魏本与太平广记本同。云笈七签卷一〇九引神仙传"玉子"条，文字与本条略有不同；卷八五尸解中之"玉子"条，大体同于卷一〇九所引。

〔二〕玉子：真诰卷一四稽神枢第四云："玉子者，帝倍（喾）也。曾诣钟山，获九化十变经，以隐遁日月，游行星辰。后一旦疾崩，营冢在渤海山。"（云笈七签卷八四释石精金光藏景录形法亦引）是另一玉子。

〔三〕姓张震：有错漏。汉魏本作"姓韦名震"。云笈七签卷一〇九引神仙传"玉子"条作"姓章名震"。仙苑编珠卷上王纲二气章震五行引神仙传云："章震者，王（玉）子也。"又太平御览卷六六二天仙引真诰曰："章震，南郡人。"可知"张"为"章"之误，中又缺"名"字。汉魏本"章"作"韦"乃形近而误。

〔四〕南郡：今湖北荆州北。

〔五〕少学众经：汉魏本作"少好学众经"。

〔六〕周幽王：公元前七八一——前七七一年在位。

〔七〕不起：汉魏本作"不出"。

〔八〕何益于是为灰土乎：云笈七签卷一〇九引神仙传"玉子"条作"何益形为灰土乎"。汉魏本作"何益于灰土乎"。

〔九〕师长桑子：汉魏本同。云笈七签卷一〇九引神仙传"玉子"条、仙苑编珠卷上王纲二气章震五行引神仙传作"师桑子"。长桑子或作长桑公子、长桑君。史记卷一〇五扁鹊列传索隐云："（长桑君）隐者，盖神人。"

〔一〇〕受其众术：汉魏本作"具受众术"。真仙通鉴卷一〇玉子作"具

116

神仙传校释

受众经"。

〔一一〕乃造一家之法:汉魏本作"别造一家之法"。

〔一二〕务魁:魁乃北斗首星,务魁是以北斗星象占人事之吉凶。真仙通鉴卷四二任可居云:"每占先令人斋戒,向壁列灯为斗魁之像,坐其前,祸福吉凶历历如见。"

〔一三〕五行:指墨子五行之术,详见"墨子"条注。

〔一四〕发木折屋:汉魏本作"发屋折木"。

〔一五〕作云雷雨雾:汉魏本、云笈七签卷一〇九引神仙传"玉子"条作"作雷雨云雾",文语较通顺。

〔一六〕立便能行:汉魏本作"立成"。云笈七签卷一〇九引神仙传"玉子"条,真仙通鉴卷一〇玉作"立便成行"。

〔一七〕分形为数百千人:汉魏本作"能分形为百千人"。

〔一八〕江汉:汉魏本、云笈七签卷一〇九引神仙传"玉子"条、仙苑编珠卷上王纲二气章震五行引神仙传均作"江海",意指其能于江海上行走,"汉"为"海"之讹。

〔一九〕遂不复变也:汉魏本作"亦不变"。云笈七签卷一〇九引神仙传"玉子"条作"遂亦不变也"。

〔二〇〕闭气不息:吸气不即吐出,道家服气之法。云笈七签卷三二养性延命录服气疗病云:"闭气不息,于心中数至二百,乃口吐气出之,日增息,如此身神具,五藏安。能闭气至二百五十息,华盖明,华盖明则耳目聪明,举身无病,邪不忤人也。"

〔二一〕如此数十日,乃复起如故:汉魏本作"或百日数十日乃起"。云笈七签卷一〇九引神仙传"玉子"条作"百日数十日乃复起"。

〔二二〕每与诸弟子行:汉魏本作"每与子弟行"。云笈七签卷一〇九引神仙传"玉子"条作"与弟子行"。

〔二三〕吐五色气:道家方士之幻术。汉魏本、云笈七签卷一〇九引神仙传"玉子"条均作"吐气五色"。

〔二四〕起数丈:云笈七签卷一〇九引神仙传"玉子"条作"起数百丈"。

〔二五〕指之堕地:汉魏本、云笈七签卷一〇九引神仙传"玉子"条作"指
之即堕"。

〔二六〕召鱼鳖:汉魏本作"召鱼鳖之属"。

〔二七〕鱼鳖皆走上岸:汉魏本作"悉来上岸"。云笈七签卷八五尸解
"玉子"条作"即皆上岸"。

〔二八〕两魁:汉魏本、云笈七签卷八五、卷一〇九引神仙传"玉子"条均
作"两肘","魁"为"肘"之误。

〔二九〕吹而嘘之:汉魏本作"嘘之"。

〔三〇〕水上立有赤光,绕之晔晔而起:汉魏本作"水上立有赤光,辉辉
起一丈"。云笈七签卷一〇九引神仙传"玉子"条作"水上直有
赤光,辉辉起一二丈"。晔晔、辉辉,光耀也。

〔三一〕又以此水治百病:汉魏本作"以此水治病"。

〔三二〕在内者饮之:汉魏本、云笈七签卷一〇九引神仙传"玉子"条作
"病在内者饮之"。

〔三三〕在外者浴之:云笈七签卷一〇九引神仙传"玉子"条作"病在外
者澡之"。

〔三四〕皆使立愈:汉魏本作"皆立愈"。

〔三五〕崆峒山:太平寰宇记卷八河南道八汝州"梁县"云:"崆峒山,在
县西南四十里,有广成子庙,即黄帝问道于广成子之所也。"则
在今河南禹州。又甘肃平凉亦有崆峒山,未知本条所指为
何处。

〔三六〕丹成:汉魏本、云笈七签卷一〇九引神仙传"玉子"条无此二字。

〔三七〕白日升天也:云笈七签卷八五尸解"玉子"条作"服之佯死,尸解
而去"。

天门子〔一〕

天门子者,姓王名纲〔二〕。尤明补养之要,故其经〔三〕曰:"阳生立于寅,纯木之精;阴生立于申,纯金之精〔四〕。夫〔五〕以木投金,无往不伤,故阴能溲〔六〕阳也。阴人〔七〕着脂粉者,法金之白也〔八〕。是以真人道士,莫不留心驻意〔九〕,精其微妙,审其盛衰。我行青龙,彼行白虎;彼前〔一〇〕朱雀,我后〔一一〕玄武〔一二〕,不死之道也。又阴人之情也,有急于阳〔一三〕,然能外自戕抑〔一四〕,不肯请阳者,明金不为木屈也。阳性气刚躁,志节疏略,至于游晏,则声气和柔〔一五〕,言辞卑下,明木之畏金也。"天门子既行此道,年二百八十岁,色如童子〔一六〕。乃服珠醴〔一七〕得仙,入玄洲〔一八〕去也。

【校释】

〔一〕太平广记卷五"天门子"条云出神仙传,与本条基本同。汉魏本天门子与太平广记本同。云笈七签卷一〇九引神仙传"天门子"条文字与太平广记本较近。

〔二〕姓王名纲:汉魏本天门子亦云:"天门子者,姓王名纲。"而太平广记卷五"天门子"条、云笈七签卷一〇九引神仙传"天门子"条作"天门子者,姓王名刚"。四库全书考证以为"纲"乃"刚"之误。明陈士元撰名疑卷四称"天门子姓王名经",明杨慎撰丹铅总录卷一七男女小运云"近观太平广记引王径天门子","经"可通"径",则明本太平广记有作王经者。

〔三〕其经:抱朴子内篇遐览记有天门子经。

〔四〕关于"阳寅"、"阴申",说文解字第九上"包"解说云:"象人怀妊,巳在中象子,未成形也。元气起于子,子人所生也。男左行三十,女右行二十,俱立于巳,为夫妇怀妊于巳,巳为子,十月而生。男起巳至寅,女起巳至申,故男年始寅,女年始申也。"五行占候之人,又以男命起于寅,寅为木;女命起于申,申为金。

〔五〕夫:汉魏本作"天",形近"夫"而讹。

〔六〕溲:汉魏本、云笈七签卷一〇九引神仙传"天门子"条、丹铅总录卷一七男女小运引明本太平广记"天门子"文均作"疲","疲"或是原文。

〔七〕阴人:指女人。

〔八〕法金之白:法,效法也,古代五行之说,色以金为白。

〔九〕驻意:汉魏本、云笈七签卷一〇九引神仙传"天门子"条作"注意"。

〔一〇〕彼前:汉魏本、云笈七签卷一〇九引神仙传"天门子"条作"取彼"。

〔一一〕我后:汉魏本作"煎(前)我"。云笈七签卷一〇九引神仙传"天门子"条作"前我"。

〔一二〕玄武:青龙、白虎、朱雀、玄武,古人称之为瑞兽,军队行阵以之为旗帜,礼记曲礼上云:"行前朱鸟而后玄武,左青龙而右白虎。"此处指阴阳互相制衡之意。

〔一三〕有急于阳:汉魏本作"每急于求阳"。

〔一四〕外自戕抑:戕抑有杀害之意,不合文意。太平广记卷五"天门子"条、云笈七签卷一〇九引神仙传"天门子"条、丹铅总录卷一七男女小运引明本太平广记作"外自收抑",收抑,收敛也,"戕"形近"收"而讹。

〔一五〕则声气和柔:汉魏本作"言和气柔"。

〔一六〕色如童子:汉魏本作"犹有童子之色"。云笈七签卷一〇九引神

120

仙传"天门子"条作"犹有童女之色"。

〔一七〕珠醴：醴，甘酒也。抱朴子内篇仙药云："又真珠径一寸以上可
服，服之可以长久，酪浆渍之皆化如水银。"珠醴或指此。

〔一八〕玄洲：汉魏本作"玄洲山"。玄洲，海内十洲记云："玄洲在北海
之中，戌亥之地，地方七千二百里，去南岸三十六万里。上有<u>太
玄都</u>，仙伯<u>真公</u>所治，多丘山。"

九灵子〔一〕

九灵子者，姓皇名化。得还年却老、胎息〔二〕、内视〔三〕
之要，五行之道〔四〕。其经曰："此术可以辟五兵〔五〕，却虎
狼，安全己身，营护家门，保子宜孙，内外和睦。人见则喜，
不见则思。既宜从军，又利远客。他人谋己，消灭不成；千
殃万祸，伏而不起。杜奸邪之路，塞〔六〕妖怪之门。咒咀之
者，其灾不成；厌蛊〔七〕之者，其祸不行。天下之贤，皆来宗
己。倾神灵之心，得百姓之意。田蚕大行，六畜繁挐。奴
婢安家，疾病得愈。县官〔八〕逆解〔九〕，忿争得胜〔一〇〕，百事
皆利。世有专世，行此道者，大得其妙〔一一〕。"在人间五百
馀年，颜容益少。后服鍊丹〔一二〕，而乃登仙去矣。

【校释】

〔一〕太平广记无此条。汉魏本皇化与本条基本同。

〔二〕胎息：道家引气之法。抱朴子内篇释滞云："故行炁……其大要
者，胎息而已。得胎息者，能不以鼻口嘘吸，如在胞胎之中，则
道成矣。"抱朴子内篇遐览记有胎息经。

〔三〕内视：道家修炼之法，其要义为使心神并一。其法为：制念以定

志,静身以安神,宝气以存血,思虑兼忘。<u>抱朴子内篇遐览</u>记有<u>内视经</u>。

〔 四 〕五行之道:指<u>墨子五行经</u>之术,详见"墨子"条注。

〔 五 〕五兵:弓矢、殳、矛、戈、戟也。参"彭祖"条注。

〔 六 〕塞:<u>汉魏本皇化</u>作"绝"。

〔 七 〕厌蛊:以巫术加害于事或人体。

〔 八 〕县官:<u>云笈七签</u>卷三九<u>老君说一百八十戒</u>:"第九十二戒,不得以县官中伤人民。""县官"有斗讼诽谤之意。

〔 九 〕逆解:<u>真仙通鉴</u>卷五<u>皇化</u>作"道解"。道解,意为以理释讼,"逆"形近"道"而讹。

〔一○〕忿争得胜:似应如<u>真仙通鉴</u>卷五<u>皇化</u>作"争理得胜"。

〔一一〕田蚕大行……大得其妙:<u>汉魏本皇化</u>无。

〔一二〕后服鍊丹:鍊丹,道家之仙丹。<u>云笈七签</u>卷六七<u>九转丹名称</u>:"第六丹名鍊丹,服之十日仙也。"<u>仙苑编珠</u>卷上<u>九灵却祸北极贵精</u>引<u>神仙传</u>云:"(<u>九灵子</u>)在人间五百岁,服丹仙去。"<u>汉魏本皇化</u>作"后复炼丹","鍊丹"误为"炼丹",又"服"改作"复"。

北极子〔一〕

　　<u>北极子</u>者,姓<u>阴</u>名<u>恒</u>。其经曰:"治身之道,爱神为宝。养性之术,死入生出,常能行之,与天相毕。因生求生,真生矣。以铁治〔二〕铁之谓真,以人治人之谓神。"后服神丹而仙焉〔三〕。

【校释】

〔 一 〕<u>太平广记</u>无此条。<u>汉魏本北极子</u>与本条同。

〔 二 〕治:<u>汉魏本</u>作"冶"。

〔三〕仙苑编珠卷上九灵却祸北极贵精引神仙传云："北极子,姓阴名恒,得保神、养性、贵精之道,其要曰:'以金治金谓之真,以人治人谓之神。'"

绝洞子〔一〕

绝洞子者,姓李名修。其经〔二〕曰:"弱能制强,阴能弊阳。常若临深履危〔三〕,御奔乘驾〔四〕,长生之道也。"年四百馀岁〔五〕,颜色不衰,著书四十篇〔六〕,名曰道源。服丹〔七〕升天也。

【校释】

〔一〕太平广记无此条。汉魏本李修与本条同。

〔二〕经:仙苑编珠卷上太阳华发绝洞长生引神仙传作"术"。

〔三〕危:仙苑编珠卷上太阳华发绝洞长生引神仙传作"薄"。

〔四〕御奔乘驾:仙苑编珠卷上太阳华发绝洞长生引神仙传无此句。太平御览卷六六二天仙引真诰曰"(李修)常持临深履危,御奔乘朽","乘朽"与上文"履危"相对称,"驾"似应作"朽"。又太平御览卷六六八养生引集仙录曰:"修著书四十篇,名曰道源。常行之道,以柔胜刚,弱制强,如临深履危,御奔乘朽,差之毫厘,丧尔之策,勤而行之,可以长寿。"可供参考。

〔五〕四百馀岁:仙苑编珠卷上太阳华发绝洞长生引神仙传作"四百岁"。

〔六〕四十篇:仙苑编珠卷上太阳华发绝洞长生引神仙传作"三十篇"。

〔七〕服丹:汉魏本作"服还丹"。仙苑编珠卷上太阳华发绝洞长生引神仙传、真仙通鉴卷五李修作"服还丹而仙"。还丹,道家之仙

丹，云笈七签卷六七九转丹名称："第四丹名还丹，服一刀圭，百
日仙也。"

太阳子〔一〕

太阳子者，姓离名明，本玉子〔二〕同年之亲〔三〕友也。玉
子学道已成，太阳子乃事玉子，尽弟子之礼，不敢懈怠。然
玉子特亲爱之，有门人三十〔四〕，馀人莫与其比也。而好
酒，恒醉，颇以此见责。然善为五行之道〔五〕，虽鬓发班白，
而肌肤丰盛，面目光华，三百馀岁，犹自不改。玉子谓之
曰："汝当理身养性，而为众贤法司〔六〕，而低迷大醉，功业
不修，大药不合，虽得千岁，犹未足以免死，况数百岁者乎！
此凡庸所不为，况于达者乎！"对曰："晚学性刚，俗态未除，
故以酒自驱。"其骄慢如此。著七宝树之术〔七〕，深得道要。
服丹得仙，时时在世间五百岁中，面如少童。多酒，其鬓
须〔八〕皓白也。

【校释】

〔一〕太平广记无此条。汉魏本离明与本条基本同。

〔二〕玉子：参"玉子"条。

〔三〕之亲：汉魏本无此二字。

〔四〕十：汉魏本作"千"，恐误。

〔五〕五行之道：指墨子五行记之术，详见"墨子"条注。

〔六〕法司：汉魏本作"法师"。法司，原意为司法官署或官吏；法师，
有修行之道士，作"法师"为是。

〔七〕著七宝树之术：仙苑编珠卷上太阳华发绝洞长生引神仙传作

神仙传校释

“著七宝之术”。七宝树之术或七宝之术,其义均不明。

〔八〕鬓须:汉魏本、仙苑编珠卷上太阳华发绝洞长生引神仙传、真仙
　　　通鉴卷一〇离明作“鬓发”。上文作“鬓发班白”,此处当亦作
　　　“鬓发”。

太阳女[一]

　　太阳女者,姓朱名翼。敷演[二]五行之道[三],加思增
益,致为微妙,行用其道,甚验甚速。年二百八十岁,色如
桃花,口如含丹,肌肤充泽,眉鬓如画,有如十七八者[四]
也。奉事绝洞子[五],丹成以赐之,亦得仙升天也。

【校释】

〔一〕太平广记、汉魏本均无此条。

〔二〕敷演:陈述演绎。

〔三〕五行之道:指墨子五行记之术,详见“墨子”条注。

〔四〕肌肤充泽,眉鬓如画,有如十七八者:三洞珠囊卷八相好品引神
　　　仙传作“肌理光泽,发肤有如十七八者”。

〔五〕绝洞子:见“绝洞子”条。

太阴女[一]

　　太阴女者,姓卢名全[二]。为人聪达,知慧过人,好玉
子[三]之道,颇得其法,未能精妙。时无明师,乃当道沽酒,
密欲求贤,积年累久,未得胜己者。会太阳子[四]过之饮
酒,见女礼节恭修,言词闲雅[五],太阳子喟然叹曰:“彼行

白虎螣蛇，我行青龙玄武〔六〕，天下悠悠，知者为谁?"女闻之大喜，使妹问客土数〔七〕为几。对曰："不知也。但南三、北五、东七、西七、中一耳〔八〕。"妹还报曰："客大贤者，至德道人也。我始问一已知五矣。"遂请入道室，改进妙馔，盛设嘉珍而享之，以自陈讫。太阳子曰："共事天帝之朝，俱饮神光之水，身登玉子之魁，体有五行之宝〔九〕，唯贤是亲，岂有所怪。"遂授补道之要〔一○〕，授以蒸丹〔一一〕之方，合服得仙，仙时年已二百岁，而有少童之色也。

【校释】

〔一〕太平广记、汉魏本无此条。

〔二〕姓卢名全:仙苑编珠卷上阳女得妙阴女亦成引神仙传作"姓卢名金"。太平御览卷六六八养生引集仙录亦称"太阴女卢金"。

〔三〕玉子:见"玉子"条。

〔四〕太阳子:见"太阳子"条。

〔五〕闲雅:高尚也。

〔六〕彼行白虎螣蛇，我行青龙玄武:此言见"天门子"条，此处不提朱雀而用螣蛇。"螣蛇"，尔雅卷九释鱼第十六疏曰:"螣，螣蛇。释曰:蛇，似龙者也，名螣，一名螣蛇，能兴云雾而游其中也。(郭璞)注:淮南云蟒蛇。"

〔七〕土数:云笈七签卷五六元气论并序云:"夫一含五气。软气为水，水数一也。温气为火，火数二也。柔气为木，木数三也。刚气为金，金数四也。风气为土，土数五也。"又五行家以金木水火土先后次序;洪范排列为，一曰水，二曰火，三曰木，四曰金，五曰土。此外各家配数不一，但土数五则为各家共通。

〔八〕南三、北五、东七、西七、中一耳:太平御览卷六六八养生引集仙录"太阴女"条作"南三、北五、东九、西七、中一耳"(此据四库

神仙传校释

本，<u>中华书局影宋本</u>有误）。此乃五行方位之图设，<u>南齐书卷一一乐志</u>引<u>蔡邕</u>云："东方有木三、土五，故数八。南方有火二、土五，故数七。西方有金四、土五，故数九。北方有水一、土五，故数六。"与<u>太阳子</u>之说不同。五行家各自解说其义，不必求其统一。

〔九〕共事<u>天帝</u>之朝……体有五行之宝：<u>三洞珠囊卷八相好品</u>引<u>神仙传</u>云："<u>太阴女</u>者，饮神光之水，身登王（玉）子之魁，体有五行之宝芝也。"

〔一〇〕遂授补道之要：<u>仙苑编珠卷上阳女得妙阴女亦成</u>引<u>神仙传</u>作"遂教以补养之术"。

〔一一〕蒸丹：道家炼丹法。

太玄女^{〔一〕}

<u>太玄女</u>者，姓颛^{〔二〕}名和。少丧夫^{〔三〕}主，有术人^{〔四〕}相其母子曰："皆不寿也。"^{〔五〕}乃行学道，治<u>玉子</u>之术^{〔六〕}，遂能入水不濡，盛寒之时，单衣行水上^{〔七〕}，而颜色不变，身体温暖，可至积日。能徙官府、宫殿、城市及世人屋舍于他处，视之无异，指之即失其所在。门户楔^{〔八〕}柜有关钥者^{〔九〕}，指之即开。指山山摧^{〔一〇〕}，指树树死^{〔一一〕}，更指之，皆复如故。将弟子行，所到山间，日暮，以杖叩山石，皆有门户开，入其中^{〔一二〕}，有屋室，床几帷帐、厨廪酒食如常。虽行万里，所在常耳。能令小物忽大如屋，大物忽小于毫芒。野火^{〔一三〕}涨天，嘘之即灭。又能生灶^{〔一四〕}火之中，衣裳不燃。须臾之间，化老翁小儿车马^{〔一五〕}，无所不为。行

三十六术〔一六〕,甚有神效,起死无数。不知其何所服食,颜色益少,鬓发如鸦。忽白日升天而去。

【校释】

〔一〕太平广记卷五九"太玄女"条云出女仙传,乃出自墉城集仙录卷六"太玄女"条,文字与本条略有不同,盖从神仙传改写而成。汉魏本太元(玄)女与太平广记本同。

〔二〕姓颛:说郛卷五八下引神仙传、仙苑编珠卷上玄女行厨南极过灵引神仙传作"姓项"。"颛"、"项"非姓氏,宋邓名世撰古今姓氏书辨证卷九云:"神仙传有太原(玄)女颛顼和。"少室山房笔丛卷四三玉壶遐览二称:"太玄女姓颛顼名和。"其姓应为"颛顼"。

〔三〕夫:仙苑编珠卷上玄女行厨南极过灵引神仙传作"夫"。汉魏本作"父"。墉城集仙录卷六"太玄女"条云:"少丧父。"故下文术人只相其母子,应作"父"。

〔四〕有术人:汉魏本作"或"。

〔五〕曰"皆不寿也":汉魏本作"皆曰不寿"。

〔六〕治玉子之术:玉子之术,见"玉子"条。

〔七〕盛寒之时,单衣行水上:墉城集仙录卷六"太玄女"条云:"盛寒之时,单衣冰上。"盛寒时水已结冰,"水上"应作"冰上"。

〔八〕椟:盒子。

〔九〕有关钥者:指配有锁匙者。

〔一〇〕山摧:不可解。汉魏本作"山摧",摧,毁也。"摧"形近"摧"而误。

〔一一〕死:汉魏本作"折"。

〔一二〕以杖叩山石,皆有门户开,入其中:墉城集仙录卷六"太玄女"条云:"以杖叩石,石即开,入其中。"语义较清楚。

〔一三〕野火:汉魏本作"吐火",应如是,玉子精于五行之术,其中有口

神
仙
传
校
释

中吐火(参"孙博"条)。

〔一四〕生灾:汉魏本作"坐炎",是。"生灾"形近"坐炎"而讹。

〔一五〕化老翁小儿车马:汉魏本作"或化老翁,或为小儿,或为车马",
意较明。仙苑编珠卷上玄女行厨南极过灵引神仙传还有"坐置
行厨"之语。

〔一六〕三十六术:或为三十六法,皆变幻养生之法。初学记卷二三道
释部"仙第二"引崔玄山濑乡记曰:"老子为十三圣师,养性得
仙,各自有法,凡三十六,或以五行六甲陈,或以服食度骨筋,或
以深巷大岩门,或以呼吸见丹田,或以流理还神丹,或以歔歙游
天山,或以元阳长九分,或以恬淡存五官,或以清净飞凌云,或
以三辰建斗回,或以三五竟复还,或以声罔处海滨,或以三黄居
魄魂,或以太一行成均,或以六甲御六丁,或以祭祀致鬼神,或
以吹呴沉深泉,或以命门固灵根,或以乘璇玑得玉泉,或以专守
升于天,或以混沌留吾年,或以把握知塞门,或以太一柱英氛,
或以虚无断精神,或以黄庭乘僮人,或以柱天德神仙,或以玉衡
上柱天,或以六甲游玄门,或以道引俛仰伸,或以寂寞在人间,
或以药石腾云,或以九道致红泉,或以厥阴三毛间,或以去欲但
存神。"

南极子〔一〕

南极子者,姓柳名融。能合粉成鸡子〔二〕,吐之数十
枚,煮之而啖〔三〕,出鸡子中黄,皆馀有少许粉〔四〕,如指端
者。取粉涂杯,咒之即成龟〔五〕,煮之可食,腹藏〔六〕皆具。
而粉杯成龟壳者〔七〕,取肉,则壳还成粉杯矣〔八〕。又取水咒
之,即成美酒,饮之醉人。又能举手即成大树,人或折其细

枝以刺屋间，连日犹在，以渐萎黄[九]，与真木无异也。服云霜丹[一〇]而得仙去矣。

【校释】

〔一〕太平广记无此条。云笈七签卷一〇九引神仙传"南极子"条与本条基本同，文字且较通顺。汉魏本柳融与云笈七签本同。

〔二〕能合粉成鸡子：汉魏本、太平御览卷七一九粉引神仙传、真仙通鉴卷五柳融作"能含粉成鸡子"。三洞群仙录卷一五柳融粉龟张果纸驴引神仙传"南极子"条作"能含粉成鸡子如真"。下文云"吐之数十枚"，可知是含粉。"合"乃"含"之讹。

〔三〕煮之而啖：此句之后，汉魏本有"与鸡子无异"等语。

〔四〕出鸡子中黄，皆馀有少许粉：太平御览卷七一九粉引神仙传作"鸡子黄中皆有少粉也"。汉魏本作"黄中皆馀少许粉"，其意较清楚。

〔五〕取粉涂杯，咒之即成龟：汉魏本作"取杯咒之即成龟"。

〔六〕腹藏：汉魏本、真仙通鉴卷五柳融作"肠脏"。"藏"可通"脏（臟）"，"腹藏"不如"肠脏"贴合，"腹"形近"肠"而讹。

〔七〕而粉杯成龟壳者：汉魏本作"而杯成龟壳"。

〔八〕取肉，则壳还成粉杯矣：汉魏本作"煮取肉，则壳还成杯矣"。

〔九〕萎黄：汉魏本作"萎坏"。

〔一〇〕云霜丹：未识是何种丹。

130

黄卢子[一]

黄卢子者，姓葛名起[二]。甚能理[三]病，若千里只寄姓名[四]与治之，皆得痊愈[五]，不必见病人身也。善气禁[六]之道，禁虎狼百虫皆不得动，飞鸟不得去，水为逆流一里。

年二百八十岁,力举千钧,行及奔马,头上常有五色气[七],高丈馀。天大旱时,能至渊中召龙出,催促便升天,即便降雨[八],数数如此。一旦乘龙而去,与诸亲故辞别[九],遂不复还矣。

【校释】

〔一〕太平广记无此条。云笈七签卷一〇九引神仙传"黄卢子"条与此条基本同,汉魏本葛越与云笈七签本同。

〔二〕起:汉魏本作"越"。三洞珠囊卷一救导品引神仙传"黄卢子"条、太平御览卷三九四行引神仙传均作"越"。三洞群仙录卷一二葛期致雨赵炳呼风引神仙传称"黄卢子姓葛名期","期"与"起"同音,"起"形近"越"而误。

〔三〕理:汉魏本及其他本引文作"治",唐本避讳作"理"。

〔四〕若千里只寄姓名:汉魏本作"千里寄姓名"。三洞群仙录卷一二葛期致雨赵炳呼风引神仙传"黄卢子"条作"治病,千里寄姓名为治"。三洞珠囊卷一救导品引神仙传"黄卢子"条作"其治病,千里寄名与之"。

〔五〕皆得痊愈:汉魏本、三洞珠囊卷一救导品引神仙传"黄卢子"条作"皆愈"。三洞群仙录卷一二葛期致雨赵炳呼风引神仙传"黄卢子"条作"治皆愈"。

〔六〕气禁:禁咒之法。抱朴子内篇至理称,吴越有禁咒之法,以气可以禳天灾,可以禁鬼神。入山林多溪毒蝮蛇之地,善禁者以气禁之。又能禁虎豹及蛇蜂,皆悉令伏不能起。以气禁还可以止血,续骨连筋等等。

〔七〕五色气:三洞群仙录卷一二葛期致雨赵炳呼风引神仙传"黄卢子"条作"五色光气"。五色气,参见"玉子"条注。

〔八〕即便降雨:汉魏本作"使作雨"。

〔九〕一旦乘龙而去，与诸亲故辞别：汉魏本作"一旦与亲故别，乘龙
　　而去"。据唐独孤及毘陵集卷一四华山黄神谷醮临汝裴明府序
　　题注引图经云，华山黄神谷，"仙人黄卢子得道升仙之所"。

神仙传卷五

马鸣生〔一〕

马鸣生者,齐国临淄〔二〕人也。本姓和,字君贤〔三〕。少为县吏,因逐捕〔四〕而为贼所伤,当时暂死,得道士神药救之〔五〕,遂活〔六〕,便弃职随师〔七〕。初但欲求受治疮病耳〔八〕,知〔九〕其有长生之道,遂久事之。随师负笈〔一〇〕,西之女几山〔一一〕,北到玄丘山〔一二〕,南凑泸江〔一三〕,周游天下,勤苦备尝〔一四〕。乃受太清神丹经〔一五〕三卷,归,入山合药服之,不乐升天,但服半剂,为地仙矣。常居所在〔一六〕,不过三年,辄便易处,人或不知其是仙人也。架屋舍,畜仆从,乘车马〔一七〕,与俗人无异。如此展转,游〔一八〕九州五百馀年,人多识之,怪〔一九〕其不老。后乃修大丹〔二〇〕,白日升天而去也。

【校释】

〔一〕太平广记卷七"马鸣生"条云出神仙传,与本条基本同。汉魏本

133

马鸣生与太平广记本同。太平广记卷五七"太真夫人"条有马明生为太真夫人出药所救，及随师学道升天等事，大抵取材于本条，亦云出自神仙传，却以太真夫人为中心，改写成二千馀言之小说。云笈七签卷九八太真夫人赠马明生诗二首并序与太平广记"太真夫人"条基本同，又增加赠马明生之诗。云笈七签卷一〇六马明生真人传则可视为上述各条综合本。

〔二〕临淄：今山东淄博。

〔三〕字君贤：云笈七签卷一〇六马明生真人传作"字君宝"，又卷九八太真夫人赠马明生诗二首并序称，临淄小吏和君贤为贼所伤，得太真夫人救治，为报所受，"君贤乃易姓名，自号马明生，随夫人执役"。"宝（寶）"、"贤（賢）"形相近，似应作"贤（賢）"。太平御览卷六六一真人下引真人传曰"马明生者，齐国临淄人也，本姓帛名和，字君贤"，"帛名"是衍文，或混淆了另一帛和，此人亦字君贤。

〔四〕因逐捕：汉魏本作"捕贼"。

〔五〕得道士神药救之：汉魏本作"忽遇神人以药救之"。云笈七签卷九八太真夫人赠马明生诗二首并序记其事，云："值县小吏和君贤为贼所伤，当时殆死，夫人见而愍之。……夫人于肘后筒中出药一丸，大如小豆，即令服之，登时而愈，血绝疮合，无复惨痛。"将道士改为太真夫人。太平御览卷六六一真人下引真人传却称"捕蛇为蛇所伤"，又太平御览卷九三〇蛟引马鸣生别传则又称"捕蛟为蛟所伤"，皆小说转引或叙述不同也。

〔六〕遂活：汉魏本作"便活"。汉魏本此句之后还有"鸣生无以报之"等语。

〔七〕便弃职随师：汉魏本作"遂弃职随神"。

〔八〕初但欲求受治疮病耳：汉魏本作"初但欲治金疮方耳"。

〔九〕知：汉魏本作"后知"。

〔一〇〕遂久事之,随师负笈:汉魏本作"乃久随之为负笈"。而云笈七
　　　签卷一〇六马明生真人传说的是太真别去,以鸣生托付安期先
　　　生,故"明生乃随安期先生负笈",本条略去此情节,便是随救其
　　　伤之道士负笈。

〔一一〕女几山:在今河南宜阳南。太平寰宇记卷六河南道六陕州"陕
　　　县"引九州要记云:"富禄县有女几,年八十,居陈留沽酒,得道
　　　飞升于此山,因名之。"又山海经卷五中山经"中次九经"云:"岷
　　　山之首,曰女几之山,其上多石涅,其木多杻橿,其草多菊荣。
　　　洛水出焉,东注于江。其中多雄黄,其兽多虎豹。"则其地在今
　　　甘肃。

〔一二〕玄丘山:汉魏本作"元丘",云笈七签卷一〇六马明生真人传作
　　　"圆丘"。山海经卷一八海内经云:"北海之内……有大玄之山,
　　　有玄丘之民。"皆传说之山。

〔一三〕南凑泸江:汉魏本作"南至庐江"。庐江有潜山(在今安徽潜
　　　山),太平广记卷五七"太真夫人"条引神仙传云:"后明生随师
　　　周游青城、庐潜。"庐潜,即潜山,天柱山是其一峰,乃道教名山,
　　　因在庐州,故又可称庐潜。

〔一四〕勤苦备尝:汉魏本作"勤苦历年"。

〔一五〕太清神丹经:汉魏本作"太阳神丹经"。云笈七签卷一〇六马明
　　　生真人传云:"(安期先生)遂授以太清金液神丹方。"卷九八太
　　　真夫人赠马明生诗二首并序载太真夫人语马鸣生云:"有安期
　　　先生,晓金液丹法,其方秘要,是元君太一之道,白日升天者矣。
　　　安期明日来,吾将以汝付嘱之焉。"太清神丹或即太清金液神
　　　丹。云笈七签卷六五太清金液神丹经详述其经。"太阳"为"太
　　　清"之讹。

〔一六〕常居所在:汉魏本作"恒居人间"。

〔一七〕乘车马:汉魏本无"乘"字。

〔一八〕游:汉魏本作"经历"。

〔一九〕怪:汉魏本作"悉怪"。

〔二〇〕后乃修大丹:汉魏本无"修大丹"三字。大丹,以铅汞为主修炼
之丹(参云笈七签卷七一太清丹经要诀并序)。

阴长生〔一〕

阴长生者,新野〔二〕人也。汉阴皇后〔三〕之属〔四〕,少生
富贵之门,而不好荣位〔五〕,专务道术。闻有〔六〕马鸣生得度
世之道,乃寻求〔七〕,遂与相见,执奴仆之役,亲运履之
劳〔八〕。鸣生不教其度世之道〔九〕,但日夕与〔一〇〕之高谈当
世之事,治生佃农之业〔一一〕。如此二十馀年〔一二〕,长生不
懈怠,同时共事鸣生者十二人,皆悉归去,独有长生不去,
敬礼弥肃。鸣生乃告之曰:"子真是能得道者。"乃将长
生〔一三〕入青城山〔一四〕中,煮黄土而为金以示之。立坛四
面〔一五〕,以太清神丹经〔一六〕受〔一七〕之,乃别去〔一八〕。长生
归合丹〔一九〕,但服其半〔二〇〕,即不升天〔二一〕,乃大作黄金数
十万斤〔二二〕,布施天下穷乏,不问识与不识者。周行天下,
与妻子相随,举门而皆不老〔二三〕。

后于平都山白日升天〔二四〕,临去时〔二五〕著书九篇,云:
"上古得仙者多矣,不可尽论,但汉兴已来,得仙者四十五
人,连余为六矣。二十人尸解〔二六〕,馀者白日升天焉。"抱
朴子〔二七〕曰:"洪闻谚书有之曰:'子不夜行,不知〔二八〕道上
有夜行人。'故不得仙者,亦安知天下山林间有〔二九〕学道得
仙者耶!阴君已服神丹,虽未升天,然方以类聚〔三〇〕,同声

神仙传校释

相应〔三一〕，便自与仙人相寻索闻见〔三二〕，故知此近世诸仙人之数尔。而俗民谓为不然，以己所不闻，则谓无有，不亦悲哉！夫草泽〔三三〕间士，以隐逸得志，以经籍自娱，不耀文彩，不扬声名，不循求进〔三四〕，不营闻达，人犹不识之，岂况仙人亦何急急令闻达朝阙〔三五〕之徒知其所云为哉。"

阴君自序〔三六〕云："维汉延光元年〔三七〕，新野山北予受和君神丹要诀〔三八〕，道成去世，副〔三九〕之名山，如有得者，列为真人，行乎去来，何为俗间〔四〇〕。不死之道，要〔四一〕在神丹。行气导引〔四二〕，俯仰屈伸，服食草木〔四三〕，可得少延〔四四〕，不求未度〔四五〕，以至天仙〔四六〕。子欲闻道，此是要言，积学所致，无为为神〔四七〕。上士闻之，勉力加勤，下士〔四八〕大笑，以为不然。能知神丹，久视长存〔四九〕。"于是阴君裂黄素〔五〇〕写丹经，一通封以文石〔五一〕之函，着嵩山〔五二〕；一通黄柜简〔五三〕，漆书之，封以青玉之函，置大华山〔五四〕；一通黄金之简，刻而书之，封以白银之函，着蜀经山〔五五〕；一通白缣书之〔五六〕，合为一卷〔五七〕，付弟子，使世世当有所传付。

又著书〔五八〕三篇，以示将来。其一曰："唯余之先，佐命唐虞。爰逮汉世，紫艾重纡〔五九〕。余独好道，而为匹夫。高尚素志〔六〇〕，不事王侯。贪生得生，亦又何求。超迹苍霄〔六一〕，乘虚〔六二〕驾浮。青腰、承翼〔六三〕，与我为仇〔六四〕。入火不灼，蹈水〔六五〕不濡。逍遥太极〔六六〕，何虑何忧。遨戏仙都，顾愍群愚。年命之逝，如彼川流。奄忽〔六七〕未几，泥土为俦。奔驰索死，不肯暂休。"其二曰："余之圣师，体道如贞[六八]。升降变化，松乔为邻。惟余同学，十有二人。寒苦求道，历二十春。中多怠慢，志行不勤。痛乎诸子，命也自天。天不妄授，道必归贤。身投幽壤[六九]，何时可还？嗟尔将来，勤加精研。勿为流俗，富贵所牵。神道一成，升彼九天[七〇]。寿同三光[七一]，何但亿年。"其三曰："惟余垂发[七二]，少好道德。弃家随师，东西南北。委于五浊[七三]，避世自匿。二[七四]十馀年，名山之侧。寒不遑衣，饥不暇食。思不敢归，劳不敢息。奉事圣师，承颜悦色。面垢足胝，乃见哀识。遂授要诀，恩深不测。妻子延年，咸享无极。黄金已成，货财十亿。役使鬼神，玉女侍侧。余得度世，神丹之力。"

阴君留人间一百七十年，色如童子[七五]，白日升天也。

【校释】

〔一〕太平广记卷八"阴长生"条云出神仙传，与本条基本同。汉魏本与太平广记本同。云笈七签卷一〇六阴真君传则为阴长生另一种传记。

〔二〕新野：在今河南。

〔三〕阴皇后：据后汉书卷一〇上皇后纪第十上称，光烈阴皇后名丽华，南阳新野人，东汉光武帝纳为皇后，谥曰光烈，阴长生是其兄。汉魏本无"阴"字。

〔四〕之属：汉魏本作"亲属"。太平御览卷六六二天仙引神仙传作"之属籍"。

〔五〕荣位：汉魏本作"荣贵"。云笈七签卷一〇六阴真君传云："汉和帝永元八年三月己丑立皇后阴氏，即长生之曾孙也。"而据后汉书卷一〇上皇后纪第十上云："和帝阴皇后讳某，光烈皇后兄执金吾<u>识</u>之曾孙也。"如<u>阴真君传</u>所说不误,则<u>长生</u>原名识,官至执金吾,亦非"不好荣位"者也。

〔六〕有:汉魏本无此字。

〔七〕乃寻求:汉魏本作"乃寻求之"。<u>太平御览</u>卷六六二天仙引<u>神仙传</u>作"乃求寻之",语更通顺。

〔八〕运履之劳:<u>云笈七签</u>卷一○六阴真君传作"运履乌之劳"。运履,意为卑下之工作。

〔九〕道:汉魏本作"法"。

〔一○〕与:汉魏本作"别与"。

〔一一〕治生佃农之业:汉魏本作"治农田之业"。

〔一二〕二十餘年:汉魏本、<u>太平御览</u>卷六六二天仙引<u>神仙传</u>作"十餘年"。

〔一三〕长生:汉魏本无此二字。

〔一四〕青城山:在今四川都江堰西南。

〔一五〕立坛四面:汉魏本作"立坛西面"。<u>太平御览</u>卷四九地部十四"平都山"条引<u>神仙传</u>云:"后汉延光元年,<u>阴长生</u>于<u>马名生</u>边(邀)求仙法,乃将<u>长生</u>入<u>青天(城)山</u>中,煮黄土为金以示之,立坛喋血,取太清神丹经授之。"<u>真仙通鉴</u>卷一三阴长生作"立坛歃血"。<u>抱朴子内篇明本</u>云:"岂况金简玉札,神仙之经,至要之言,又多不书,登坛歃血,乃传口诀。苟非其人,虽裂地连城,金璧满堂,不妄以示人。""登坛歃(喋)血"乃道家授法之一种仪式,"四面"、"西面"是"歃血"之讹。

〔一六〕太清神丹经:见"马鸣生"条注。

〔一七〕受:汉魏本作"授",是。<u>真仙通鉴</u>卷一三阴长生云"即日以<u>太清金液神丹</u>授之"。前引<u>太平御览</u>卷四九地部十四"平都山"条引<u>神仙传</u>亦可证。

〔一八〕乃别去:汉魏本作"<u>鸣生</u>别去"。

〔一九〕长生归合丹:汉魏本作"长生乃归,合之丹成"。

〔二〇〕但服其半:汉魏本作"服半剂"。

〔二一〕即不升天:汉魏本作"不尽即升天"。抱朴子内篇对俗云:"昔安期先生、龙眉甯公、修羊公、阴长生,皆服金液半剂者也,其止世间或近千年,然后去耳。"近千年始升天,非不升天,故下文又云"阴君已服神丹,虽未升天",云笈七签卷一〇六阴真君传作"不即升天",四库本"即不"两字倒置,汉魏本"尽"是衍文。

〔二二〕乃大作黄金数十万斤:"数十",汉魏本作"十数"。云笈七签卷一〇六阴真君传作"数"。仙苑编珠卷下㗷酒栾巴施金阴氏引神仙传称"乃以半剂煮黄土成黄金数千斤"。各本所录不一。

〔二三〕举门而皆不老:汉魏本作"一门皆寿而不老"。此句之后,汉魏本有"在民间三百馀年"等语。

〔二四〕后于平都山白日升天:汉魏本作"后于平都山东白日升天而去","东"为衍文。平都山在今四川丰都北,又名仙都山,据云笈七签卷二七天地宫府图"七十二福地"载,为道教第四十五福地。

〔二五〕临去时:汉魏本作"而去"。

〔二六〕尸解:见"王远"条。

〔二七〕抱朴子:即葛洪,抱朴子外篇自叙称:"洪期于守常,不随世变,言则率实,杜绝嘲戏,不得其人,终日默然,故邦人咸称之为抱朴之士,是以洪著书,因以自号焉。"

〔二八〕不知:汉魏本作"则安知"。

〔二九〕有:汉魏本作"不有"。云笈七签卷一〇六阴真君传作"密自有"。均可通。

〔三〇〕方以类聚:出周易系辞上传,方谓法术性行,各以类相聚也。

〔三一〕同声相应:出周易乾,意为志趣相同者,不必分高卑也。

〔三二〕便自与仙人相寻索闻见:汉魏本作"便自与仙人相集,寻索闻

见”。云笈七签卷一〇六阴真君传作“便自与仙人相寻求闻
见”。

〔三三〕草泽:指民间。

〔三四〕不循求进:汉魏本作“不修求进”。云笈七签卷一〇六阴真君传
作“不修求友”。

〔三五〕闻达朝阙:语意不明。云笈七签卷一〇六阴真君传作“朝菌”,
意为生命短促,是。

〔三六〕阴君自序:汉魏本作“阴君自叙”。云笈七签卷一〇六阴真君传
附阴真君自叙与此处所引基本同。太平御览卷六六四尸解引
神仙传亦作“自序”。

〔三七〕延光元年:为公元一二二年,距光武帝时已有百年,如阴长生是
光烈皇后之兄,此时已百馀岁,神仙传说固可虚称年数百岁,而
世间并未得见,此自序或自叙当非出自其手。

〔三八〕新野山北予受和君神丹要诀:“和君”,汉魏本作“仙君”。此句
亦可读作“新野山北,予受和君神丹要诀”,但马鸣生授经是在
青城山,不在新野山。太平广记卷八“阴长生”条“予”作“子”。
云笈七签卷一〇六阴真君传附阴真君自叙作“新野山之子,受
仙君神丹要诀”,太平御览卷六六四尸解引阴君自序同,而阴长
生乃新野人,称“新野山之子”亦合。可见“北予”乃“之子”之
讹。和君指马鸣生,其人原姓和。“神丹要诀”,据太平广记卷
四一刘无名称,刘入青城山求仙药,真人“乃示其阳钂阴鼎,柔
金炼化水玉之方,伏汞炼铅朱髓之诀,谓之曰:胡刚子、阴长生
皆得此道,亦名金液九丹之经”。则“神丹要诀”实指太清神丹
经或太清金液神丹经要诀。

〔三九〕副:汉魏本作“付”。

〔四〇〕间:汉魏本作“闻”。

〔四一〕要:汉魏本作“要道”。

〔四二〕行气导引：云笈七签卷三二养性延命录“服气疗病”云：“凡行气，以鼻内气，以口吐气，微而引之，名曰长息。内气有一，吐气有六。内气一者，谓吸也；吐气六者，谓吹呼唏呵嘘呬，皆出气也。”导引，参“彭祖”条注。

〔四三〕草木：指草木之药。

〔四四〕少延：云笈七签卷一〇六阴真君传附阴真君自叙作“小道”。汉魏本作“延年”。

〔四五〕不求未度：云笈七签卷一〇六阴真君传附阴真君自叙作“不能永度于世”，汉魏本作“不能度世”，其义同，应如是。

〔四六〕以至天仙：汉魏本作“以至乎仙”。

〔四七〕无为为神：云笈七签卷一〇六阴真君传附阴真人自叙作“不为有神”。汉魏本作“无为合神”。未识何者为是。

〔四八〕下士：云笈七签卷一〇六阴真君传附阴真人自叙、汉魏本作“下愚”。

〔四九〕长存：汉魏本作“长安”。

〔五〇〕黄素：黄绢也。

〔五一〕封以文石：汉魏本作“封一文石”。文石，彩色之石。

〔五二〕嵩山：汉魏本、太平御览卷六〇六简引神仙传作“嵩高山”，同。嵩山，在今河南登封北。

〔五三〕黄柏简：汉魏本作“黄栌简”。太平御览卷六六四尸解引阴君自序、太平御览卷六〇六简引神仙传均作“黄栌简”。“柜”为“栌”之讹。黄栌简即黄栌木造的简。黄栌生山野中，木黄色，枝茎紫赤色。

〔五四〕大华山：汉魏本作“太华山”。太平寰宇记卷二九关西道五华州“华阴县”云：“山海经云：‘太华之山削成而四方，其高五千仞，广十里……’远而望之，若有华状，故名华山。”太平御览卷六六二天仙引神仙传作“华山”。华山，在今陕西华阴。

〔五五〕着蜀经山:太平御览卷六〇六简引神仙传作"着蜀绥山"。汉魏
　　　本作"置蜀绥山",是。绥山在今四川峨眉山市。元和郡县图志
　　　卷三一绥山县云:"绥山,在县西南一百一十九里,在峨眉山西
　　　南,其高无极。"

〔五六〕一通白缣书之:汉魏本作"一封缣书"。绢有称为缣。

〔五七〕一卷:汉魏本作"十篇"。此乃指"临去时著书九篇"加上写丹经
　　　一通,共合为十卷,"一"字误。

〔五八〕书:汉魏本作"诗",下文实是三诗。

〔五九〕紫艾重纤:紫艾即紫绶、艾绶。东观汉记卷四百官表云:"建武
　　　元年,复设诸侯王金玺緃绶,公、侯金印紫绶,九卿……皆银印
　　　青绶。"緃,苍绿色也,其色似艾,故又可称艾绶。纤,系结也。
　　　紫艾重纤,意为重新连结于显贵。

〔六〇〕素志:平素之志。

〔六一〕苍霄:苍天。

〔六二〕虚:汉魏本作"龙"。

〔六三〕青腰、承翼:汉魏本作"青云",误。太平广记卷八"阴长生"条作
　　　"青要",云笈七签卷一八老子中经上"第二十四神仙"云:"东
　　　方之神女名曰青腰玉女,南方之神女名曰赤圭玉女,中央之神
　　　女名曰黄素玉女,西方之神女名曰白素玉女,北方之神女名曰
　　　玄光玉女,左为常阳,右为承翼,此皆玉女之名也。"

〔六四〕为仇:诗本义卷七正月云:"古言谓耦为仇。"二人为耦,为仇,意
　　　为为伴,与下文"玉女侍侧"义同。

〔六五〕水:汉魏本作"波"。

〔六六〕太极:云笈七签卷四九守五斗真一经口诀云:"俱乘紫气,上登
　　　太极。太极,北极星也。"

〔六七〕奄忽:疾也。

〔六八〕如贞:"贞"同"真"。汉魏本作"之真",义同。

〔六九〕幽壤：意为九泉之下。

〔七〇〕九天：高空也。楚辞卷三天问章句第三注云：“九天，东方皞天，东南方阳天，南方赤天，西南方朱天，西方成天，西北方幽天，北方亥天，东北方变天，中央钧天。”

〔七一〕三光：白虎通德论卷三封公侯云：“天有三光，日月星。地有三形，高下平。人有三尊，君父师。”

〔七二〕垂发：童幼也。

〔七三〕五浊：法苑珠林卷一一七法灭篇“五浊部”云：“如地持论云：‘所谓五浊者，一曰命浊，二曰众生浊，三曰烦恼浊，四曰见浊，五曰劫浊。’”又汉武帝内传云：“（上元）夫人笑曰：‘五浊之人，耽湎荣利，嗜味淫涩，固其常也。’”

〔七四〕二：汉魏本作“三”。

〔七五〕童子：汉魏本作“女子”。

茅　君〔一〕

茅君者，名盈，字叔申，咸阳〔二〕人也。高祖父濛〔三〕，字初成，学道于华山〔四〕，丹成，乘赤龙而升天，即秦始皇时也。有童谣曰：“神仙得者茅初成，驾龙上天升太清。时下玄洲〔五〕戏赤城〔六〕，继世而往在我盈。帝若学之腊嘉平。”其事载史纪详矣。秦始王方求神仙长生之道，闻谣言以为己姓符合谣谶，当得升天，遂诏改腊为嘉平，节以应之〔七〕。望祀蓬莱，使徐福将童男童女入海求神仙之药〔八〕。

茅君十八岁入恒山学道〔九〕，积二十年，道成而归，父母尚存，见之怒曰：“为子不孝，不亲供养，而寻逐〔一〇〕妖妄，流走四方。”举杖欲击之。君跪谢曰：“某受天命，应当得道，事不两济〔一一〕，违远供养，虽无旦夕之益〔一二〕，而使父母寿老，家门平安。某道已成，不可鞭辱，恐非小故。"父怒不已，操杖击之，杖即摧折而成数十段，皆飞扬，如弓激矢，中壁穿柱，壁柱俱陷。父惊即止，君曰："向所启者，实虑如斯，邂逅中人，即有伤损〔一三〕。"父曰："汝言得道，能起死人否？"君曰："死人罪重恶积，不可复生者，即不可起也。若横受短折〔一四〕者，即可令起也。"父因问乡里死者若干人，谁当可起之，君乃遂召社公〔一五〕问之。父闻中庭有人应对，不之见也。问社公："此村中诸已死者谁可起之？"众人皆闻社公对曰："某甲可起。"君乃曰："促约敕所关由，使发遣之事须了，可掘。"于是日入之后，社公来曰："事已决了，便可发出。"于是君语死者家人掘之，发棺出死人。死人开目动摇，但未能语，举而出之，三日后能坐，言语了了。如此发数十人，皆复生，活十岁方复死尔〔一六〕。

时君之弟名**固**，字**季伟**，次弟名**衷**，字**思和**，仕汉位至二千石〔一七〕，将之官，乡里亲友会送者数百人，亲属荣晏〔一八〕。时**茅君**亦在座，乃曰："吾虽不作二千石，亦当有神灵之职，克三月十八日〔一九〕之官，颇能见送乎？"在座中众宾皆相然曰："此君得道当出，众皆复来送也。"君曰："若见顾者，诚荷君之厚意也。但空来，勿有损费，吾当自有供给。"至期日，君门前数顷之地，忽自平治，无复寸草，忽见有青缣帐幄〔二〇〕，下敷数重白毡，容数千人。远近皆神异之，翕然相语，来者塞道，数倍于前送弟之时也。宾客既集，君言笑延接，一如常礼，不见指使之人，但见金盘玉盃，自到人前。奇殽异果，不可名字，美酒珍馔，宾客皆不能识也。妓乐丝竹，声动天地。随食随益，人人醉饱。明日迎官来至，文官则朱衣紫带^[二一]，数百人。武官则甲兵旌旗，器仗^[二二]耀日，千餘人。<u>茅君</u>乃与父母宗亲辞别，乃登羽盖车^[二三]而去，麾幢^[二四]幡盖^[二五]，旌节^[二六]旄钺^[二七]，如帝王也。骖驾龙虎麒麟白鹤狮子^[二八]，奇兽异禽，不可名识。飞鸟数万，翔覆其上。流云彩霞霏霏^[二九]，绕其左右。去家十餘里，忽然不见，观者莫不叹息。

君遂径之<u>江南</u>，治于<u>句曲山</u>^[三〇]。山有洞室，神仙所居，君治之焉。山下之人，为立庙而奉事之。君尝在帐中，与人言语。其出入，或导引人马，或化为白鹄。人有疾病，祈之者，煮鸡子十枚，以内帐中。须臾，一一掷还，鸡子如旧，归家剖而视之，内无黄者，病人当愈，中有土者，不愈，以此为候焉^[三一]，鸡子本无开处也。庙中常有天乐异香，奇云瑞气。君或来时，音乐导从，自天而下，或终日乃去。远近居人，赖君之德，无水旱疾疠螟蝗之灾，山无刺草毒木及虎狼之厉。时人因呼此山为茅山焉。

后二弟年衰，各七八十岁，弃官委家，过<u>江</u>寻兄^[三二]，君使服四扇散^[三三]，却老还婴，于山下洞中修练四十餘年，亦得成真。<u>太上老君</u>命五帝使者持节，以白玉版黄金刻书，加九锡之命^[三四]，拜君为<u>太元真人</u>、<u>东岳上卿</u>、<u>司命真君</u>，主吴越生死之籍，方却升天^[三五]。或治下于<u>潜山</u>^[三六]。又使使者以紫素策文，拜<u>固</u>为<u>定录君</u>，<u>衷</u>为<u>保命君</u>，皆例上真^[三七]，故号"<u>三茅君</u>"焉。其九锡文、紫素策，文多不具载〔三八〕，自有别传〔三九〕。其后每十二月二日、三月十八日，三君各乘一白鹤，集于峰顶也〔四〇〕。

【校释】

〔一〕太平广记卷一三"茅君"条云出神仙传，与本条比较，差异较大。汉魏本茅君与太平广记本同，本文除相类似字句外，不一一校勘。太平广记卷一一"大茅君"条云出集仙传，专记茅君与仙人来往事，与上述各传大不同。云笈七签卷一〇四李道太元真人东岳上卿司命真君传记其家世及事迹更详。

〔二〕咸阳：太平御览卷六六一真人下引茅君传同，云笈七签卷一〇四李道太元真人东岳上卿司命真君传（以下简称李传）称其为"咸阳南关人"。咸阳在今陕西。汉魏本作"幽州"，不知何所据。

〔三〕高祖父濛：李传记茅盈家世，称高祖父濛，字初成。而史记卷六秦始皇本纪集解引太原（元）真人茅盈内纪则云"盈曾祖父濛"，各说不同。

〔四〕华山：据李传云，濛师鬼谷先生，遂隐遁华山。

〔五〕玄洲：参"天门子"条注。

〔六〕赤城：云笈七签卷二七天地宫府图"十大洞天"云："第六赤城山洞，周回三百里，名曰上清玉平之洞天，在台州唐兴县，属玄洲，仙伯治之。"玄洲、赤城均为泛指之地名。

〔七〕有童谣曰……节以应之：史记卷六秦始皇本纪云："（始皇）三十一年十二月，更名腊曰'嘉平'。"集解引太原（元）真人茅盈内纪曰："始皇三十一年九月庚子，盈曾祖父濛，乃于华山之中，乘云驾龙，白日升天。先是其邑谣歌曰：'神仙得者茅初成，驾龙上升入泰清，时下玄洲戏赤城，继世而往在我盈，帝若学之腊嘉平。'始皇闻谣歌而问其故，父老具对此仙人之谣歌，劝帝求长生之术。于是始皇欣然，乃有寻仙之志，因改腊曰'嘉平'。"

〔八〕望祀蓬莱,使徐福将童男童女入海求神仙之药:史记卷六秦始皇本纪正义引括地志云:"亶洲在东海中,秦始皇使徐福将童男女入海求仙人,止在此州,共数万家。"蓬莱,见"王远"条注。徐福,秦时方术之士,太平广记卷四引仙传拾遗及广异记记其事。

〔九〕恒山学道:李传云:"盈时年十八,遂弃家委亲,入于恒山,读老子道德经及周易。"汉魏本、三洞珠囊卷一救导品引神仙传、三洞群仙录卷三茅君鸡子圣姑鹅卵云"学道于齐",则是另一说。风俗通义卷一○五岳称:"恒者常也,万物伏藏于北方,有常也。"恒山在今山西浑源。

〔一○〕寻逐:汉魏本作"寻求"。

〔一一〕两济:汉魏本作"两遂"。

〔一二〕无旦夕之益:汉魏本作"日多无益","日多"形近"旦夕"而误。

〔一三〕邂逅中人,即有伤损:汉魏本作"邂逅中伤人耳"。邂逅,意想不到。

〔一四〕横受短折:汉魏本作"横伤短折"。横受短折,意为无辜短折寿命。

〔一五〕社公:古人谓社神为社公,社者土地之主,社公即土地神。

〔一六〕本条使人起死回生事例,汉魏本、李传均无。

〔一七〕二千石:本汉代官员俸禄,又借指受此俸禄如郡守一级之官员。李传云:"衷为五官大夫、西河太守,固为执金吾。"汉执金吾为中二千石。

〔一八〕亲属荣晏:汉魏本、李传均无此句。荣晏,设宴欢送也。李传记其年为元帝初元四年(前四五年)。

〔一九〕三月十八日:初学记卷二三道释部注引神仙传、汉魏本作"某月日",李传作"来年四月三日"。

〔二○〕青缣帐幄:太平御览卷六九九帐引神仙传"仙第三"作"素缣帐"。缣,绢之细者。李传"幄"作"屋",两义同。

〔二一〕紫带:古代低级官员以紫带为装束。汉魏本、李传、真仙通鉴卷一六茅盈作"素带",古代大夫以上之装束。"紫"恐是"素"。

〔二二〕器仗:兵器也。

〔二三〕羽盖车:翠羽装饰之车,又称羽车,并参"王远"条注。

〔二四〕麾幢:将帅之旗帜。

〔二五〕幡盖:旗帜华盖。

〔二六〕旌节:使者所拥之凭信。

〔二七〕旄钺:饰以旄牛尾之长斧,军权之象征。

〔二八〕骖驾龙虎麒麟白鹤狮子:汉魏本作"骖虬驾虎"。骖驾,驾御也。太平御览卷六七七舆辇引茅君内传曰:"太元真人(茅盈)杖紫云之节,乘班龙之辇,白虎之軿,曲晨宝盖。"

〔二九〕霏霏:甚多也。

〔三〇〕句曲山:太平寰宇记卷八九江南东道一润州"延陵县"云:"句曲山一名茅山,在县西南三十里。茅君内传云:'山形曲折似句字,故名句曲。'古名冈山,孔子福地记:'……因茅君以为名。'"在今江苏镇江东。太平御览卷六六一真人下引集仙录云:"大茅君盈南治句曲之山。"李传称:"(茅固)治丹阳句曲之山。"

〔三一〕内无黄者,病人当愈,中有土者,不愈,以此为候焉:汉魏本作"若其中黄者,病人当愈,若有土者,即不愈,当以此为候"。太平御览卷七三九总叙疾病下引神仙传云:"皆无复黄者,病人当愈,若中有土者,不愈,以为常候。"太平御览卷九二八鸟卵引神仙传云:"其中无黄者并差,有黄者不愈,常以此为候。"汉魏本无"无"字。

〔三二〕后二弟年衰……过江寻兄:李传云:"(茅盈弟茅固、茅衷)以汉元帝永光五年(公元前三九年)三月六日渡江,求兄于东山。"

〔三三〕四扇散:云笈七签卷七七黄帝四扇散方称:"大茅君以授中茅君。"其方药为"松脂、泽泻、干姜、干地黄、云母、桂心、术、石上菖蒲"。又称:"黄帝受风后四扇神方,却老还少之道者也。我(茅盈)昔受于高丘先生,令以相传耳。"

〔三四〕九锡之命:王公之赐命,此指拜其为司命真君。

〔三五〕太上老君命五帝使者持节……方却升天:太平广记卷一一引集仙传"大茅君"条云:"天皇大帝遣绣衣使者冷广子期赐盈神玺玉章,大微帝君遣三天左宫御史管修条赐盈八龙锦与紫羽华衣,太上大道君遣协晨大夫叔门赐盈金虎真符流金之铃,金阙圣君命太极真人正一止玄王郎、王忠、鲍丘等赐盈以四节嚥胎流明神芝。四使者授讫,使盈食芝,佩玺,服衣,正冠,带符,握铃而立,四使者告盈曰:'……位为司命上真、东岳上卿,统吴越之神仙,综江左之山源矣。'"又云:"五帝君各以方面车服降于其庭,传太帝之命,赐紫玉之版,黄金刻书九锡之文,拜盈为东岳上卿、司命真君、太元真人。"

〔三六〕潜山:在今安徽潜山。

〔三七〕上真:仙位也。

〔三八〕其九锡文、紫素策,文多不具载:李传所录之九锡文、紫素策,恐是后人所添补。

〔三九〕别传:云笈七签卷一〇四太元真人东岳上卿司命真君传、太平御览所引李尊太元真人茅君内传或是茅君别传。

〔四〇〕其后每十二月二日……集于峰顶也:李传云:"于是盈与二弟诀别……到赤城玉洞之府。……临去告二弟曰:'吾今去矣,便有局任,不得复数相往来,旦夕相见。要当一年,再过来于此山,三月十八日、十二月二日期,要吾师及南岳太虚赤真人,游盼于二弟之处也。……'"又云:"父老歌曰:'茅山连金陵,江湖据下流。三神乘白鹄,各治一山头。……'"

张道陵[一]

天师张道陵,字辅汉,沛国丰县[二]人也。本太学[三]书生,博采[四]五经。晚乃叹曰:"此无益于年命。"遂学长生之道[五],得黄帝九鼎丹经[六],修炼于繁阳山[七]。丹成服之,能坐在立亡[八],渐渐复少。后于万山[九]石室中,得隐书秘文及制命山岳众神之术,行之有验。

初,天师值中国纷乱,在位者多危,退耕于馀杭[一○],又汉政陵迟,赋敛无度,难以自安,虽聚徒教授,而文道凋丧,不足以拯危佐世。陵年五十,方退身修道,十年之间,已成道矣。闻蜀民朴素可教化,且多名山,乃将弟子入蜀于鹤鸣山[一一]隐居。既遇老君[一二],遂于隐居之所,备药物,依法修炼,三年丹成,未敢服饵,谓弟子曰:"神丹已成,若服之,当冲天为真人。然未有大功于世,须为国家除害兴利,以济民庶,然后服丹即轻举[一三],臣事三境[一四],庶无愧焉。"老君寻遣清和玉女[一五],教以吐纳[一六]清和之法。修行千日,能内见五藏[一七],外集外神[一八],乃行三步九迹[一九],交乾履斗[二○],随罡所指,以摄精邪[二一],战六天[二二]魔鬼,夺二十四治[二三],改为福庭[二四],名之化宇,降其帅为阴官。先时蜀中魔鬼数万,白昼为市,擅行疫疠,生民久罹其害。自六天大魔推伏之后,陵斥其鬼众,散处西北不毛之地,与之为誓曰:"人主于昼,鬼行于夜,阴阳分别,各有司存,违者正一有法,必加诛戮。"于是幽冥异域,人鬼殊途。今西蜀青城山有鬼市,并天师誓鬼碑〔二五〕、石天地、石日月〔二六〕存焉。

【校释】

〔 一 〕太平广记卷八"张道陵"条云出神仙传,与本条大异。本条详其入蜀修道事;太平广记本则详其为民兴利除弊,其事迹即五斗米道在汉中所为,又有七试赵升事,多为云笈七签卷一○九引神仙传"张道陵"条所本。汉魏本与太平广记本同,除有关文句外,不一一校勘。

〔 二 〕丰县:在今江苏。

〔 三 〕太学:古代设于京城之最高学府,始建于西汉。

〔 四 〕博采:汉魏本作"博通"。

〔 五 〕天师张道陵……遂学长生之道:太平御览卷六七一服饵下引上元宝经云:"太清正一真人张道陵,沛国人,本大儒,汉延光四年(一二五)始学道也。"

〔 六 〕黄帝九鼎丹经:或称九鼎丹经,道家炼丹之经。云笈七签卷一○○轩辕本纪云"黄帝炼九鼎丹"。道藏洞神部收录黄帝九鼎神丹经诀,有以为即此经。宋史卷二○五艺文志四录有黄帝九鼎神丹经诀十卷。

〔 七 〕繁阳山:在今四川新都南。蜀中广记卷五"新都县"云:"在繁水之阳,因以为名。"又引本际经云:"天师张道陵所游,太上说经之处。"

〔 八 〕坐在立亡:见"皇初平"条注。

〔 九 〕万山:太平御览卷六六四尸解引集仙录云:"张天师道陵,隐龙虎山,修三元默朝之道,得黄帝龙虎中丹之术,丹成服之,能分形散景。天师自鄱阳入嵩高山,得隐书制命之术。"太平广记卷六○"孙夫人"条引女仙传云:"孙夫人,三天法师张道陵之妻也。……时天师得黄帝龙虎中丹之术,丹成服之,能分形散影,

坐在立亡。天师自鄱阳入嵩高山，得隐书制命之术。"万山无闻
于道教，"万（萬）"形近"嵩"而误。嵩山在今河南登封北。

〔一○〕馀杭：在今浙江。

〔一一〕鹤鸣山：一名鹄鸣山、鸣鹄山。舆地广记卷二九成都府路上邛
州"大邑县"云："唐咸亨二年（六七一）析益州之晋原置，属邛
州。有鹤鸣山，后汉张道陵隐居于此，著作符书。"

〔一二〕老君：即太上老君。道教称太初之时，老君从虚空而下，为太初
之师。

〔一三〕轻举：升仙飞行也。论衡卷七道虚云："闻为道者，服金玉之精，
食紫芝之英，食精身轻，故能神仙。"又云笈七签卷六七九转丹
名云："第九丹名寒丹，服一刀圭，即日仙也。玉女来侍，飞行轻
举，不用羽翼。"

〔一四〕三境：指玉清、上清、太清之三境，道家之仙境。云笈七签卷三
道教三洞宗元云："太清境有九仙，上清境有九真，玉清境有
九圣。"

〔一五〕清和玉女：即教以吐纳清和之玉女。

〔一六〕吐纳：即吐故纳新，导引之法。

〔一七〕能内见五藏："藏"同"脏"。其法为闭目内视而思五脏之精光，
道家气功之法。

〔一八〕外神：神指精神，人之外表为外神。

〔一九〕三步九迹：其要如云笈七签卷六一服五方灵气法所说，"诸步纲
（以北斗位置步行修炼之法）起于三步九迹，是谓禹步。……夫
三元九星，三极九宫，以应太阳大数。其法先举左，一跬一步，
一前一后，一阴一阳，初与终同步，置脚横直，互相承如丁字所，
亦象阴阳之会也。踵小虚相及，勿使步阔狭失规矩。当握固闭
气，实于大渊宫，督目自三，临目叩齿存神，使四灵卫己，骑吏罗
列前后左右，五方五帝兵马如本位，北斗覆头上，杓在前指，其

方常背建击破也。步九迹竟,闭气却退。复本迹又进,是为三反。即左转身,都遣神气纲目,直如本意攻患害,除遣众事,存用讫,却闭目存神,调气归息于大渊宫,当咽液九过,其禁敕符水等请五方五帝真气如常言。"

〔二○〕交乾履斗:或称步罡(纲)履斗。罡乃北都星座之斗柄,斗指北斗星。即是说作三步九迹时,按罡斗位置行步。

〔二一〕以摄精邪:摄,伏也。精邪,鬼怪也。

〔二二〕六天:六天之说起于谶书。真诰卷一五阐幽微第一云:"罗酆山在北方癸地,山高二千六百里,周回三万里。其山下有洞天,在山之周回一万五千里。其上其下并有鬼神宫室。山上有六宫,洞中有六宫,辄周回千里,是为六天,鬼神之宫也。"此六宫分别为:第一宫名纣绝阴天宫,第二宫名泰煞谅事宗天宫,第三宫名明晨耐犯武城天宫,第四宫名恬昭罪气天宫,第五宫名宗灵七非天宫,第六宫名敢司连宛屡天宫。又云:"凡六天宫,则为鬼神六天之治也。"

〔二三〕二十四治:治,此指鬼神署所。

〔二四〕福庭:神仙居处。

〔二五〕誓鬼碑:蜀中广记卷六"灌县"引五岳真形图云,青城山"洞天所在之处……两边悬崖俯临不测,山旁有誓石。天师张道陵与鬼兵为誓,朱笔画山,青崖中绝。今验断处,石并丹色,阔二十丈,深六七丈,望之艳然也"。

〔二七〕石天地、石日月:真仙通鉴卷一八张天师云:"盟誓折石为契,刻作天地日月之形于黄帝坛下,绝崖之上。"蜀中广记卷六"灌县"云:"又有石日月,日在延庆观东北,月在溪西崖中,并径五尺六寸半,一曰石天地,天形有十二角,地形正方,阔六七尺,或云即誓鬼坛也。"

栾 巴〔一〕

栾巴，蜀人〔二〕也。太守请为功曹〔三〕，以师事之。请试术，乃平生〔四〕入壁中去，壁外人叫虎狼〔五〕，还乃巴也。迁豫章〔六〕太守，有庙神，能与人言语。巴到，推社稷〔七〕，问其踪由〔八〕，乃老〔九〕往齐〔一〇〕为书生，太守以女妻之，生一男。巴往齐，敕一道符，乃化为狸。巴为尚书〔一一〕，正旦〔一二〕会，群臣饮酒，巴乃含酒起，望西南噀之，奏云："臣本乡成都市失火，故为救之。"帝驰驿往问之，云正旦失火，时有雨自东北来灭火，雨皆作酒气也。

故〔一三〕终日不违如愚，若无所得而愚，是乃物之块然〔一四〕者也。士大夫学道者多矣，然所谓八段锦〔一五〕、六字气〔一六〕，特导引吐纳〔一七〕而已，不知气血寓于身而不可扰，贵于自然流通，世岂复知此哉。虽日宴坐〔一八〕，而心骛于外，营营〔一九〕然如飞蛾之赴霄烛，苍蝇之触晓窗，知往而不知返，知就利而不知避害。海鱼有以虾为目者〔二〇〕，人皆笑之而不知其故。昼非日不能驰，夕非火不能鉴〔二一〕。故学道者，须令物不能迁其性。冶容〔二二〕曼色〔二三〕，吾视之与嫫母〔二四〕同。大厦华屋，吾视之与茅茨〔二五〕同。澄心清净，湛然而无思时，导其气，即百骸〔二六〕皆通。抱纯白〔二七〕，养太玄〔二八〕，然后不入其机〔二九〕，则知神之所为，气之所生，精之所复，何行而不至哉。

所著百章，发明道秘，要眇〔三〇〕深切，迷途之指南也。

【校释】

〔一〕太平广记卷一一"栾巴"条云出神仙传,记敕符化狸、噀酒灭火两事甚详,与本条之简略相去甚远。云笈七签卷一○九引神仙传"栾巴"条只记噀酒灭火一事,卷八五尸解"栾巴"条末后只多了"后为事而诛,即兵解也"等语,文字又与两本多差异,未知何所本。后汉书卷五七栾巴传,不载此两事;李贤注引神仙传三条,文字又与上述两本不同,如敕符化狸事,则与太平御览卷九一二狸引神仙传之文同,可知栾巴事迹,即以神仙传所记,亦有多种版本。汉魏本与太平广记本同,本条除有关词句外,不一一校勘。

〔二〕蜀人:汉魏本作"蜀郡成都人"。后汉书卷五七栾巴传云是"魏郡内黄(今河南内黄西)人",应是栾巴原籍。初学记卷二天部下"雨一"引楚国先贤传云:"樊英隐于壶山。尝有暴风从西南起,英谓学者'成都市火甚盛',因含水西向漱之,乃令记其时日。后有从蜀都来者,云是日大火,有云从东起,须臾大雨。"是本条栾巴展现方术事迹来源之一,神仙传因编造噀酒于本郡成都灭火故事,故称之为蜀人。

〔三〕功曹:东汉郡太守下设功曹史,亦称功曹,后汉书志第二十八百官五云:"(郡)有功曹史,主选署功劳。"

〔四〕平生入壁:不可解。汉魏本、云笈七签卷一○九引神仙传"栾巴"条作"平坐入壁","生"形近"坐"而讹。

〔五〕壁外人叫虎狼:不可解。云笈七签卷一○九引神仙传"栾巴"条云:"须臾失巴而闻壁外作虎声,而虎走还功曹宅,乃巴尔。"汉魏本云:"须臾失巴所在,壁外人见化成一虎,人并惊。虎径还功曹舍,人往视虎,虎乃巴成也。"事理明白,四库本有脱误。

〔六〕豫章:治今江西南昌北。

〔七〕推社稷:汉魏本作"推问山川社稷",意较完整。社,土神;稷,谷神。

〔八〕踪由:汉魏本作"踪迹",义同。

〔九〕老:汉魏本作"走","老"形近"走"而讹。

〔一〇〕齐:诸本引文作齐国或齐郡,东汉时皆青州(今山东淄博一带)属地。

〔一一〕尚书:后汉书志第二十六百官三云:"尚书六人,六百石。本注曰:成帝初置尚书四人,分为四曹。常侍曹尚书主公卿事;二千石曹尚书主郡国二千石事;民曹尚书主凡吏上书事;客曹尚书主外国夷狄事。世祖承遵,后分二千石曹,又分客曹为南主客曹、北主客曹,凡六曹。"

〔一二〕正旦:正月之旦,即正月初一。

〔一三〕故:以下全属学道之议论,为别本所无。

〔一四〕块然:无知也。

〔一五〕八段锦:导引吐纳法之一,有八段锦图、八段锦导引法示其法。遵生八笺延年却病笺卷下高子三知延寿论"八段锦导引法"云:"闭目冥心坐,握固静思神。叩齿三十六,两手抱昆仑。左右鸣天鼓,二十四度闻。微摆撼天柱,赤龙搅水津。漱津三十六,神水满口匀。一口分三咽,龙行虎自奔。闭气搓手热,背摩后精门。尽此一口气,想火烧脐轮。左右辘轳转,两脚放舒伸。叉手双虚托,低头攀脚频。以候逆水上,再漱再吞津。如此三度毕,神水九次吞。咽下汩汩响,百脉自调匀。河车搬运讫,发火遍烧身。邪魔不敢近,梦寐不能昏。寒暑不能入,灾病不能迍。子后午前作,造化合乾坤。回圈次第转,八卦是良因。

　　"诀曰:其法于甲子日夜半子时起,首行时口中不得出气,唯鼻中微放清气。每日子后午前各行一次,或昼夜共行三次,久而自知,蠲除疾病,渐觉身轻。能勤苦不怠,则仙道不远矣。"

〔一六〕六字气:寿亲养老新书卷三太上玉轴六字气诀云:"以六字气诀治五脏六腑之病。其法以呼而自泻出脏腑之毒气,以吸而自采天地之清气以补之。……呼有六,曰:呵、呼、呬、嘘、嘻、吹也。

吸则一而已。呼有六者,以呵字治心气,以呼字治脾气,以咽字治肺气,以嘘字治肝气,以嘻字治胆气,以吹字治肾气。"

〔一七〕导引吐纳:见"彭祖"条注。

〔一八〕宴坐:寂然安息谓之宴坐。

〔一九〕营营:往来不息貌。

〔二〇〕海鱼有以虾为目者:按文选卷一二郭璞江赋云"水母目虾",李善注引南越志云:"(水母)有知识,无耳目,故不知避人。常有虾依随之,虾见人则惊,此物亦随之而没。"

〔二一〕海鱼有以虾为目者……夕非火不能鉴:说郛卷七上引唐谭峭谭子化书"海鱼"云:"海鱼有以虾为目者,人皆笑之。殊不知古人以囊萤为灯者,又不知昼非日之光则不能驰,夜非烛之明则有所欺。观傀儡之假而不自疑,嗟朋友之逝而不自悲,贤与愚莫知。唯抱纯白,养太玄者,不入其机。"乃此议论之注解。

〔二二〕冶容:妖冶之容。

〔二三〕曼色:曼指肌肤细美,色指美色。

〔二四〕嫫母:传为古代貌丑之妇人。淮南子修务训云:"美不及西施,恶不若嫫母。"

〔二五〕茅茨:茨,盖也。茅茨者亦谓之茅盖屋也。

〔二六〕百骸:人之身体总称为百骸。

〔二七〕纯白:白者正洁,此处意为无杂念。

〔二八〕太玄:云笈七签卷三八大戒上品曰:"断绝众缘,灭念守虚,心如太玄,唯道是求,始谓能言神仙之道。"此处指修道之法。

〔二九〕机:机械也,引伸其意为巧诈。淮南子泰族训云:"巧诈藏于胸中,则纯白不备而神德不全矣。"高士传卷中汉阴丈人又云:"机心存于胸中则纯白不备,纯白不备则神生不定,神生不定者,道之所不载也。"

〔三〇〕要眇:或作"要妙",精微也。

神仙传卷六

淮南王[一]

淮南王安[二]，好神仙之道，海内方士从其游者多矣。一旦，有八公诣之，容状衰老，枯槁伛偻，阍者[三]谓之曰："王之所好，神仙度世，长生久视之道，必须有异于人，王乃礼接。今公衰老如此，非王所宜见也。"拒之数四，公求见不已，阍者对如初。八公曰："王以我衰老，不欲相见，却致年少，又何难哉。"于是振衣整容，立成童幼之状，阍者惊而引进，王倒屣[四]而迎之，设礼称弟子，曰："高仙远降，何以教寡人？"问其姓氏，答曰："我等之名，所谓文五常、武七德、枝百英、寿千龄、叶万椿、鸣九皋、修三田、岑一峰也[五]。各能吹嘘风雨，震动雷电，倾天骇地，回日驻流，役使鬼神，鞭挞魔魅，出入水火，移易山川，变化之事，无所不能也[六]。"

时王之小臣伍被，曾有过，恐王诛之，心不自安，诣阙告变，证安必反[七]。武帝[八]疑之，诏大宗正[九]持节淮南，

159

以案其事。宗正未至，八公谓王曰："伍被人臣，而诬其主，天必诛之，王可去矣，此亦天遣王耳。君无此事，日复一日，人间岂可舍哉！"乃取鼎煮药，使王服之，骨肉近三百馀人，同日升天。鸡犬舐药器者，亦同飞去。八公与王驻马于山石上，但留人马踪迹[一〇]，不知所在。宗正以此事奏帝，帝大懊恨，命诛伍被。自此广招方士，亦求度世之药[一一]，竟不得。其后王母[一二]降时，授仙经[一三]，密赐灵方，得尸解[一四]之道。由是茂陵玉箱金杖，丹出人间[一五]；抱犊道经，见于山洞[一六]，亦视示武帝不死之迹耳。

神仙传校释

【校释】

〔一〕太平广记卷八"刘安"条云出神仙传，记事较详，与本条大异。云笈七签卷一〇九淮南王八公亦云录自神仙传，与太平广记"刘安"条文字较近而省略，只记淮南王身世及八公所能。汉魏本与太平广记本同。本条除有关文字外，不一一校勘。

〔二〕淮南王安：史记卷一一八、汉书卷四四有传。汉魏本云："汉淮南王刘安者，汉高帝之孙也。其父厉王长，得罪徙蜀，道死，文帝哀之而裂其地，尽以封长子，故安得封淮南王。"与史书所记相符。

〔三〕阍者：门役。

〔四〕倒屣：匆忙间穿鞋不及上后跟。

160 〔五〕文五常……岑一峰：以上均是假托之名。"五常"，谓仁义礼智信。"七德"，意为使凡天下之兴兵动众者，皆必本于禁暴、戢兵、保大、定功、安民、和众、丰财。"百英"，百花之精华。"万椿"，万年之椿树，喻长寿也。"九皋"，诗经鹤鸣曰："鹤鸣于九皋，声闻于野。"譬贤者之隐居，而声誉振于中外也。"三田"，礼记卷一二王制曰："天子诸侯无事则岁三田。"孔颖达疏："天子诸侯无事者,谓无征伐出行丧凶之事,则一岁三时田猎,猎在田中,又为田除害,故称田也。"贤德者也。"一峰",未识其意,或以绝顶为喻。

〔六〕各能吹嘘风雨……无所不能也:此乃八公之能,与杜光庭录异记所记之文同。汉魏本作"一人能坐致风雨,立起云雾,画地为江河,撮土为山岳;一人能崩高山,塞深泉,收束虎豹,召致蛟龙,使役鬼神;一人能分形易貌,坐存立亡,隐蔽六军,白日为暝;一人能乘云步虚,越海凌波,出入无间,呼吸千里;一人能入火不灼,入水不濡,刃射不中,冬冻不寒,夏曝不汗;一人能千变万化,恣意所为,禽兽草木,万物立成,移山驻流,行宫易室;一人能煎泥成金,凝铅为银,水炼八石,飞腾流珠,乘云驾龙,浮于太清之上"。王氏刻本漏列"一人能防灾度厄,辟却众害,延年益寿,长生久视"句。仙苑编珠卷上刘安接土八仙降庭引神仙传则云:"一人能坐致风雨,立起云雾;一人能束缚虎豹,召致蛟龙;一人能分形易貌,坐在立亡;一人能乘虚步空,越海凌波;一人能入火不灼,入水不濡;一人能千变万化,恣意所为;一人能防灾度厄,长生久视;一人能煎泥成金,凝汞为银也。"

〔七〕时王之小臣伍被……证安必反:伍被,楚人。或言其先伍子胥后。被以才能称,为淮南中郎。淮南王刘安招致术学之士中,被为冠首。安反复召问被,求谋反计。被本以为时势不利反叛,不得已,陈致使民怨诸侯惧而趁机作乱之策,称或可侥幸成功。安仍不接纳,准备直接起兵。后事发觉,被诣吏自告与淮南王谋反,遂诛被。汉书卷四五有传。

〔八〕武帝:即汉武帝,公元前一四〇——前八七年在位。

〔九〕大宗正:宗正,周官,掌王亲属,秦、汉因之。

〔一〇〕八公与王驻马于山石上,但留人马踪迹:文选卷三〇谢朓和王著作八公山诗李善注引神仙传曰:"雷被诬告安谋反,人告公

曰,安可以去矣。乃与登山,即日升天,八公与安所践石上之马
迹存焉。"水经注卷三二肥水云:"(八公)乃与安登山,薶金于
地,白日升天。……其所升之处,践石皆陷,人马迹存焉,故山
即以八公为目。余登其上,人马之迹无闻矣。"八公山在今安徽
寿县。

〔一一〕度世之药:不死药也。

〔一二〕王母:指西王母。尔雅卷七释地第九云:"觚竹、北户、西王母、
日下谓之四荒。"郭璞注曰:"觚竹在北,北户在南,西王母在西,
日下在东,皆四方昏荒之国,次四极者。"穆天子传称,周穆王于
昆仑侧瑶池上觞西王母。山海经卷二西山经云:"西王母其状
如人,豹尾虎齿而善啸,蓬发戴胜(玉饰)。"而据出于魏晋间之
汉武帝内传,西王母已是女神。云笈七签卷一一四引墉城集仙
录"西王母传下仕道"云:"又以西华至妙之气,化而生金母焉。
金母生于神洲伊川,厥姓缑氏,生而飞翔,以主阴灵之气,理于
西方,亦号王母。"

〔一三〕仙经:指授与汉武帝之书。云笈七签卷一一四引墉城集仙录
"西王母传下仕道"云:"其后武帝不能用王母之戒,为酒色所
惑,杀伐不休……筑台榭,兴土木,海内愁怨,自此失道。……
所受之书,置于柏梁台上,为天火所焚。"

〔一四〕尸解:见"王远"条注。

〔一五〕茂陵玉箱金杖,丹出人间:茂陵,汉武帝陵墓,在今陕西兴平东
北。汉武帝内传云:"帝冢中先有一玉箱,一玉杖,此二物是帝
所蓄用者,忽出在世间。""丹"是"忽"之讹。

〔一六〕抱犊道经,见于山洞:抱犊山在今河北鹿泉。汉武帝内传云:
"(武)帝未崩时,先诏以杂书(一作经)四十馀卷常所读玩者,
使随身敛于棺内。至延康(延康乃汉献帝年号,内传下文云汉
宣帝睹物大怆,则其随葬物此时已出土,或为宣帝年号元康)二

年,河东功曹李友,入上党抱犊山采药,于岩室中得所瘗之书,盛以金箱,书卷后题东观臣姓名,记书日月,武帝时也。"

李少君[一]

李少君[二],字云翼,齐国临淄[三]人也。少好道,入泰山采药,修绝谷[四]遁世[五]全身[六]之术。道未成而疾困于山林中,遇安期先生[七]经过,见少君。少君叩头求乞活,安期愍其有至心,而被病当死,乃以神楼散[八]一匕[九]与服之,即起。少君于是求随安期,奉给奴役使任师事之。安期将少君东至赤城[一〇],南至罗浮[一一],北至大垣[一二],西游玉门[一三],周流五岳,观看江山,如此数十年。安期一旦语之:"我被玄洲[一四]召,即日当去。汝未应随我至彼,今当相舍去也。复六百年,当迎汝于此。"因授神丹炉火飞雪之方[一五]。誓约口诀毕,须臾,有乘龙虎导引数百人迎安期,安期乘羽车[一六]而升天也。

少君于是还斋戒[一七],卖于市,商估[一八]六国,或时为吏,或作师医治病,或时煦赁[一九],易姓改名,游行处所,莫知其有道。逮汉武帝之时,闻帝招募方士,特敬道术,而先贫不办合大药,喟然长叹,语弟子曰:"老将至矣,死将近矣。而财不足用,躬耕力作,商估求钱,必不致办合药,又吾亦羸,拙于斯事也,闻天子好道,请欲见之,求为合丹,可得恣意,无求不得。天子中成者成之,不中教者便舍去。吾在世上已五百馀年,而不为一权者,必不免于虫蚁之粮矣。"乃以方上<u>武帝</u>，言："臣能凝汞成白银，飞^{〔二〇〕}丹砂成黄金，金成服之，白日升天，神仙无穷，身生朱阳之羽，体备圆光之翼^{〔二一〕}，竦则凌天，伏入无间^{〔二二〕}，控飞龙而八遐^{〔二三〕}已遍，驾白鸿^{〔二四〕}而九陔^{〔二五〕}立周。<u>冥海</u>之枣大如瓜，<u>钟山</u>之李大如瓶^{〔二六〕}，臣已食之。逮先师<u>安期先生</u>，授臣口诀，是以保黄物^{〔二七〕}之可成也。"于是引见，甚尊敬之，赐遗无数，为立屋地，<u>武帝</u>自谓必能使我度世者。

少君尝从<u>武安侯</u>^{〔二八〕}饮酒，坐中有老人，年九十馀。<u>少君</u>言与其祖父游射处^{〔二九〕}，老人为小儿，时从其祖父，识有此人，一座尽惊。<u>少君</u>见<u>武帝</u>有故铜器，<u>少君</u>望而识之，曰："昔<u>齐桓公</u>^{〔三〇〕}尝陈此器于<u>柏寝</u>^{〔三一〕}。"帝按其刻，果<u>齐桓公</u>器，乃知<u>少君</u>数百岁人也^{〔三二〕}。然视之常时年五十许人，面色甚好，肌肤悦泽，尤有光华，眉目口齿，似十五童子。诸侯王贵人闻能令其人不死，老更少壮，馈遗之金钱无限。乃密作神丹，丹成未服。

又就帝求<u>五帝六甲左右灵飞之书</u>凡十二事^{〔三三〕}，帝以<u>元封四年</u>^{〔三四〕}七月以书授<u>少君</u>。到<u>元封六年九月</u>，<u>少君</u>称疾，上表云："陛下思心玄妙，志甄^{〔三五〕}长生，于是招访道术，无远不至，精诚感神，天神斯降，自非宿命所适，孰能偕合？然丹方禁重，宜绝臭腥，法养物仁克仙蠢动^{〔三六〕}，而陛下不能绝奢侈，远声色，杀伐不止，喜怒不除，万里有不归之魂，市朝有流血之刑^{〔三七〕}，神丹大道未可得成。而臣疾与年偕，今者虚瘵^{〔三八〕}，又不获躬亲斋戒，预睹<u>彭祖</u>丹砂之变，于此邈^{〔三九〕}矣。先师<u>安期先生</u>，昔所赐金丹之方，信而

164

有征，若按节度，奉法戒，尔乃可备用之焉。若郁砂虹飞〔四〇〕，玄朱〔四一〕九转〔四二〕，剖六二〔四三〕而流精〔四四〕夺日，探霜雪而月光风卷，徘徊丹霞，腾沸龙虎，投铅锡而黄金克成〔四五〕，刀圭〔四六〕入喉而凋气立反，尔乃驾神虬〔四七〕以上升，骋云车以涉远。当验此方之神，将明小臣之不妄矣。"乃以小丹方〔四八〕与帝而称疾，固非大丹方也。其夜，武帝梦与少君俱上嵩高上〔四九〕，半道有绣衣使者，乘龙持节，从云中下，言太一〔五〇〕请少君。武帝觉，即遣使者问少君消息，且告近臣曰："如朕梦，少君将舍朕去矣。"明日，少君临病困，武帝自往视，并使左右人受其方书〔五一〕，未竟，而少君绝。武帝流涕曰："少君不死也，故作此而去。"既敛之，忽失其所在，中表衣带不解，如蝉蜕也，于是为殡其衣物。百馀日，行人有见少君在河东蒲坂〔五二〕市者，乘青骡。帝闻之，使发其棺，棺中无所复有，钉亦不脱，唯馀履在耳。武帝殊益懊恨求少君之不勤也。明年，柏梁台火烧，失诸秘书妙文也〔五三〕。

初少君与议郎董仲〔五四〕相亲，见仲宿有固疾，体枯气少，乃与其成药二剂，并其方一篇："用戊己之草，后土脂精，艮兽沉肪，先菉之根，百卉华体，龙衔之草，亥月上旬合煎铜鼎。童男童女，服尽一剂，身体便轻〔五五〕；服尽三剂，齿落更生；服尽五剂，命不复倾。"仲为人刚直，博学五经，然不达道术，常笑人服药学道，数上书谏武帝，以为人生有命，衰老有常，非道术所能延益。虽见其有异，以为天性，非术所致。得其药竟不服，又不解从问其方，为藏去之而已。<u>少君</u>去后数月，<u>仲</u>病甚矣，又<u>武帝</u>数道其梦，恨惜之。<u>仲</u>乃忆所得<u>少君</u>药，试取服之，未半能行，身体轻壮，所苦了愈。药尽，气力如三十时，乃更信世间有不死之道。即以去官，行求道士，问以方意，悉不能晓，然白发皆还黑，形容甚盛，后八十馀乃死。临死，谓子<u>道生</u>曰："我得<u>少君</u>神方，我不信事，怀恨黄泉。汝后可行求术人问解之者，若长服此药，必度世也。"<u>道生</u>感父遗言，遂不肯仕，周旋天下求解方，到<u>江夏</u>〔五六〕，遇<u>博泽先生</u>。先生曰："此乃非神丹金玉也，可使人得数百年而已耳。"乃具为说，解其方意、所用物真名。<u>道生</u>合药服之，得寿三百七十岁，入<u>鸡头山</u>〔五七〕中，不知竟得道不。同时<u>卓元成</u>、<u>张子仁</u>、<u>吴士耳</u>、<u>蔡子盛</u>、<u>魏仲明</u>、<u>张元达</u>服之，或得三百岁，或得五百岁，皆至死不病不伛，面不皱理，齿不落，发不白，房屋不废〔五八〕。此盖<u>少君</u>凡弊方〔五九〕耳，犹使人如此，况其上方邪！

　　<u>少君</u>当去时，密以六甲左右灵飞术十二事传<u>东郭延</u>〔六〇〕，以神丹飞玄之方〔六一〕授<u>少君</u>乡里人<u>蒯子顺</u>〔六二〕者，此二人后学道，并得仙。<u>少君</u>又授<u>子训</u>昆仑神州贞形〔六三〕也。

【校释】

〔一〕<u>太平广记</u>卷九"<u>李少君</u>"条云原阙出处，查出<u>神仙传</u>，而文字与本条大多不同。<u>汉魏</u>本<u>李少君</u>同于<u>太平广记</u>本。本条有取材于<u>史记</u>卷一二<u>孝武本纪</u>、<u>史记</u>卷二八<u>封禅书</u>、<u>汉书</u>卷二五下<u>郊祀志</u>者，<u>道藏</u>本<u>汉武帝外传</u>中有关<u>李少君</u>部分，大体与本条同。

〔二〕<u>李少君</u>：<u>史记</u>卷二八<u>封禅书</u>云："少君者，故<u>深泽侯</u>（<u>赵将夜</u>）舍人。"

神仙传校释

〔三〕临淄:今山东淄博。

〔四〕绝谷:又曰辟谷。云笈七签卷一二太上黄庭外景经上部经第一
"历观五藏视节度"注云:"五脏六府,各有所主。修身洁白,绝
谷勿食,饮食太和,周而更始,故不失节也。"

〔五〕遁世:谓居于深山以保真。

〔六〕全身:保全生命。

〔七〕安期先生:即安期生,列仙传卷上安期先生称,安期先生,琅邪
阜乡人,卖药东海边,后留言秦始皇,数年求之于蓬莱山。史记
卷九四田儋列传太史公曰:"(蒯)通善齐人安期生,安期生尝干
项羽,项羽不能用其策,已而项羽欲封此两人。两人终不肯受,
亡去。"则安期生原是说客,曾献策于项羽,项羽不用,乃去。

〔八〕神楼散:安期生所造之散。

〔九〕一匕:匕即匙。重修政和证类本草卷一"合药分剂料理法则"
云:"凡散药有云刀圭者,十分方寸匕之一,准如梧桐子大也。
方寸匕者,作匕正方一寸,抄散,取不落为度。"

〔一〇〕赤城:见"茅君"条注。

〔一一〕罗浮:在今广东博罗。

〔一二〕大垣:汉武帝外传作"太恒"。据山西通志卷二一山川云,北岳
恒山(在今山西浑源),"葛洪枕中书谓之太恒山"。"大"通
"太"。

〔一三〕玉门:今甘肃玉门西北。

〔一四〕玄洲:见"天门子"条注。

〔一五〕神丹炉火飞雪之方:道家炼丹之方。太上混元老子史略卷中
云:"老君命(黄)帝陟王屋山,开石函,发玉笈,得九鼎神丹飞雪
炉火之道,遂铸鼎荆山,炼丹成,服之,有云龙来迎帝。"列仙传
卷下主柱云,主柱得"神砂飞雪,服之五年,能飞行",或是同一
丹方。汉魏本、太平御览卷九八五丹引神仙传云,李少君从安

期先生受"神丹炉火之方",是简称。下文又云李少君以"神丹飞玄之方"授其乡里人蒯子顺,"玄"乃"雪"之误。

〔一六〕羽车:见"王远"条注。

〔一七〕斋戒:求清洁身心之法。不饮酒,不食荤,称祭祀之斋;洗心去欲,称心斋。

〔一八〕估:同"贾"。

〔一九〕煦赁:当佣工。

〔二〇〕飞:义同"化"。

〔二一〕身生朱阳之羽,体备圆光之翼:艺文类聚卷七八仙道引汉武内传作"身生朱阳之翼,豔(形近"体〈體〉"而误)备圆光之异"。朱阳,深红色。圆光,神光,常见于图画中佛像、仙人头上之光环,所谓"顶生圆光",又如"沈羲"条说老君"顶项有光"是也。翼不能有圆光。四库本"羽"为"翼"之讹,"翼"为"异"之讹。

〔二二〕无间:本佛经用语,意为地府。

〔二三〕八遐:即八极,九州之外八方极远之地。

〔二四〕白鸿:白羽雁。

〔二五〕九陔:见"若士"条注。

〔二六〕冥海之枣大如瓜,钟山之李大如瓶:语见汉武故事。冥海,海内十洲记云:"蓬丘,蓬莱山是也。对东海之东北岸,周回五千里,外别有圆海绕山,圆海水正黑,而谓之冥海也。"钟山,又称:"其北海外,又有钟山。在北海之子地,隔弱水之北一万九千里,高一万三千里,上方七千里,周旋三万里。自生玉芝及神草四十徐种,上有金台玉阙,亦元气之所舍,天帝君治处也。"

〔二七〕黄物:指黄金。

〔二八〕武安侯:名田蚡(?——前一三一),汉景帝王皇后同母弟,官至太尉,史记、汉书有传。

〔二九〕游射处:射处,习射之地。汉魏本作"夜游"。

〔三〇〕齐桓公:公元前六八五——前六四三年在位。

〔三一〕柏寝:台名,史记卷一二孝武本纪正义引括地志云:"柏寝台,在青州千乘县(今山东高青东)东北二十一里。"晏子春秋云春秋时齐景公(公元前五四七——前四九〇年在位)新筑柏寝台。金楼子则说齐桓公曾卧于柏寝。晏子春秋乃后人采晏婴行事为之,未必可信。

〔三二〕此三段故事原出史记卷二八封禅书。

〔三三〕五帝六甲左右灵飞之书凡十二事:汉武内传云:"上元夫人即命侍女纪离容,径到扶广山,敕青真小童,出六甲左右灵飞致神之方十二事来以授彻(汉武帝)也。"又云:"(汉武帝)以元封四年七月斋戒,以五帝六甲灵飞十二事授李少君。"又云"求道益命,千端万绪,皆须五帝六甲灵飞之术","五帝者,方面之天(又作"真")精,六甲者,六位之通灵"。"凡阙此十二事者,当何以召山灵,朝地神,总摄万精,驱策百鬼,束虎豹,役蛟龙乎?"十二事,即十二种符方,其第一篇便是五帝六甲左右灵飞之符,其馀十一篇见汉武内传,不详列。崇文总目卷一〇录灵飞六甲左右内名玉符一卷,或是此符书。

〔三四〕元封四年:公元前一〇七年。

〔三五〕甄:察看也。

〔三六〕法养物仁克仙蠢动:语意不明。汉武帝外传作"仙法养物,仁充蠢动",恐是原文。四库本"仙"字错置,"充"误作"克"。"蠢动"指生灵,抱朴子内篇论仙云"仙法欲令爱逮蠢蠕,不害含气",即其意。

〔三七〕万里有不归之魂,市朝有流血之刑:汉魏本"市朝"作"市曹",市曹是古代处决犯人场所,似更合文意。三洞群仙录卷七武丁被召少君言请引神仙传作"万里有不归之魂,市朝有流血之鬼"。此两句指汉武帝征伐频繁,滥用刑罚也。

〔三八〕瘵:病也。

〔三九〕邈:远去。

〔四〇〕虹飞:形容炼丹时之景象,又作"飞虹",所谓"丹光一道飞虹蜺"
是也。

〔四一〕玄朱:又作"玄硃",指制炼九转丹之朱砂。

〔四二〕九转:炼丹三月火候谓之九转,炼丹法以为丹必九转而后能
飞升。

〔四三〕六二:汉武帝外传作"六一"。指六一泥,其法如云笈七签卷七
一太清丹经要诀"造六一泥法",云:"凡飞金转石,唯以六一
(泥)为要。"道家炼太清金液神丹,以六一泥涂两土釜表里。
"二"恐是"一"字之讹。

〔四四〕流精:光耀也。

〔四五〕投铅锡而黄金克成:太平御览卷八一二铅引茅君内传曰:"取铅
十斤,安铁器中,猛火大烧之,三沸,投九转之华一铢于铅中,搅
之,立成黄金。""尹轨"条亦有销锡成金故事。

〔四六〕刀圭:此处指丹药,见"沈羲"条注。

〔四七〕虬:龙也。

〔四八〕小丹方:汉魏本作"少药方",下文有"大丹方",可见作"少药
方"误。

〔四九〕嵩高上:汉魏本、汉武帝外传作"嵩高山",是。即位于河南登封
之嵩山。续汉书曰:"汉武帝礼登中岳,闻言万岁声者三,于是
以三百户封奉祀,命曰崇高邑。至后汉灵帝,复改崇高为嵩
高焉。"

〔五〇〕太一:见"彭祖"条注。

〔五一〕并使左右人受其方书:史记卷二八封禅书云:"(武帝)使黄锤、
史宽舒受其方。"

〔五二〕蒲坂:在今山西永济。

〔五三〕柏梁台火烧,失诸秘书妙文也:柏梁台,三辅黄图卷五台榭云:"武帝元鼎二年(前一一五)春起此台,在长安城中北阙内。三辅旧事云以香柏为梁也。"汉武内传云:"太初元年(前一〇四)十一月乙酉,天火烧柏梁台。于是真形图、六甲五帝灵飞经录十二事、灵光生经及自撰所受者,凡四卷(一作"十四卷"),共函烧失。王母当以武帝不能从训,故以火灾之耳。"按资治通鉴卷二一云,太初元年十一月乙酉,"柏梁台灾"。则柏梁台此时确曾发生火灾。

〔五四〕议郎董仲:议郎,汉官名,掌顾问应对。汉魏本作"议郎董仲躬",太平御览卷七二四医四引神仙传作"议郎董仲舒"。抱朴子内篇论仙记董仲舒撰李少君家录,而困学纪闻卷一〇诸子云:"仲舒儒者,岂肯为方士家录,盖依托也。"但道家确有以为董仲舒与李少君有过从。然董仲舒未曾官议郎,此董仲是何人,尚难确定。

〔五五〕童男童女,服尽一剂,身体便轻:汉武帝外传作"童男童女,沐浴洁清,调其汤火,取使合成,服如鸡子,三枚为程,服尽一剂,身体便轻",文意才完整,四库本有脱文。

〔五六〕江夏:汉代江夏郡治今湖北新洲。

〔五七〕鸡头山:原州高平县(今宁夏固原)西十里有鸡头山。

〔五八〕房屋不废:汉武帝外传作"房室不废",意指房事不废。"屋"乃"室"之讹。

〔五九〕凡弊方:意为平常普通之方。

〔六〇〕东郭延:见"东郭延"条。

〔六一〕神丹飞玄之方:上文称安期生授以神丹炉火飞雪之方,"飞玄"为"飞雪"之讹。

〔六二〕蓟子顺:汉武帝外传作"蓟子训",是。下文云"少君又授子训昆仑神州贞形",蓟子顺实是蓟子训。"蓟子训"条云:"齐国临淄人，<u>李少君</u>之邑人也。……从<u>少君</u>学治病。"可证。

〔六三〕<u>昆仑神州贞形</u>："贞形"通作"真形"，据<u>东方朔</u>海内十洲记云：
　　　"臣先师<u>谷希子</u>者，<u>太上</u>真官也。昔授臣<u>昆仑</u>、钟山、蓬莱山及
　　　神洲真形图。"未知是否指此。

王　真〔一〕

　　<u>王真</u>〔二〕，字<u>叔坚</u>〔三〕，<u>上党</u>〔四〕人也。少为群吏〔五〕，年
七十，乃好道〔六〕。寻见仙经杂言，说郊间人者，<u>周宣王</u>
时〔七〕郊间采薪之人也。采薪而行歌曰："巾金巾，入天门。
呼长精，嗡玄泉。鸣天鼓，养泥丸。"〔八〕时人莫能知，唯<u>柱
下史</u>〔九〕曰："此是活国〔一〇〕中人，其语秘矣，其人乃古之渔
父〔一一〕也。何以知之？八百岁人目瞳正方〔一二〕，千岁人目
理纵〔一三〕，采薪者乃千岁之人也。"<u>贞</u>〔一四〕读此书而不解其
旨，逐〔一五〕搜问诸所在道士。经年，而遇有解其旨者，语<u>贞</u>
曰："此近浅之术也，为可驻年〔一六〕反白〔一七〕而已耳。"乃语
诀云："巾金巾者，恒存肺炁〔一八〕入泥丸中，徐徐以绕身，身
常光泽。嗡玄泉者，漱其口液而服之，使人不老，行之七日
有效。鸣天鼓者，朝起常叩齿三十六下，使身神安。又夜
恒存赤气，从天门入周身内外，在脑中变为火以燔身，身与
火同光〔一九〕，如此存之，亦名曰炼形〔二〇〕。泥丸，脑也；天
门，口也。习闭炁而吞之，名曰胎息。习漱舌下泉而嚥之，
名曰胎食。行之勿休。"

　　<u>真</u>受诀施行胎息、胎食、炼形之方，甚有验。断谷二百
馀年，肉色光美，徐行及马，力兼数人〔二一〕。自叹曰："我行

此术，唯可不死，岂及神丹金玉之方邪！"乃师事<u>蓟子训</u>〔二二〕，<u>子训</u>授其肘后方〔二三〕也。<u>魏武帝</u>〔二四〕闻之，呼与相见，见侣年可三十许，意嫌其虚诈，定校其乡里，皆异口同辞，多有少小见真者，乃信其有道，甚敬重之。

<u>郤孟节</u>〔二五〕师事<u>真</u>十数年，<u>真</u>以蒸丹小饵〔二六〕法授<u>孟节</u>，得度世。乡里计<u>真</u>已四百岁。后一日，将三少妾登<u>女几山</u>〔二七〕，语弟子，言合丹去，去遂不复还。<u>真</u>日行三百里，<u>孟节</u>能含枣核，以不食至十年〔二八〕。又能闭炁不息，身不动摇若死人，可至百日半岁，亦有家室。此法是<u>真</u>所习郄间人之法也。<u>孟节</u>为人质谨不妄言，<u>魏武帝</u>为立茅舍，使令诸方士。<u>晋惠</u>、<u>怀</u>之际〔二九〕，人故有见<u>孟节</u>在<u>长安</u>市中者。

<u>魏武帝</u>时，亦善招求方术道士，皆虚心待之〔三〇〕，但诸得道者，莫肯告之以要言耳。

【校释】

〔一〕<u>太平广记</u>无此条。<u>汉魏本</u>较简略。<u>后汉书</u>卷八二下<u>方术传</u>有<u>王真传</u>。<u>汉武帝外传</u>有关<u>王真</u>部分与本条大体同。

〔二〕<u>王真</u>：<u>曹操</u>所集方士十六人中有<u>上党王真</u>。参<u>博物志</u>卷五<u>方士</u>。

〔三〕<u>叔坚</u>：<u>汉魏本</u>作"<u>叔经</u>"。<u>后汉书</u>卷八二下<u>王真传</u><u>李贤</u>注引<u>汉武内传</u>曰："<u>王真</u>字<u>叔经</u>。"

〔四〕<u>上党</u>：在今<u>山西长治</u>。

〔五〕<u>群吏</u>：不可解，<u>汉武帝外传</u>作"<u>郡吏</u>"，"群"形近"郡"而讹。

〔六〕<u>年七十，乃好道</u>：<u>汉魏本</u>作"年七十九，乃学道"。<u>太平御览</u>卷六六二<u>天仙</u>引<u>三洞珠囊</u>曰："<u>王真</u>，<u>上党</u>人，七十九乃学道。"

〔七〕周宣王:公元前八二七——前七八二年在位。

〔八〕说郊间人者……养泥丸:说郛卷一〇九下引汉徐岳数术记遗
云:"周宣王时,有人采薪于郊间,歌曰:'金虎入门,呼长精,吸
玄泉。'时人莫能知其义。"云笈七签卷一一〇洞仙传"长桑公
子"条云:"长桑公子者,常散发行歌曰:'巾金巾,入天门。呼长
精,吸玄泉。鸣天鼓,养丹田。'柱下史闻之曰:'彼长桑公子所
歌之词,得服五星守洞房之道也。'"又云笈七签卷一〇四太清
真人传论曰:"周宣王时,郊闻采薪之人行歌曰:'巾金巾,入天
门。呼长精,歙玄泉。鸣天鼓,养泥丸。'时人莫能知之,惟老君
曰:'此活国中人,其语秘矣,斯皆修习无上正真之道也。'"可知
此歌谣有不同流传。

〔九〕柱下史:指老子。多本引文作"老君"。

〔一〇〕活国:意为活人之国。

〔一一〕渔父:相传屈原曾作渔父,此渔父乃指古之隐士。

〔一二〕目瞳正方:瞳,玉篇云:"目珠子也。"抱朴子内篇祛惑引仙经云:
"仙人目瞳皆(一作正)方。"

〔一三〕目理纵:黄帝素问灵枢经卷八论勇第五十云:"黄帝曰:'愿闻怯
士之所由然。'少俞曰:'怯士者,目大而不减,阴阳相失,其焦理
纵。……'"理纵,注云:"肉理不横也。"焦,指目之中心。肉理,
指肉之纹理。不横,竖也。"目理纵"疑应作"目焦理纵"。

〔一四〕贞:即真,四库本多作"贞"。

〔一五〕逐:依次也。

〔一六〕驻年:驻颜延年。

〔一七〕反白:指头发由白变黑。

〔一八〕肺炁:通于鼻肺之气。

〔一九〕鸣天鼓者……身与火同光:以上所云乃气功"拘三魂"之术,其
法如云笈七签卷五四拘三魂法云:"月三日十三日、二十三日

夕,是此时也,三魂不定,爽灵浮游,胎光放形,幽精扰唤。其爽灵、胎光、幽精三君,是三魂之神名也。其夕皆弃身游邀,飚逝本室。或为他魂外鬼所见留制;或为魅物所得收录;或不得还返,离形放质;或犯于外魂,二气共战。……拘留之法:当安眠向上,下枕伸足,交手仰上,冥目闭气三息,叩齿三通,存身中赤气如鸡子,从内仰上,出于目中,出外赤气,转火烧身,使匝一身,令其内外洞彻,有如燃炭之状,都毕矣。其时当觉身中小热,乃叩齿三通。毕,即存呼三魂名字胎光、爽灵、幽精三神急住。"

〔二〇〕炼形:修炼形体。

〔二一〕真受诀施行胎息……力兼数人:后汉书卷八二下王真传李贤注云:"汉武内传曰:'(王真)习闭气而吞之,名曰胎息;习嗽舌下泉而咽之,名曰胎食。真行之,断谷二百馀日,肉色光美,力并数人。'抱朴子曰:'胎息者,能不以鼻口嘘翕,如在胎之中。'""断谷二百馀年",汉魏本作"断谷三十馀年",似应如后汉书王真传注引汉武内传作"断谷二百馀日"。

〔二二〕蒯子训:应是"蓟子训",李少君曾教令蓟子训胎息、胎食、住年止白之法,见"蓟子训"条。

〔二三〕肘后方:可悬于肘后,随身携带应急之药方。

〔二四〕魏武帝:即曹操,见"左慈"条注。

〔二五〕郤孟节:汉魏本作"郗元节"。后汉书卷八二下作"郝孟节",与王真同列一传,亦称上党人,博物志卷五方士曰:"阳城(今山东莒县)郤俭字孟节。"又引曹植辩道论云:"阳城有郤俭。"云笈七签卷八七太清神仙众经要略有"城阳郤孟节疏注","城阳"两字倒置。郤孟节既罗致于曹操方士之中,曹植称其为阳城人应不误。

〔二六〕蒸丹小饵:蒸丹,求长生之药也。太平御览卷六六八养生引集仙箓曰:"(太阴女)问长生之道,得补导之要,蒸丹之方。"小饵,炼丹之法,抱朴子内篇金丹云:"诸小饵丹方甚多,然作之有深浅。"有小饵经。

〔二七〕后一日,将三少妾登女几山:固可通,但"后一日"与上文无联系,汉武帝外传作"后,一旦将三少妾登女几山",语意更为合理,似应如是。女几山,见"马鸣生"条注。

〔二八〕孟节能合枣核,以不食至十年:"合",汉武帝外传作"含"。后汉书卷八二下郝孟节传云:"孟节能含枣核不食,可至五年十年。""合",闭也,与"含"义同。

〔二九〕晋惠、怀之际:晋惠帝、怀帝,公元二九〇——三一三年在位。

〔三〇〕魏武帝时,亦善招求方术道士,皆虚心待之:参博物志卷五方士。

陈　长〔一〕

　　陈长者,在苎屿山〔二〕六百年〔三〕。每四时设祭,亦不饮食,亦无所修〔四〕。人有病者,与祭水饮之,皆愈也。

【校释】

〔一〕太平广记无此条。汉魏本陈长文字较本条详。

〔二〕苎屿山:汉魏本陈长作"纻屿山",云:"纻屿在东海中。"又云:"纻屿其山地方圆千里,上有千馀家,有五谷成熟,莫知其年纪,风俗与吴同。"三洞珠囊卷一救导品引神仙传作"纻箅"。

〔三〕六百年:汉魏本作"六百馀岁"。

〔四〕每四时设祭,亦不饮食,亦无所修:汉魏本作"纻屿山中人为架屋,每四时烹杀以祭之,长亦不饮食"。三洞珠囊卷一救导品引神仙传称:"导箅上人为架屋,每四时享祭之,长亦不饮食,无所修为。"文意较通。

刘　纲^[一]

刘纲^[二]者，上虞^[三]县令也，与妻樊夫人俱得道术。二人俱坐林上^[四]，纲作火烧屋^[五]，从东边起，夫人作雨，从西边上，火灭。

【校释】

〔一〕太平广记卷五九合"刘纲"于"樊夫人"条，事例较详。汉魏本同。

〔二〕刘纲：真仙通鉴卷三一刘纲称其为晋时下邳（在今江苏睢宁北）人，后为上虞令。师事帛君受道，作续仙传行于世。

〔三〕上虞：在今浙江。

〔四〕林上：仙苑编珠卷下刘纲火焚樊妻雨止引神仙传作"床上"。汉魏本作"堂上"，本书"樊夫人"条亦云"俱坐堂上"，坐堂上才合作火烧屋场景。

〔五〕烧屋：汉魏本樊夫人作"烧客碓舍"。

樊夫人^[一]

樊夫人^[二]者，刘纲之妻也。纲字伯鸾，仕为上虞令，亦有道术，能檄召鬼神，禁制变化^[三]之道。亦潜修密证^[四]，人莫能知。为理尚清净简易，而政令宣行，民受其惠，无旱暵^[五]漂垫^[六]之害，无疫毒^[七]鸷暴^[八]之伤，岁岁大丰，远近所仰。暇日与夫人较其术，用^[九]俱坐堂上，纲作火烧客^[一〇]碓^[一一]舍，从东而起，夫人禁之，火即便灭。

庭中两株桃，夫妻各咒一株，使之相斗击〔一二〕，良久，纲所咒者不胜，数走出于篱外〔一三〕。纲唾盘中即成鲫鱼〔一四〕，夫人唾盘中成獭，食其鱼。纲与夫人入四明山〔一五〕，路值虎，以面向地，不敢仰视。夫人以绳缚虎，牵归系于床脚下〔一六〕。纲每共试术，事事不胜。将升天，县厅〔一七〕侧先有大皂荚树〔一八〕，纲升树数丈，力能飞举〔一九〕。夫人即平坐床上，冉冉如云炁之举，同升天而去矣。

【校释】

〔 一 〕太平广记卷六〇"樊夫人"条上半段与本条大致同，汉魏本樊夫人录其文。下半段却是唐代湘媪（樊夫人）刺鼍故事，云出女仙传。

〔 二 〕樊夫人：山堂肆考卷一五〇刺鼍云："樊夫人号云翘，鬓翠如云，肌洁如雪。"

〔 三 〕禁制变化：禁制，指气禁，见"黄卢子"条注。变化，指五行变化，见"墨子"条注。

〔 四 〕密证：说郛卷五七下引东林莲社十八高贤传云："（昙诜法师）能别识鸟兽毛色俊钝之性，洞晓草木枝干甘苦之味，妙尽其理，人知其有密证云。"密证，指通过修炼而悟解物性。

〔 五 〕旱暵：指旱灾。

〔 六 〕漂垫：指水患。

〔 七 〕疫毒：指病疫。

〔 八 〕鸷暴：指凶残之灾。

〔 九 〕用：汉魏本作"因"，义同。

〔一〇〕客：役作之人。

〔一一〕碓：舂米器具。

〔一二〕使之相斗击：艺文类聚卷八六桃引神仙传作"桃便斗相击"。

〔一三〕庭中两株桃……数走出于篱外:齐民要术卷一〇桃引神仙传曰:
　　"樊夫人与夫刘纲俱学道术,各自言胜。中庭有两大桃树,夫妻各
　　咒其一。夫人咒者,两枝相斗击良久;纲所咒者,桃走出篱。"

〔一四〕鲫鱼:汉魏本作"鲤鱼"。太平御览卷三八七唾、卷九一二獭引
　　神仙传同。

〔一五〕四明山:元和郡县图志卷二六越州云:"四明山在馀姚县(在今
　　浙江)西一百五十里。"

〔一六〕路值虎……牵归系于床脚下:太平御览卷七六六绳引神仙传
　　云:"纲行见虎,虎不敢起,才捉虎,虎即嘘之。夫人往捉虎,虎
　　以面迫地不视,夫人以绳系虎颈,曳之以归。"(此据四库本,宋
　　本有脱讹。)

〔一七〕厅:官府办公地方。

〔一八〕皂荚树:一名鸡栖,生山野间,叶似槐叶,长尖,枝间多刺。

〔一九〕纲升树数丈,力能飞举:太平御览卷九六〇皂荚引神仙传曰:
　　"刘纲受老君道成,上大皂荚树,飞去入云。"

东陵圣母〔一〕

　　东陵圣母者,广陵〔二〕海陵〔三〕人也。适杜氏〔四〕,师事
刘纲〔五〕学道,能易形变化,隐显无方〔六〕。杜不信道,常恚
怒之。圣母或行理疾救人,或有所之诣。杜恚之愈甚,告
官讼之,云:"圣母奸妖,不理家务。"官收圣母付狱,顷之,
已从狱窗中飞去。众望见之,转高入云中,留所着履一
緉〔七〕在窗下,自此升天〔八〕。

【校释】

〔一〕太平广记卷六〇"东陵圣母"条云出女仙传,与本条基本同。汉

魏本东陵圣母同于太平广记本。

〔二〕广陵：今江苏扬州。

〔三〕海陵：海陵故城在今江苏泰州。

〔四〕适杜氏：本意嫁给杜氏，艺文类聚卷九一青鸟引神仙传亦云：
"东陵圣母，广陵海陵人，杜氏妻也。"太平御览卷九二七青鸟引
神仙传同。而后汉书志第二十一郡国三"广陵郡"注引博物记
曰："女子杜姜，左道通神，县以为妖，闭狱桎梏，卒变形，莫知其
极。以状上，因以其处为庙祠，号曰东陵圣母。"又太平寰宇记
卷九二江南东道四江阴军"江阴县"引刘遵之神异录之文大体
同。说郛卷三二下引郑遂洽闻记，"杜姜"误作"姜杜"。则其人
本姓杜，故少室山房笔丛卷四三玉壶遐览二称："东陵圣母姓
杜。""适杜氏"应为"姓杜氏"。因其庙在广陵东陵亭，祠号曰
"东陵圣母"，神仙传误以为姓东陵而适杜氏。

〔五〕刘纲：见"刘纲"条。

〔六〕能易形变化，隐显无方：艺文类聚卷九一青鸟引神仙传、太平御
览卷九二七青鸟引神仙传作"坐在立亡"。其义相同。

〔七〕緉：汉魏本作"双"，义同。

〔八〕自此升天：汉魏本又有以下内容，曰："于是远近立庙祠之，民所
奉事，祷之立效。常有一青鸟在祭所，人有失物者，乞问所在，
青鸟即飞集盗物人之上，路不拾遗。岁月稍久，亦不复尔。至
今海陵县中不得为奸盗之事，大者即风波没溺，虎狼杀之，小者
即复病也。"艺文类聚卷九一青鸟、太平御览卷九二七青鸟引神
仙传亦载相同故事。

孔　元〔一〕

孔元〔二〕者，常服松脂、茯苓、松实，年更少壮〔三〕，已一

百七十餘岁〔四〕。人或饮酒，请元作酒令，元乃以杖拄地倒立，头向下，持酒倒饮，人不能为之也〔五〕。乃于水边凿岸作一穴，方丈馀，止其间。断谷，或一月两月而出。后入西华岳〔六〕，得道也。

【校释】

〔一〕太平广记卷九"孔元方"条云出神仙传，所记事迹较多。汉魏本孔元方与太平广记本同。

〔二〕孔元：太平御览卷六六九服饵上引神仙传同。汉魏本作"孔元方"，云许昌人。太平御览卷八四五酒下引神仙传、说郛卷五八下引神仙传均作"孔元方"。四库本无"方"字。

〔三〕年更少壮：汉魏本作"老而益少"。

〔四〕一百七十餘岁：太平御览卷八四五酒下引神仙传同。汉魏本作"年有七十馀岁"，"有"当作"百"字。

〔五〕人不能为之也：以上数句，太平御览卷八四五酒下引神仙传云："孔元方者，专修道术。元方为人，恶衣疏食，饮酒不过一斗，年百七十馀岁。道成，人或请元方同会，人人作酒令，次至元方作令，元方无所说，直以一杖拄地，因把杖倒竖，头在下，足在上，以一手持酒倒饮之，人莫能为也。"文字较通顺。

〔六〕西华岳：汉魏本作"西岳"，西岳华山也。

王　烈〔一〕

王烈，字长休，邯郸人。常服黄精并炼铅〔二〕，年二百〔三〕三十八岁，有少容，登山如飞。少为书生〔四〕，嵇叔夜〔五〕与之游。烈尝入太行山〔六〕，闻山裂声，往视之，山断数百丈,有青泥出如髓,取抟之〔七〕,须臾成石,如热腊之状,食之,味如粳米。仙经云:"神仙五百岁辄一开,其中有髓,得服之者,举天地齐毕〔八〕。"

【校释】

〔一〕太平广记卷九"王烈"条云出神仙传,所记事迹较详,文字与本条多不同。其所记得石髓、石室见素书以及有关嵇康事,为晋书卷九二嵇康传所采用。汉魏本王烈与太平广记本同。

〔二〕常服黄精并炼铅:汉魏本作"常服黄精及铅"。证类本草卷六云:"黄精,味甘平,无毒,主补中益气,除风湿,安五藏,久服轻身,延年不饥。"说郛卷七上引谭子化书铅丹云:"术有火炼铅丹以代谷食者。"汉魏本无"炼"字。炼铅,炼铅成丹也。

〔三〕二百:汉魏本作"三百"。

〔四〕少为书生:汉魏本作"少时本太学书生"。

〔五〕嵇叔夜:嵇康(二二三——二六二)字叔夜,三国魏末官至中散大夫,竹林七贤之一。

〔六〕太行山:水经注卷四〇禹贡山水泽地所在称:"太行山在河内野王县(今河南沁阳)西北。"又云:"王烈得石髓处也。"

〔七〕取抟之:汉魏本作"取泥试丸之",其义同。

〔八〕神仙五百岁辄一开……举天地齐毕:太平御览卷四〇太行山引神仙传云:"按神山五百岁一开,其中有石髓,得而服之,寿与天地相毕。"仙苑编珠卷下涉正眼光王烈石髓引神仙传曰:"仙经云:'神山五百岁辄一开,其中有髓,得服,与天地齐毕。'""神仙"应作"神山","举"应作"与"。

涉 正〔一〕

涉正字玄真,巴东〔二〕人,说秦王时事如目前〔三〕。常闭

目,行亦不开,弟子数十年莫见其开目者。有一弟子固请
开之,正乃为开目,有声如霹雳,光如电,弟子皆匍地。李
八百呼为四百岁小儿也〔四〕。

【校释】

〔一〕太平广记无此条。云笈七签卷一〇九引神仙传"涉正"条,文字
　　较详。汉魏本涉正近于云笈七签本。

〔二〕巴东:今重庆奉节。

〔三〕说秦王时事如目前:此句之后,汉魏本有"从二十弟子入吴"等
　　语。云笈七签卷一〇九引神仙传"涉正"条则云"从数十弟子入
　　吴"。太平御览卷三六六目引神仙传只云"入吴"。

〔四〕李八百呼为四百岁小儿也:三洞群仙录卷一子房万户涉正一室
　　引神仙传云:"李八百呼为千岁小儿。"李八百,见"李八伯"条。

焦　先〔一〕

　　焦先,字孝然,河东〔二〕人也。汉末关中乱〔三〕,先失家
属,独窜于河渚间,食草饮水,无衣履。时太阳长〔四〕朱南望
见之,谓之亡士〔五〕,欲遣船捕取,同郡侯武阳〔六〕语县"此狂
痴人耳",遂注其籍〔七〕,给廪〔八〕日五升,人皆轻易之。然其
行不践邪迳,必循阡陌〔九〕,及其抢拾〔一〇〕,不取大穗。饥不
苟食,寒不苟衣。每出见妇人则隐翳〔一一〕,须至〔一二〕乃出。
自作一瓜牛〔一三〕庐,净扫其中,营木为床,而草褥其上。至
天寒时,构火〔一四〕以自炙〔一五〕,呻吟独语。太和、青龙〔一六〕
中,尝持一杖南渡,河水泛涨,辄独云:"未可也。"由是人颇
疑不狂。所言多验,金谓之隐者也。年八十九终〔一七〕。

〔 一 〕太平广记卷九"焦先"条云出神仙传,而文字与本条全不同。汉魏本焦先与太平广记本同。本条大抵据魏略所记写成,参三国志卷一一胡昭传裴松之注。

〔 二 〕河东:治今山西夏县西北。三洞珠囊卷二贫俭品引神仙传"焦先"条云:"河东太阳人也。"

〔 三 〕关中乱:三国志卷一一胡昭传裴松之注引魏略称,建安十六年(二一一),关中乱,焦先失家属,独窜于河渚间。所谓"关中乱"乃指马超与曹操争战于潼关一带。

〔 四 〕太阳长:太阳在今河南平陆西南。通典卷三三职官十五"县令"云:"凡县万户以上为令,减万户为长。"

〔 五 〕亡士:士指兵士,亡士即逃亡之士。三国时,士社会地位低于平民,三国志卷二二卢毓传云:"时天下草创,多逋逃,故重士亡法,罪及妻子。"

〔 六 〕侯武阳:三国志卷一一胡昭传裴松之注引魏略称,中平末(指中平六年,公元一八九年),焦先与侯武阳同行避白波之乱。

〔 七 〕注其籍:登记入户籍。

〔 八 〕给廪:藏米之仓曰廪;给廪,官府给以仓米也。

〔 九 〕必循阡陌:路东西为陌,南北为阡。必循阡陌,必由正道也。

〔一〇〕抢拾:三国志卷一一胡昭传裴松之注引魏略作"捃拾"。捃,捡取也。"抢"为"捃"之讹。

〔一一〕翳:隐蔽也。

〔一二〕须至:三国志卷一一胡昭传裴松之注引魏略作"须去","至"为"去"之讹。

〔一三〕瓜牛:三国志卷一一胡昭传裴松之注:"以为瓜当作蜗;蜗牛,螺虫之有角者也,俗或呼为黄犊。先等作圜舍,形如蜗牛蔽,故谓之蜗牛庐。"尔雅翼卷三〇蜗牛云:"魏隐者焦先自作一瓜牛庐,

瓜即蜗也，为庐舍，圆而小如蜗牛之壳云。蜗牛之壳，乃是区量
中之最小者。”

〔一四〕构火："构"通"篝"。篝火，堆柴生火也。

〔一五〕炙：取热也。

〔一六〕太和、青龙：三国魏年号。太和，公元二二七——二三三年；青
龙，公元二三三——二三七年。

〔一七〕年八十九终：汉魏本、太平御览卷八四九食下引神仙传称其年
一百七十岁。仙苑编珠卷下焦先施薪孙登穴处引神仙传云：
"如此二百年，与人别，不知所往。"按三国志卷一一胡昭传裴松
之注引魏略，焦先中平年间二十馀岁，而记其事至嘉平年（二四
九——二五四），其终年为八十九岁大致合。

孙　登〔一〕

孙登，字公和，汲郡〔二〕人。无家属，于郡北山〔三〕为土
穴〔四〕居之。好读易，抚一弦琴〔五〕。性无恚怒，人或投诸水
中，欲观其怒，登既出便大笑。尝住宜阳山〔六〕，有作炭人
见之，知非常人，与语，登不应〔七〕。文帝〔八〕闻之，使阮
籍〔九〕往观，既见与语，亦不应〔一〇〕。嵇康〔一一〕从之游三
年，问其所图，终不答。康将别，谓曰："先生竟无言乎？"登
乃曰："子识火乎？生而有光而不用其光，果在于用光。人
生而有才而不用其才，果在于用才。故用光在乎得薪，所
以保其体用；才在乎识贞，所以全其生。今子才多识寡，难
乎免于今之世矣，子无求乎？"康不能用〔一二〕，后作幽愤诗
曰："昔惭柳下，今愧孙登〔一三〕。"竟莫知其所终〔一四〕。

【校释】

〔 一 〕太平广记卷六"孙登"条云出神仙传,而内容文字与本条多不同,记孙登预示晋太傅杨骏覆灭事,更是四库本所无。汉魏本孙登同于太平广记本。晋书卷九四有孙登传,取材多与本条同。

〔 二 〕汲郡:治今河南卫辉西南。世说新语卷下之上栖逸注引嵇康集序曰:"孙登者,不知何许人,无家。"汉魏本作"不知何许人"。

〔 三 〕北山:舆地广记卷一一河北西路上卫州"共城县"称:"二汉属河内郡,晋属汲郡。北有共山,隐者孙登所处。"晋书卷九四孙登传称其为汲郡共人。北山实指共山。

〔 四 〕土穴:土窟。太平御览卷二七冬下引嵇康集序曰:"孙登于汲郡北山土窟中住。"

〔 五 〕抚一弦琴:通典卷一四四乐四"丝"云:"一弦琴,十有二柱,柱如琵琶。"真诰卷一三稽神枢第三云:"秦时有道士周太宾。……太宾有才艺,善鼓琴,昔教糜长生、孙广田。广田即孙登也,独弦能弹,而成八音,真奇事也。"仙苑编珠卷下焦先施薪孙登穴处引神仙传云:"(孙登)好弹琴读易。……或弹一弦琴以成音曲。"

〔 六 〕宜阳山:太平寰宇记卷一〇河南道十陈州"西华县"云:"宜阳山在县(在今河南)东北五里,高五丈。"

〔 七 〕有作炭人见之……登不应:水经注卷一五洛水云:"臧荣绪晋书称:'孙登尝经宜阳山,作炭人见之,与语,登不应,作炭者觉其精神非常,咸共传说。'"

〔 八 〕文帝:即司马昭(二一一——二六五)。晋书卷二文帝纪云:"(文帝)讳昭,武帝受禅,追尊号曰文皇帝,庙称太祖。"

〔 九 〕阮籍:字嗣宗(二一〇——二六三),能诗文。籍本有济世志,属魏晋之际,天下多故,故名士少有全者。籍由是不与世事,于是任性不羁。官散骑常侍,竹林七贤之一。<u>晋书</u>有传。

〔一〇〕<u>阮籍往观……亦不应</u>:<u>太平御览</u>卷五〇二逸民二引<u>王隐晋书</u>记<u>孙登</u>事云:"初,<u>宜阳山</u>中作炭者,忽见有人不语,精神不似常人。帝使<u>阮籍</u>往视,与语,亦不应。<u>籍</u>因大啸,野人乃笑曰:'尔复作向声。'<u>籍</u>又为啸。<u>籍</u>将求出,野人不听而去,登山,并啸,如箫韶笙簧之音,声震山谷。而还问炭人,曰:'故是向人耳。'寻知求,不知所止,推问久之,乃知姓名。"

〔一一〕<u>嵇康</u>:见"王烈"条注。

〔一二〕<u>从之游三年……康不能用</u>:除个别字外,原出<u>张隐文士传</u>(见<u>世说新语</u>卷下之上栖逸"<u>嵇康</u>游于<u>汲郡</u>山中"条注引<u>文士传</u>)。<u>余嘉锡世说新语笺疏</u>据<u>孙盛魏氏春秋</u>及<u>晋阳秋</u>记事,以为<u>康</u>与<u>登</u>相见只有短暂时间,所谓从游三年,与史实乖异。

〔一三〕<u>昔惭柳下,今愧孙登</u>:<u>文选</u>卷二三<u>嵇康幽愤</u>诗作"昔慙<u>柳惠</u>,今愧<u>孙登</u>"。<u>柳下</u>即<u>柳下惠</u>(公元前七二〇——前六二一年),<u>鲁</u>公族大夫也,姓展名禽,柳下是其号,被称为洁身自好之典范。

〔一四〕<u>竟莫知其所终</u>:<u>晋书</u>卷九四<u>孙登</u>传云:"或谓<u>登</u>以<u>魏晋</u>去就,易生嫌疑,故或嘿者也。竟不知所终。"

神仙传卷七

东郭延〔一〕

东郭延〔二〕，字公游，山阳〔三〕人也。少好道，闻李少君〔四〕有道，求与相见，叩头乞得执侍巾栉〔五〕洒扫之役。少君许之，见延小心良谨可成，临当去，密以五帝六甲左右灵飞之术〔六〕、游虚招真〔七〕十二事授延，告之曰："此亦要道也，审而行之，亦升天矣。"口诀毕而遣去。延遂还家，合服灵飞散〔八〕，能夜书，在寝室中身生光，点左右〔九〕。行六甲左右术，能占吉凶，天下当死者，识与不识，皆逆知之〔一〇〕。又役使鬼神，收摄虎豹，无所不为。在乡里四百岁不老。汉建安二十一年〔一一〕，一旦有数十人乘虎豹之来迎之，邻尽见之〔一二〕，乃与亲故别而辞去，云诣昆仑台〔一三〕。临去，先以神丹方、五帝灵飞秘要传尹先生〔一四〕。

【校释】

〔一〕太平广记无此条。汉魏本东郭延文甚简略，与本条差别较大。

〔二〕东郭延:博物志卷五辨方士引魏文帝曹丕典论称:"王仲统云,甘始、左元放、东郭延年行容成御妇人法,并为丞相(曹操)所录,间行其术,亦得其验。"又后汉书卷八二下甘始传亦称:"甘始、东郭延年、封君达三人者,皆方士也,率能行容成御妇人术。"则东郭延亦作"东郭延年"。

〔三〕山阳:今河南焦作东北。

〔四〕李少君:见"李少君"条。

〔五〕巾栉:栉,梳也。巾栉意为梳洗。

〔六〕五帝六甲左右灵飞之术:参"李少君"条注。

〔七〕游虚招真:游虚,意为神游太虚。招真,道家以为人死即形神分离,招真乃使神不离形,固神则可令长生。

〔八〕灵飞散:"李少君"条云,少君"密以六甲左右灵飞术十二事传东郭延"。汉魏本作"云散",误。

〔九〕能夜书,在寝室中身生光,点左右:三洞群仙录卷三宫嵩长生郭延不老引神仙传作"夜书在冥室中,身皆生光,有能远望见平地数十里上小物,知其采色"。太平御览卷六六二天仙引三洞珠囊作"在暗室中夜书,又身生光,远照小物,见其采色"。而三洞珠囊卷八相好品引神仙传云:"东郭延年者,服灵飞散,能夜书,在暝室中身生光,光照左右也。"仙苑编珠卷下灵寿少壮东郭光明引神仙传作"能夜书,在暗室中身生光明,照耀左右,又能见数十里内小物,知其形"。汉武帝外传作"能夜书,在寝室中身生光,照左右"。能夜书,言目明也。冥室即暗室,"寝室"应作"暗室"。"点(點)"形近"照"而讹。

〔一〇〕皆逆知之:三洞群仙录卷三宫嵩长生郭延不老引神仙传此句之后有"如其言"等语。

〔一一〕汉建安二十一年:公元二一六年。

〔一二〕有数十人乘虎豹之来迎之,邻尽见之:太平御览卷三八昆仑山引神仙传云,东郭延"有数十人乘虎豹来迎,比邻尽见之",汉武帝外传同。"之来"之"之"是衍文,"邻"应作"比邻"。

〔一三〕昆仑台:汉魏本作"昆仑山"。三洞群仙录卷三宫嵩长生郭延不老引神仙传、太平御览卷三八昆仑山引神仙传亦作"昆仑山"。仙苑编珠作"昆仑"。

〔一四〕临去,先以神丹方、五帝灵飞秘要传尹先生:汉魏本无此等语。汉武帝外传称:"尹先生讳轨。"参"尹轨"条。

灵寿光〔一〕

灵寿光〔二〕者,扶风〔三〕人也。年七十时,得朱英丸〔四〕方合服之,转更少壮如年二十时〔五〕。至建安元年〔六〕已二百二十岁矣。

【校释】

〔一〕太平广记无此条。云笈七签卷八六尸解有"灵寿光"条,而添加后死于江陵一段。汉魏本灵寿光与云笈七签本基本同。

〔二〕灵寿光:博物志卷五方士作"冷寿光"。后汉书卷八二下方术传云:"冷寿光、唐虞、鲁女生三人者,皆与华佗同时。寿光年可百五六十岁,行容成公御妇人法。尝屈颈鶵息,须发尽白,而色理如三四十时,老死于江陵。"云笈七签卷四道教相承次第录云:"第二十一代灵寿光。"小注云:"寿光本外国人。"

〔三〕扶风:在今陕西兴平东南。

〔四〕朱英丸:参"墨子"条注。仙苑编珠卷下灵寿少壮东郭光明引神仙传同。云笈七签卷八六尸解"灵寿光"条作"石英丸","石"字误。

〔五〕二十时:云笈七签卷八六尸解"灵寿光"条、汉魏本灵寿光作"二十许"。

〔六〕建安元年:公元一九六年。

刘　京〔一〕

　　刘京〔二〕字太玄,南阳〔三〕人也。汉孝文皇帝〔四〕侍郎也,后弃世从邯郸张君〔五〕学道,受饵朱英丸方合服之〔六〕,百三十岁,视之如三十许人。后师事蓟子训〔七〕,子训授京五帝灵飞六甲十二事〔八〕、神仙十洲真形〔九〕诸秘要。京按诀行之,甚效,能役使鬼神,立起风雨,召致行厨〔一〇〕,坐在立亡〔一一〕,而知吉凶期日〔一二〕,又能为人祭天益命,或得十年〔一三〕,到期皆死,其不信者,至期亦死。周流名山五岳,与王真〔一四〕俱行,悉遍也。

　　魏武帝〔一五〕时,故游行诸弟子家。皇甫隆〔一六〕闻其有道,乃随事之,以云母九子丸及交接之道二方教隆〔一七〕。隆按合行服之〔一八〕,色理日少,发不白,齿不落,年三百馀岁,不知能得度世不耳〔一九〕。魏黄初三年〔二〇〕,京入衡山〔二一〕中去,遂不复见。京语皇甫隆曰:"治身之要,当朝朝服玉泉,使人丁壮有颜色,去三虫〔二二〕而坚齿也。玉泉者,口中液也。朝来〔二三〕起早,漱液满口,乃吞之。琢齿二七过,如此者三乃止,名曰炼精,使人长生也。夫交接之道至难,非上士〔二四〕不能行之,乘奔牛惊马,未足喻其嶮坠矣。卿性多淫,得无当用此自戒乎!"如京言,虑隆不得度世也。

神仙传校释

192

【校释】

〔 一 〕太平广记无此条。汉魏本刘京文字较简，与本条多不同。汉武帝外传刘景部分与本条同。

〔 二 〕刘京：汉武帝外传卷五作"刘景"。又太平御览卷六七一服饵下引列仙传云："刘景，前汉时人也，从邯郸张君受饵云母，知其吉凶。"仙苑编珠卷中御妾娄景烧炭严青云："娄景者，汉文帝侍郎也。"则刘京亦作"刘景"、"娄景"。

〔 三 〕南阳：在今河南。

〔 四 〕汉孝文皇帝：公元前一七九——前一五七年在位。

〔 五 〕邯郸张君：此人列于陶弘景真灵位业图第三中位右位（见说郛卷五七上），失其名。无上秘要卷八四得太极道人名品云："邯郸张君，前汉末人。刘京，张君弟子。"

〔 六 〕受饵朱英丸方合服之：汉魏本作"受饵云母朱英方服之"。仙苑编珠卷中御妻娄景烧炭严青云："娄景者，汉文帝侍郎也，从张君学道，得云母朱英丸方。"博物志卷五辨方士引典论云："降就道士刘景，受云母九子元方。""九子元"恐是"朱英丸"之误。四库本脱"云母"二字。"云母"见序注，"朱英丸"见"墨子"条注。

〔 七 〕蓟子训：见"蓟子训"条。

〔 八 〕五帝灵飞六甲十二事：参"李少君"条注。

〔 九 〕神仙十洲真形：海内十洲记云："臣先师谷希子者，太上真官也。昔授臣昆仑、钟山、蓬莱山及神洲真形图。"神仙十洲真形或是神洲真形图。

〔一〇〕行厨：见"王远"条注。

〔一一〕坐在立亡：见"皇初平"条注。

〔一二〕而知吉凶期日：汉武帝外传作"而知人吉凶期日"，四库本脱"人"字。

〔一三〕或得十年:汉魏本作"或延得十年五年",语意较明。

〔一四〕王真:见"王真"条。

〔一五〕魏武帝:即曹操。

〔一六〕皇甫隆:安定(今甘肃定西)人,魏嘉平(二四九——二五四)中
　　　　为敦煌太守。三国志卷一六魏书仓慈传裴松之注引魏略云:
　　　　"初,敦煌不甚晓田,常灌溉滀水,使极濡洽,然后乃耕。又不晓
　　　　作耧犁。用水,乃种,人牛功力既费,而收谷更少。隆到,教作
　　　　耧犁,又教衍溉,岁终率计,其所省庸力过半,得谷加五。又敦
　　　　煌俗,妇人作裙,挛缩如羊肠,用布一匹;隆又禁改之,所省复不
　　　　訾。故敦煌人以为隆刚断严毅不及于慈,至于勤恪爱惠,为下
　　　　兴利,可以亚之。"由是而知名。

〔一七〕以云母九子丸及交接之道二方教隆:汉魏本作"以云母九子方
　　　　教隆"。"九子"应是"朱英",详前注。

〔一八〕隆按合行服之:汉魏本作"隆合服之"。

〔一九〕不知能得度世不耳:语意不明。汉魏本、真仙通鉴卷一二刘京
　　　　作"不能尽其道法,故不得度世",下文有"如京言,虑隆不得度
　　　　世也",乃与之呼应,疑应如汉魏本之文。

〔二〇〕黄初三年:公元二二二年。

〔二一〕衡山:在今湖南衡山。

〔二二〕三虫:道家以为人体生病,皆因三虫为患。云笈七签卷八三中
　　　　山玉柜经服气消三虫诀云:"虫有三名,伐人三命,亦号三尸。
　　　　一名青姑,号上尸,伐人眼,空人泥丸。……二名白姑,号中尸,
　　　　伐人腹,空人藏府。……三名血尸,号下尸,伐人肾,空人精
　　　　髓。……一本作血姑。"故欲为道神仙不死,当先去三虫。

〔二三〕来:汉武帝外传作"未"。三洞珠囊卷一〇叩齿咽液品云:"仙人
　　　　刘京语皇甫隆曰:'夫朝起未澡洗之前,平坐嗽口中唾。'"可见
　　　　"来"是"未"之讹。

〔二四〕上士：云笈七签卷五九项子食气法云："能清净者则能断情欲，断情欲者则能绝房室，绝房室则能休粮，休粮则能保爱气，能保爱气则德应自然，德应自然则十月通矣，十月通者谓上士也。"

严　青〔一〕

严青者，会稽〔二〕人也。家贫，常在山中烧炭，忽遇仙人〔三〕，云："汝骨相合仙〔四〕。"乃以一卷素书〔五〕与之，令以净器〔六〕盛之，置高处，兼教青服石脑法〔七〕。青遂以净器盛书，置高处。便闻左右常有十数人侍之，每载炭出，此神便为引船〔八〕，他人但见船自行。后断谷，入小霍山去〔九〕。

【校释】

〔一〕太平广记无此条。汉魏本作"严清"，文字亦较简，与太平御览卷六六二天仙引真诰之文及本条大体同。

〔二〕会稽：今浙江绍兴。

〔三〕忽遇仙人：汉魏本作"忽有一人与清语，不知其异人也"。

〔四〕汝骨相合仙：汉魏本作"汝得长生，故以相授"。

〔五〕一卷素书：汉魏本作"一卷书"。太平御览卷六七九传授引神仙传作"素书一轴"。素书，见"墨子"条注。

〔六〕净器：汉魏本、太平御览卷六七九传授引神仙传作"洁器"。

〔七〕兼教青服石脑法：汉魏本无此句。石脑，钟乳之类，抱朴子内篇仙药列于其中。真诰卷一三稽神枢第三称："石脑故（固？）如石，但小，斑色而顿耳，所在有之，服此时时使人发热，又使人不渴。"

〔八〕引船：真仙通鉴卷一二严青作"挽船"。

〔九〕后断谷，入小霍山去：断谷，即辟谷，见"沈建"条注。小霍山，在

195

今安徽六安，据说因远接霍山之脉而得名。又太平御览卷七三七禁引神仙传曰："严青常从弟子家夜归。都督夜行逢青，呵问：'何人夜行?'青亦厉声问曰：'汝是何人而夜行?'都督怒，不知是青，因叱从兵、使录夜行人。青亦复叱其从神曰：'皆缚夜行人。'青便去，而都督及从者数十人人马皆不复得去。明旦，行人见都督，问何为在此，都督白事状如此。行人曰：'必是严公也。'都督曰：'我不能得动，可报余家。'家人知之，往叩头启谢青，自说昨宵不知是先生，乞得放遣。青乃大声曰：'解遣昨宵所录夜行人还去。'都督乃得去。其后，夜行每见人行，先逆问非严公乎。"三洞群仙录卷六严青夜行国珍昼寝引神仙传、真仙通鉴卷一二严青亦有此故事。

帛　和[一]

　　帛和字仲理[二]，师董先生[三]行炁断谷术[四]。又诣西城山师王君[五]，君谓曰："大道之诀，非可卒得。吾暂往瀛洲[六]，汝于此石室中可熟视石壁，久久当见文字，见则读之，得道矣。"和乃视之，一年了无所见，二年似有文字，三年了然，见太清中经[七]神丹方、三皇文[八]、五岳图[九]，和诵之上口。王君回曰："子得之矣。"乃作神丹，服半剂，延年无极，以半剂作黄金。

【校释】

〔一〕太平广记无此条。汉魏本帛和文字与本条有差别，而与太平御览卷六六三地仙引道学传基本同。

〔二〕汉魏本下文云："辽东人也。"辽东治今辽宁辽阳。

神仙传校释

196

〔三〕师董先生:汉魏本作"事董奉",董奉参"董奉"条。

〔四〕行炁断谷术:汉魏本作"奉以行气服术法授之"。行气,见"阴长生"条注。断谷,见"沈建"条注。

〔五〕又诣西城山师王君:西城山王君又称西城王君,据云笈七签卷一〇六载魏华存撰清虚真人王君内传云:"王君讳褒,字子登,范阳襄平人也。安国侯(王陵)七世之孙。汉元帝建昭三年(前三六)九月二十七日诞焉。"又云:"(西城)真人遂将君还西城,九年道成。"

〔六〕瀛洲:据史记卷二八封禅书,齐威王、宣王、燕昭王皆信方士之言,使人入海求蓬莱、方丈、瀛洲,云此三神山在渤海中。海内十洲记则云:"瀛洲在东海中,地方四千里,大抵是对会稽,去西岸七十万里。"

〔七〕太清中经:太平御览卷六六三地仙引列仙传(恐是神仙传)云:"(左慈)精思于天柱山,得石室中九丹金液经,是太清中经法也。"并参"左慈"条注。

〔八〕三皇文:其书天皇、地皇、人皇各一卷,据说是上古三皇所受之书。详参云笈七签卷六三洞并序。

〔九〕五岳图:即五岳真形图,云笈七签卷七九五岳真形神仙图记称:"五岳真形、神仙图记并出太玄真人。"抱朴子内篇登涉云:"上士入山持三皇内文及五岳真形图,所在召山神,及按鬼录,召州社及山卿宅尉问之,则木石之怪、山川之精不敢来试人。"

197

赵　瞿[一]

赵瞿者[二],上党[三]人也。病癞[四]历年,众治之不愈,垂死。或云,不及活流弃之[五],后子孙转相注易[六]。其家乃赍粮〔七〕,将之送置山穴中。瞿在穴中自怨不幸,昼夜悲叹涕泣。经月〔八〕,有仙人〔九〕行经过穴,见而哀之,具问讯之。瞿知其异人,乃叩头自陈乞哀〔一〇〕。于是仙人以一囊药赐之〔一一〕,教其服法。瞿服之百许日,疮都愈,颜色丰悦,肌肤玉泽。仙人又过视之,瞿谢受更生活之恩,乞丐其方。仙人告此是松脂耳,此山中更多此物,汝炼服之,可以长生不死。

瞿乃归家,家人初谓之鬼也,甚惊愕。瞿遂长服松脂,身体转轻,气力百倍,登危越险,终日不极〔一二〕。年百七十岁,齿不堕,发不白。夜卧,忽见台间有光,大如镜者,以问左右,皆云不见,久而渐大,一室尽明如昼日。又夜见面上有彩女二人〔一三〕,长二三寸〔一四〕,面体皆具,但为小耳。游戏其口鼻之间,如是且一年,此女渐长大,出在其侧。又常闻琴瑟之音,欣然独笑。在人间三百许,年色如小童,乃入抱犊山去,必地仙也〔一五〕。

【校释】

〔 一 〕太平广记卷一〇"赵瞿"条云出神仙传,而文字多异于本条。汉魏本赵瞿与太平广记本同。又抱朴子内篇仙药、葛洪撰肘后备急方卷五记赵瞿事,与四库本大抵同。太平广记卷四一四服松脂引抱朴子,文字与本条基本相同。

〔 二 〕赵瞿者:汉魏本、三洞珠囊卷一救导品引神仙传云:"赵瞿字子荣。"

〔 三 〕上党:今山西长治。

〔 四 〕癞:古代疮、疥、大风(今称麻疯)均称"癞"。

〔 五 〕不及活流弃之:汉魏本作"当及生弃之"。太平广记卷四一四服松脂引抱朴子作"不如及活流弃之",四库本脱"如"字。

〔六〕注易:急就篇卷四"寒气泄注腹胪胀"颜师古注曰:"注易之病,一人死,一人复得气相灌注也。"今称传染病。

〔七〕赍粮:汉魏本作"作一年粮"。赍,携带也。

〔八〕经月:汉魏本作"百馀日"。

〔九〕仙人:汉魏本作"三人"。

〔一〇〕乃叩头自陈乞哀:汉魏本作"乃自陈乞叩头求哀",语较通顺。

〔一一〕以一囊药赐之:汉魏本作"以松子、松柏脂各五升赐之"。

〔一二〕不极:不倦也。

〔一三〕有彩女二人:汉魏本作"有二人"。彩女,或作"采女",见"彭祖"条注。

〔一四〕长二三寸:汉魏本作"长三寸,乃美女也"。

〔一五〕乃入抱犊山去,必地仙也:汉魏本作"入山不知所之"。抱犊山,太平寰宇记卷四五河东道六潞州"壶关县"引福地记曰:"抱犊山在上党东南一里,高七十丈,有石城,高十丈,方一里。"抱朴子内篇论仙曰:"按仙经云:上士举形升虚,谓之天仙;中士游于名山,谓之地仙;下士先死后蜕,谓之尸解仙。"

宫　嵩〔一〕

宫嵩者〔二〕,大有文才,著道书二百馀卷〔三〕。服云母〔四〕,得地仙之道〔五〕。后入苎屿山〔六〕中仙去。

199

【校释】

〔一〕太平广记无此条。汉魏本宫嵩文字较详。

〔二〕宫嵩者:汉魏本作"宫嵩者,琅邪人也"。后汉书卷二〇下襄楷传云:"初,顺帝时,琅邪宫崇诣阙,上其师于吉于曲阳泉水上所得神书百七十卷，皆缥白素，朱介青首朱目，号<u>太平清领书</u>。”“宫嵩”又作“宫崇”。<u>琅邪</u>，今<u>山东黄岛</u>。

〔三〕著道书二百馀卷：<u>汉魏</u>本作“著书百馀卷”。此句之后，<u>汉魏</u>本有“师事仙人<u>于吉</u>。<u>汉元帝</u>时，<u>嵩</u>随<u>吉</u>于<u>曲阳泉</u>（在今<u>山东临沂</u>）上，遇天仙授<u>吉</u>青缣朱字<u>太平经</u>十部。<u>吉</u>行之得道，以付<u>嵩</u>，后上此书。书多论阴阳否泰灾害之事，有天道、地道、人道，云治国者用之，可以长生，此其旨也”等语。

〔四〕云母：见<u>神仙传</u>序注。

〔五〕得地仙之道：<u>汉魏</u>本作“数百岁，有童子之色”。地仙，见“<u>黄山君</u>”条注。

〔六〕苎屿山：见“<u>陈长</u>”条注。

容成公〔一〕

<u>容成公</u>〔二〕行<u>玄素</u>之道〔三〕，延寿无极〔四〕。

【校释】

〔一〕<u>太平广记</u>、<u>汉魏</u>本无此条。<u>刘向列仙传</u>有“容成公”条，文字较本条详。

〔二〕<u>容成公</u>：<u>说郛</u>卷五八下引<u>神仙传</u>云：“容成公者，字子黄，<u>辽东</u>人也。行<u>玄素</u>之道，年二百岁，善房中之术。”

〔三〕<u>玄素</u>之道：<u>抱朴子</u>内篇微旨云：“知<u>玄素</u>之术者，则曰唯房中之术，可以度世矣。”<u>仙苑编珠</u>卷上<u>王纲</u>二气章震五行引<u>神仙传</u>云：“<u>王纲</u>善补养之法，行<u>玄素</u>之道。”<u>玄素</u>之道，可参“<u>天门子</u>”条。<u>抱朴子</u>内篇遐览录有<u>玄女经</u>、<u>素女经</u>。

〔四〕<u>初学记</u>卷二七宝器部“金第一”、<u>太平御览</u>卷八一一金下俱引<u>神仙传</u>曰：“容成公服三黄得仙，所谓雄黄、雌黄、黄金。”亦四库本缺文。

董仲君^{〔一〕}

董仲君者,临淮^{〔二〕}人也。服炁炼形^{〔三〕},二百馀岁^{〔四〕}不老。曾被诬^{〔五〕}系狱,乃佯死,须臾虫出^{〔六〕},狱吏乃舁出之,忽失所在^{〔七〕}。

【校释】

〔一〕云笈七签卷八五尸解"董仲君"条,文字与本条略有不同。汉魏本董仲君全同于云笈七签本。太平广记卷七一"董仲君"条只记董仲君为汉武帝刻李夫人像事。

〔二〕临淮:治今江苏盱眙。

〔三〕服炁炼形:汉魏本作"少行气炼形"。服气炼形,见"彭祖"条注。

〔四〕二百馀岁:汉魏本作"年百馀岁"。

〔五〕曾被诬:汉魏本作"常见诬"。

〔六〕须臾虫出:汉魏本作"臭烂生虫"。太平御览卷七三七禁引桓谭新论云:"方士董仲君犯事系狱,佯死,目陷虫烂,故知幻术靡所不有。"

〔七〕狱吏乃舁出之,忽失所在:汉魏本作"狱家举出,而后复生,尸解而去"。太平御览卷六四三狱引桓谭新论云:"近哀、平间,道士临淮董仲君坐系狱。"则其事迹流传自汉武帝至哀、平年间(前一四一——五)。

倩平吉^{〔一〕}

倩平吉^{〔二〕}者,沛^{〔三〕}人也^{〔四〕}。汉初入山得道,至光

武^[五]时不老。后托形尸假^[六]，百馀年却还乡里也。

【校释】

〔一〕太平广记无此条。云笈七签卷八五尸解"清平吉"条，文字亦不同。汉魏本清平吉同于云笈七签本。

〔二〕倩平吉：四库本之外其馀各本引文均作"清平吉"，可见"倩"乃"清"之讹。

〔三〕沛：汉魏本作"沛国"。今江苏沛县。

〔四〕也：该字之后，汉魏本有"汉高皇帝时卫卒也"等语。少室山房笔丛卷四三玉壶遐览二云："清平吉姓卫名平。"盖沿云笈七签卷八五尸解"清平吉"条"清平吉，沛国人也。汉高皇帝时卫平也"之说而来。查太平御览卷六六四尸解引登真隐诀云："清平吉，沛人也。汉高祖时卒也。"广博物志卷一二灵异一云："清平吉，沛国人，汉高祖时卫卒也。"太平御览此条脱一"卫"字。云笈七签因"卒"形近"平"，则将"卫卒"讹为"卫平"，少室山房笔丛未及细考，遂误以为姓卫名平。汉魏本作"汉高皇帝时卫卒也"，是原文，四库本有脱漏。

〔五〕光武：东汉光武帝，公元二五年——五七年在位。

〔六〕后托形尸假：汉魏本作"后尸解去"。"尸假"应作"尸解"。

王仲都^[一]

王仲都者，汉中^[二]人也。汉元帝^[三]常以盛暑时暴之，绕以十馀炉火而不热，亦无汗^[四]。凝冬^[五]之月，令仲都单衣，无寒色，身上气蒸如炊。后不知所在^[六]。

【校释】

〔一〕太平广记无此条，汉魏本王仲都文字与本条多不同。

神仙传校释

202

〔二〕汉中:治今陕西汉中。

〔三〕汉元帝:公元前四八——前三三年在位。

〔四〕汉元帝常以盛暑时暴之……亦无汗:抱朴子内篇杂应称,王仲都衣以重裘,曝之于夏日之中,周以十炉之火,口不称热,身不流汗,盖用飞霜散(又称"飞雪散")者也。

〔五〕凝冬:太平御览卷二六冬上引神仙传作"隆冬",义同。

〔六〕水经注卷一九渭水引桓谭新论称:"元帝被病,广求方士,汉中送道士王仲都,诏问所能,对曰能忍寒暑。乃以隆冬盛寒日,令袒载驷马,于上林昆明池上环冰而驰。御者厚衣狐裘寒战,而仲都独无变色,卧于池台上,曛然自若。夏大暑日,使曝坐,环以十炉火,不言热,又身不汗。"可供参考。

程伟妻〔一〕

汉黄门郎〔二〕程伟,好黄白术〔三〕,娶妻,得知方家女〔四〕。伟常从驾出,而无时衣,甚忧。妻曰:"请致两段缣〔五〕。"缣即无故而至前。伟按枕中鸿宝〔六〕作金不成,妻乃往视伟。伟方扇炭烧筒〔七〕,筒中有水银。妻曰:"吾欲试相视一事。"乃出其囊中药少许投之,食顷发之,已成银。伟大惊曰:"道在汝处而不早告我,何也?"妻曰:"得之须由命者〔八〕。"于是伟日夜说诱之,卖田宅以供美食衣服,犹不肯告伟。伟乃与伴谋挝笞杖之,妻辄知之,告伟言:"道必当传其人。得其人,得路〔九〕相遇辄教之。如非其人,口是而心非,虽寸断而支解,而道犹不出也。"伟逼之不止,妻乃发狂裸而走,以泥自涂,遂卒〔一〇〕。

【校释】

〔一〕太平广记卷五九"程伟妻"条云出集仙录,文字与本条多不同,汉魏本程伟妻除一二处外与太平广记本同。云笈七签卷八五尸解有"女真程伟妻"条,亦采自集仙录。此条大抵据抱朴子内篇黄白记桓君山(谭)所言而成。

〔二〕黄门郎:说郛卷五八下引神仙传称:"汉旗门郎程伟妻者,得道者也。"应如诸本作"期门郎"。期门郎,天子扈从蕃卫之军也。据汉书卷六五东方朔传及卷一九上百官公卿表上,汉武帝好微行,因置期门郎与之期于殿门。

〔三〕黄白术:炼金银之术。

〔四〕得知方家女:方家,通方技之家。按汉书卷三〇艺文志,方技有四家:医经家、方家、房中家、神仙家。

〔五〕两段缣:艺文类聚卷七八引神仙传作"两缣"。抱朴子内篇黄白作"两端缣"。

〔六〕枕中鸿宝:据称是汉淮南王刘安之秘籍。汉书卷三六刘向传云:"上(武帝)复兴神仙方术之事,而淮南有枕中鸿宝苑秘书,书言神仙使鬼物为金之术,及邹衍重道延命方。"颜师古注曰:"鸿宝苑秘书并道术篇名,臧在枕中,言常存录之不漏泄也。"汉书卷二五下郊祀志下曰"大夫刘更生献淮南枕中洪宝苑秘之方",颜师古注曰:"洪,大也。苑秘者,言秘术之苑囿也。"

〔七〕箪:筒也。

〔八〕得之须由命者:太平广记卷五九"程伟妻"条引集仙录作"骨相不应得"。

〔九〕得路:抱朴子内篇黄白作"道路",是。

〔一〇〕妻乃发狂裸而走,以泥自涂,遂卒:汉魏本作"妻遂蹶然而死,尸解而去"。

蓟子训[一]

蓟达[二]，字子训，齐国临淄[三]人，李少君[四]之邑人也。少仕州郡，举孝廉[五]，除郎中[六]。又从军，拜驸马都尉[七]。晚悟治世俗综理官无益于年命也，乃从少君学治病，作医法。渐久，见少君有不死之道，遂以弟子之礼事少君而师焉。少君亦以子训用心专知，可成就，渐渐告之以道家事，因教令胎息[八]、胎食[九]、住年止白[一〇]之法。行之二百[一一]馀年，颜色不老。在乡里，与人信让从事[一二]。性好清净，常闲居读易，时作小小文疏，皆有意义。

少君晚又授子训无常子大幻化之术[一三]，按事施行，皆效。曾见比舍家抱一儿，从求抱之，失手而堕地，即死。其家素尊敬之，不敢有悲哀之色而埋之，谓此儿命应不成人。行已积日[一四]，转不能复思之。子训因还外抱儿还家，家人恐是鬼，乞不复用。子训曰："但取无苦，故是汝儿也。"儿识其母，喜笑欲往母，乃取之，意犹不了[一五]。子训既去，夫妇共往掘视所埋死儿，空器[一六]中有泥儿，长六寸许[一七]耳，此儿遂长大。又诸老人发必白者[一八]，子训但与之对坐共语，宿昔之间，则明旦皆发黑矣。亦无所施为，为黑可期一年二百日也。亦复有不使人发黑者，盖神幻之大变者也。

京师贵人闻之，莫不虚心欲见子训，而无缘致之。子训比居有年少为太学生[一九]，于是诸贵人共呼语之："卿所以勤苦读书者,欲以课试规富贵耳,但为吾一致〔二〇〕蓟子训来,能使卿不劳而达。"书生许诺,乃归亲事子训,朝夕洒扫,立侍左右,如此且二百日〔二一〕。子训语书生曰:"卿非学道者,何能如此?"书生曰:"忝乡里末流,长幼之道自当尔。"子训曰:"何以不道实而作虚饰邪?吾以具知卿意。诸贵人欲得见我,我亦何惜一行之劳,而不使卿得荣位乎?便可还语诸人,吾某月某日当往。"书生甚喜,到京师具向诸贵人说此意。到期日,子训未行,书生父母忧之,往视子训。子训曰:"恐我不行也?不使卿儿失信,当发。"以食时去所居。书生父母相谓曰:"蓟先生虽不如期,至要是往也。"定后日,书生归,推计之,子训以其日中时到京师,是不能半日行千馀里〔二二〕。既至,书生往见之子训。子训问书生曰:"谁欲见我者?"书生曰:"欲见先生者甚多,不敢枉屈,但乞知先生所止,自当来也。"子训曰:"不须使来,吾尚千馀里来,宁复与诸人计此邪?卿今日使人人尽语之,使各绝宾客,吾日中当往,临时自当择所先诣。"书生如其言语贵人,贵人各洒扫。到日中,子训往,凡二十三处,便有二十三子训各在一处,诸贵人各各喜,自谓子训先诣之。定明日相参问,同时各有一子训,其衣服颜色皆如一,而论说随主人谘问,各各答对不同耳。主人并为设酒食之具,以饷子训,皆各家家尽礼饮食之。于是远近大惊,诸贵人并欲诣之。子训谓书生曰:"诸人谓我当有重瞳八采〔二三〕,故欲见我。我亦无所道,我不复往,便尔去矣。"适出门,诸贵人冠盖塞道到门〔二四〕。书生言:"适去,东陌上乘青骡者

是也。"于是各各走马逐之,望见其骡徐徐而行,各走马逐
之不及。如此行半日,而常相去一里许,不可及也,乃各
罢还。

　　子训既<u>少君</u>乡里弟子,微密谨慎,思证道奥,随时明
匠[二五],将足甄综众妙矣[二六]。

【校释】

〔一〕<u>太平广记</u>卷二"<u>蓟子训</u>"条云出<u>神仙传</u>,与本条文字多不同,<u>汉
魏</u>本<u>蓟子训</u>同于<u>太平广记</u>本。本条大抵取材于<u>搜神记</u>卷一"<u>蓟
子训</u>"条。<u>搜神记</u>、<u>后汉书</u>卷八二下<u>蓟子训</u>传所记有<u>子训</u>卖药
<u>会稽</u>及<u>黄初</u>元年徙<u>长安</u>与一老翁共摩挲铜人事,本条不载。<u>汉
武帝外传</u>有关<u>蓟子训</u>部分与本条同。

〔二〕<u>蓟达</u>:<u>汉武帝外传</u>作"<u>蓟辽</u>"。

〔三〕<u>临淄</u>:今<u>山东淄博</u>。<u>汉魏</u>本作"<u>齐</u>"。<u>后汉书</u>卷八二下<u>蓟子训</u>传
则云:"<u>蓟子训</u>者,不知所由来也。"

〔四〕<u>李少君</u>:参"<u>李少君</u>"条。

〔五〕举孝廉:见"<u>王远</u>"条注。

〔六〕郎中:见"<u>王远</u>"条注。

〔七〕驸马都尉:<u>汉书</u>卷一九上<u>百官公卿表</u>上云:"奉车都尉掌御乘舆
车,驸马都尉掌驸马,皆<u>武帝</u>初置,秩比二千石。"<u>颜师古</u>注曰:
"驸,副马也,非正驾车,皆为副焉。一曰驸,近也,疾也。"

〔八〕胎息:见"<u>九灵子</u>"条注。

〔九〕胎食:见"<u>王真</u>"条注。

〔一〇〕住年止白:或称停年止白,道家不老之术,其方药有仙母金丹,
一名<u>西王母</u>停年止白飞丹。

〔一一〕二百:<u>汉魏</u>本作"三百"。

〔一二〕与人信让从事:<u>太平御览</u>卷六六四尸解引<u>灵宝赤书</u>曰,<u>蓟子训</u>

"在乡里行信让"。汉魏本云："在乡里时，惟行信让，与人从事。"四库本有脱文，且文字错置，应作"行信让，与人从事"，意为以信让与人交往也。

〔一三〕无常子大幻化之术：幻化之术，幻术也，如墨子枕中记所授之术。"无常子"，未识是何义。

〔一四〕行已积日：汉魏本作"死已积日"，义同。

〔一五〕意犹不了：汉魏本作"犹疑不信"，意较明白。

〔一六〕窆器：窆，说文："葬下棺也。""窆器"，汉魏本作"棺"。

〔一七〕六寸许：汉魏本作"六七寸"。

〔一八〕又诸老人发必白者："必白"，全白也。

〔一九〕太学生：汉京师学府之学生。

〔二〇〕一致：汉魏本作"召得"。

〔二一〕二百日：汉魏本作"数百日"。

〔二二〕是不能半日行千馀里："不能"，不到也。"千馀里"汉魏本作"二千里"。

〔二三〕重瞳八采："重瞳"，意指帝王，初学记卷九帝王部"总叙帝王·重瞳"注云："春秋元命苞曰：舜重瞳子，是谓滋凉。宋均注：滋凉，有滋液之润且清凉，光明而多见。""八采"，淮南子修务训云："尧眉八采。""八采"即八眉，八眉者眉如八字，亦意指帝王。

〔二四〕到门：汉魏本作"而来"。

〔二五〕随时明匠："时"，顺承也。"明匠"，意为高明之人。

〔二六〕汉魏本其后尚有如下数语，云："子训至陈公家，言曰：'吾明日中时当去。'陈公问远近行乎？曰：'不复更还也。'陈公以葛布单衣一送之。至时，子训乃死，尸僵，手足交胸上，不可得伸，状如屈铁，尸作五香之芳，气达于巷陌，其气甚异。乃殡之棺中，未得出，棺中嚗然作雷霆之音，光照宅宇，坐人顿伏。良久，视

神仙传校释

其棺盖,乃分裂飞于空中,棺中无人,但遗一只履而已。须臾间,陌上有人马箫鼓之声,径东而去,乃不复见。子训去后,陌上数十里,芳香百馀日不歇也。"

神仙传卷八

葛　玄〔一〕

葛玄,字孝先,丹阳〔二〕人也〔三〕。生而秀颖,性识英明,经传子史,无不该览。年十馀,俱失怙恃〔四〕,忽叹曰:"天下有常不死之道〔五〕,何不学焉。"因遁迹名山〔六〕,参访异人,服饵芝术〔七〕。从仙人左慈〔八〕受九丹金液仙经〔九〕。玄勤奉斋科〔一〇〕,感老君〔一一〕与太极真人〔一二〕降于天台山〔一三〕,授玄灵宝〔一四〕等经三十六卷。久之,太上又与三真人项负圆光〔一五〕,乘八景玉舆〔一六〕宝盖,幡幢旌节〔一七〕,焕耀空中,从官千万,命侍经仙郎〔一八〕王思真〔一九〕,披九光玉韫〔二〇〕,出洞元〔二一〕、大洞〔二二〕等经三十六卷,及上清斋二法:一绝群独宴,静炁遗形,冥心之斋也〔二三〕;二清坛肃侣,依太真之仪,先拔九祖,次及家门,后谢己身也;灵宝斋六法:一金箓,调和阴阳,宝镇国祚;二玉箓,保祐后妃公侯贵族;三黄箓,卿相牧伯,拔度九祖,罪原;四明真,超度祖先,解诸冤对;五三元,自谢犯戒之罪;六八节,谢七祖及己身,请福谢罪也[二四];及洞神、太一、涂炭等斋并戒法等件[二五]。悉遵太上之命,修炼勤苦不息,尤长于治病、收劾鬼魅之术[二六],能分形[二七]变化。

吴大帝[二八]要与相见,欲加荣位。玄不枉[二九],求去不得,待以客礼。一日语弟子张恭[三〇]言:"吾为世主所逼留,不遣作大药,今当[三一]以八月十三日中时去矣。"至期,玄衣冠入室,卧而气绝,颜色不变。弟子烧香守之三日三夜[三二]。夜半,忽大风起,发屋折木,声响如雷,烛灭。良久,风止,燃烛,失玄所在,但见委衣床上,带无解者。明旦问邻人,邻人言"了无大风"。风止在一宅内,篱落树木并败折也。

【校释】

〔一〕太平广记卷七一"葛玄"条云出神仙传,只记葛玄变幻之术,与本条专叙玄修炼之方不同。汉魏本葛玄与太平广记本同。

〔二〕丹阳:今江苏句容。

〔三〕云笈七签卷三灵宝略纪云:"至三国时,吴主孙权赤乌之年(二三八——二五一),有琅琊葛玄字孝先,孝先乃葛尚书之子,尚书名孝儒,年八十乃诞玄。"玄乃葛洪之从祖。抱朴子外篇自叙称,葛洪祖自西汉末年徙于琅邪,东汉初渡江,而家于句容。

〔四〕俱失怙恃:丧父母也。

〔五〕天下有常不死之道:真仙通鉴卷二三葛仙公作"天下有长生不死之道"。

〔六〕因遁迹名山:云笈七签卷三灵宝略纪云:"(葛玄)弃荣辞禄,志尚山水,入天台山学道。"

〔七〕艺术:一种药用植物。

〔八〕左慈:参"左慈"条。

〔九〕九丹金液仙经:或作"九丹金液经",太清中经法也。"左慈"条
云,慈"精思于天柱山中,得石室内九丹金液经,能变化万端,不
可胜纪"。

〔一〇〕斋科:道家斋戒法,有修斋科仪等经书。太平广记卷一五"道士
王纂"条,记西晋末年王纂称:"经品斋科行于江表,疫毒镇弭,
生灵乂康。"

〔一一〕老君:见"沈羲"条注。

〔一二〕太极真人:道家之道号。太平御览卷六六〇真人上引真诰云:
"审道之本,则为上清真人;仙真妙方能尽梗概之道者,便为九
宫真人;若各备具其道,则为太极真人。"云笈七签卷六三洞云:
"时太极真人徐来勒,与三真人以己卯年正月降天台山,传灵宝
经以授葛玄。"则此太极真人名徐来勒,故真仙通鉴卷二三葛仙
公云:"感太上老君敕太极真人徐来勒等同降于天台山。"又说
郛卷七下引葛洪枕中书云:"徐来勒为太极真人,治括苍山,小
宫在天台山。"

〔一三〕天台山:在今浙江天台。太平寰宇记卷九八江南东道十台州
"天台县"引临海记云:"天台山超然秀出,山有八重,视之如一
帆。高一万八千丈,周回八百里。又有飞泉,悬流千仞似布。"

〔一四〕灵宝:即灵宝经,见"华子期"条注。

〔一五〕圆光:见"李少君"条注。

〔一六〕八景玉舆:或称八景舆,仙人所乘之车。真诰卷五甄命授第一
云:"仙道有八景之舆,以游行上清。"

〔一七〕幡幢旄节:见"茅君"条注。

〔一八〕侍经仙郎:道家仙圣之官阶。

〔一九〕王思真:真仙通鉴卷七王思真云:"王思真者,不知其得道年代,

位为<u>太上侍经仙郎</u>。<u>汉灵帝光和二年</u>(一七九)己未正月一日，<u>太上老君</u>降于<u>天台山</u>，命<u>思真</u>披九色之韫，出<u>洞玄</u>、<u>大洞</u>等经三十六卷，以授<u>太极左宫仙公葛玄</u>。"

〔二〇〕披九光玉韫：打开光芒绚烂之玉藏。

〔二一〕<u>洞元</u>：或作"<u>洞玄</u>"。<u>洞玄经</u>为中乘中法，乃九真之道，其部亦有十二。<u>云笈七签</u>卷六三洞引<u>玉纬</u>云："<u>洞玄</u>是<u>灵宝君</u>所出，<u>高上大圣</u>所传。"

〔二二〕<u>大洞</u>：即<u>大洞真经</u>。<u>真诰</u>卷五甄命授第一云："大洞者，<u>神州</u>是也。<u>神州</u>别有三山，山有七宫，宫有七变，朝化为金，日中化为银，暮化为铜，夜化为光，或化为山，或化为水，或化为石，谓之七变。七变有七经，七经有二十一玉童随此书，故曰'<u>太洞真经</u>，读之万过便仙'。此仙道之至经也。"

〔二三〕上清斋二法……冥心之斋也：<u>云笈七签</u>卷三七斋戒"六种斋"称："第一、<u>道门大论</u>云：'上清斋有二法：一、绝群独宴，静气遗形，清坛肃侣，依太真仪格；一、心斋，谓疏瀹其心，澡雪精神。'"与本条所说略有不同，其义为"求仙念真炼形隐景(影)。"

〔二四〕灵宝斋六法……请福谢罪也：<u>云笈七签</u>卷三七斋戒"六种斋"称："灵宝斋有六法：第一金箓斋，救度国王；第二黄箓斋，救世祖宗；第三明真斋，忏悔九幽；第四三元斋，首谢违犯科戒；第五八节斋，忏洗宿新之过；第六自然斋，为百姓祈福。"与本条亦有不同，供比对参读。其义可参下注引<u>真仙通鉴</u>卷二三葛仙公。

〔二五〕<u>真仙通鉴</u>卷二三葛仙公记述又不同，云："<u>灵帝光和二年</u>正月朔，感<u>太上老君</u>敕<u>太极真人徐来勒</u>等，同降于<u>天台山</u>。<u>老君</u>乘八景玉舆，从官千万，<u>正一真人</u>侍焉。<u>老君</u>自号<u>太上玄一真人</u>，<u>真定光</u>为<u>洞经高玄法师</u>，命侍经仙郎<u>王思真</u>披九光玉韫，出<u>洞玄</u>、<u>大洞</u>、<u>灵宝经</u>凡三十六部，以授仙人<u>葛玄</u>，及上清斋法二等，并三箓七品斋法。三箓者，曰金箓斋，谓保镇国祚；曰玉箓斋，保佑后妃公侯贵族;曰黄箓斋,拔度九玄七祖,永辞长夜之苦。七品者,曰明真斋,超度幽爽,解诸冤对也;曰自然斋,普为众生,请福谢罪,学仙修行之法也;曰三元斋,自谢犯戒之罪,解考于三官也;曰八节斋,谢玄祖及己身之罪,灭黑簿之法也;曰洞神斋,以精简为上,求仙保国之法也;曰持教斋,以清素为贵,救疾禳灾之法也;曰涂炭斋,以苦节为功,悔过请福之法也。并劝戒法轮经四十五卷,无量通玄、转神入定等经,以授仙公,俾行于世。"录此以供参考。

〔二六〕收劾鬼魅之术:即役使鬼神之术。

〔二七〕分形:见"玉子"条注。

〔二八〕吴大帝:三国时吴主孙权(一八二——二五二)。

〔二九〕枉:往也。

〔三〇〕张恭:汉魏本作"张大"。

〔三一〕今当:汉魏本作"今当尸解"。

〔三二〕守之三日三夜:汉魏本作"守之三日"。

左　慈〔一〕

左慈者,字元放,卢江〔二〕人也。少明五经〔三〕,兼通星纬〔四〕,见汉祚将尽,天下乱起,乃叹曰:"值此衰运,官高者危,财多者死,当世荣华,不足贪也。"乃学道术,尤明六甲〔五〕,能役使鬼神,坐致行厨〔六〕。精思于天柱山〔七〕中,得石室内九丹金液经〔八〕,能变化万端,不可胜纪。

曹公〔九〕闻而召之,闭一室中,使人守视,断其谷食,日与二升水〔一〇〕,期年乃出之,颜色如故〔一一〕。曹公曰:"吾自谓天下无不食之人。"曹公乃欲从学道,慈曰:"学道当得清净无为，非尊贵所宜。"曹公怒，乃谋杀之〔一二〕。慈已知之，求乞骸骨〔一三〕。曹公曰："何忽去耳〔一四〕？"慈曰："公欲杀慈，慈故求去耳〔一五〕。"曹公曰："无有此意，君欲高尚其志者，亦不久留也〔一六〕。"乃为设酒，慈曰："今当远适，愿乞分杯饮酒〔一七〕。"公曰："善！"是时天寒，温酒尚未热〔一八〕，慈解剑以搅酒〔一九〕，须臾，剑〔二〇〕都尽，如人磨墨状〔二一〕。初曹公闻慈求分杯饮酒，谓慈当使公先饮，以馀与慈耳〔二二〕。而慈拔簪以画杯酒，酒即中断，分为两向〔二三〕。慈即饮其半，送半与公。公不喜之〔二四〕，未即为饮。慈乞自饮之〔二五〕，饮毕，以杯掷屋栋，杯悬着栋动摇〔二六〕，似飞鸟之俯仰〔二七〕，若欲落而不落，一座莫不瞩目视杯〔二八〕。既而，已失慈矣，寻问之，慈已还所住处。曹公遂益欲杀慈〔二九〕，乃敕内外收捕慈〔三〇〕。慈走群羊中，追者视慈入群羊中，而奄忽失之，疑其化为羊也，然不能分别之。捕吏乃语羊曰："人主意欲得见先生，暂还无苦。"于是群羊中有一大者，跪而言。吏乃相谓曰："此跪羊是慈也。"复欲擒之，羊无大小悉长跪，追者亦不知慈所在，乃止〔三一〕。后有知慈处者以告曹公，公遣吏收之，得慈。慈非不得隐，故欲令人知其神化耳。于是受执入狱，狱吏欲考讯之，户中有一慈，户外亦有一慈，不知孰是。曹公闻而愈恶之，使引出市杀之，须臾，有七慈相似，官收得六慈，失一慈。有顷，六慈皆失。寻又见慈走入市，乃闭市四门而索之〔三二〕。或不识者，问慈形貌何似，传言慈眇一目，青葛巾单衣〔三三〕，见有似此人者便收之。及尔，一市中人皆眇一目，葛巾单衣，竟不能分。曹公令所在普逐之，如见便杀。后有人见慈[三四]，便断其头以献曹公[三五]，公大喜，及至视之，乃一束茅耳[三六]。

有从荆州[三七]来者，见慈在荆州，荆州牧刘表以为惑众，复欲杀慈，慈意已知[三八]。表出耀兵[三九]，乃欲见其道术。乃徐去诣表[四〇]，说有薄礼愿以饷军。表曰："道人单侨[四一]，吾军人众，非道人所能饷也[四二]。"慈重道之，表使人取之[四三]，有酒一器，脯一束[四四]，而十馀人共舁之不起[四五]。慈乃自取之，以一刀削脯投地，请百人运酒及脯以赐兵士。人各酒三杯[四六]，脯一片，食之如常酒脯味[四七]，凡万馀人皆周足，而器中酒如故，脯亦不减。座中又有宾客数十人[四八]，皆得大醉。表乃大惊，无复害慈之意。

慈数日委表，东去入吴[四九]。吴有徐随[五〇]者，亦有道术，居丹徒[五一]。慈过随门[五二]，门下有客车[五三]六七乘，客诈慈[五四]云："徐公不在。"慈便即去[五五]。宿客见其牛皆在杨柳树杪行[五六]，适上树即不见，下即复见牛行树上。又车毂中皆生荆棘，长一尺[五七]，斫之不断，摇[五八]之不动。宿客[五九]大惧，入报徐公说[六〇]："有一眇目老公至门[六一]，吾欺之，言公不在。此人去后[六二]，须臾使车牛皆如此[六三]，不知何意。"徐公曰："咄咄！此是左公过我，汝曹那得欺之。"急追之[六四]。诸客分布逐之，及慈，罗列[六五]叩头谢之。慈意解，即遣还去。及至，见车牛如故，系在车毂中，无复荆木也[六六]。

慈见吴先主孙权[六七]，权素知慈有道，颇礼重之。权侍臣谢送知曹公刘表皆忌慈惑众，复谮于权，欲使杀之[六八]。后出游，请慈俱行，令慈行于马前，欲自后刺杀之。慈着木屐，持青竹杖，徐徐缓步，行常在马前百步[六九]。着鞭策马操兵器逐之[七〇]，终不能及。送[七一]知其有道，乃止。

慈告葛仙公言[七二]，当入霍山[七三]中合九转丹[七四]。丹成，遂仙去矣[七五]。

【校释】

〔一〕太平广记卷一一"左慈"条云出神仙传，与本条基本同。汉魏本左慈与太平广记本同。云笈七签卷八五尸解有"左慈"条，却省去慈见刘表、徐随、孙权等事。后汉书卷八二下左慈传所记，均发生于曹操名下，其杯中分酒则又改为铜盘钓鲈，盖沿袭搜神记卷一"左慈"条之文。

〔二〕卢江：即庐江，在今安徽。

〔三〕少明五经：汉魏本作"明五经"。五经，易、诗、书、礼、春秋五部经典。

〔四〕星纬：汉魏本作"星气"，均指以星象占人事吉凶之术。

〔五〕六甲：五帝六甲灵飞之术，见"李少君"条注。博物志卷五方士云："左慈能变形，幻人视听，厌胜鬼魅。"

〔六〕坐致行厨：见"王远"条注。

〔七〕天柱山：在今安徽潜山。太平寰宇记卷一二五淮南道三舒州"怀宁县"称，潜山有三峰，一天柱山，一潜山，一皖山，魏时，左慈居潜山，有炼丹房，今丹灶基址存。

〔八〕九丹金液经：见"葛玄"条注。

〔九〕曹公：即被谥为魏武帝的曹操（一五五——二二〇）。博物志卷

神仙传校释

五方士引曹丕典论云："陈思王曹植辩道论曰：'世有方士，吾王（曹操）悉所招致，甘陵有甘始，庐江有左慈，阳城有郤俭。'"

〔一〇〕断其谷食，日与二升水：汉魏本作"断谷"。

〔一一〕曹公闻而召之……颜色如故：抱朴子内篇论仙云："及见武皇帝试闭左慈等，令断谷近一月，而颜色不减，气力自若，常云可五十年不食，正尔，复何疑哉。"博物志卷五方士云："慈晓房中之术，善辟谷不食，悉号二百岁人。"又据曹丕典论引辩道论称："（郤）俭善辟谷，悉号二百岁人。自王与太子及余之兄弟咸以为调笑，不全信之。然尝试郤俭，辟谷百日，犹与寝处，行步起居自若也。"此处借用了郤俭故事。

〔一二〕曹公曰……乃谋杀之：汉魏本作"曹公自谓生民无不食道，而慈乃如是，必左道也，欲杀之"。

〔一三〕乞骸骨：请求退职。

〔一四〕何忽去耳：汉魏本作"何以忽尔"。

〔一五〕公欲杀慈，慈故求去耳：汉魏本作"欲见杀，故求去耳"。

〔一六〕君欲高尚其志者，亦不久留也：汉魏本作"公却高其志，不苟相留也"。

〔一七〕慈曰："今当远适，愿乞分杯饮酒"：汉魏本作"曰：'今当远旷，乞分盃饮酒。'"无"慈"字。

〔一八〕尚未热：云笈七签卷八五尸解"左慈"条作"酒尚冷"。汉魏本作"尚热"，无"未"字。

〔一九〕慈解剑以搅酒：云笈七签卷八五尸解"左慈"条同。汉魏本作"慈拔道簪以挠酒"。

〔二〇〕剑：汉魏本作"簪"。

〔二一〕磨墨状：汉魏本无"状"字。

〔二二〕谓慈当使公先饮，以馀与慈耳：汉魏本作"谓当使公先饮，以与慈耳"，无"馀"字。

〔二三〕而慈拔簪以画杯酒,酒即中断,分为两向:汉魏本作"而拔道簪以画盃,酒中断,其间,相去数寸"。真仙通鉴卷一五左慈作"其间相去一分许"。云笈七签卷八五尸解"左慈"条作"其间相去一寸许"。

〔二四〕慈即饮其半,送半与公。公不喜之:汉魏本作"即饮半,半与公,公不善之"。

〔二五〕慈乞自饮之:云笈七签卷八五尸解"左慈"条作"慈乞自尽饮之"。汉魏本作"慈乞尽饮之",四库本无"尽"字。

〔二六〕杯悬着栋动摇:汉魏本作"杯悬摇动"。

〔二七〕似飞鸟之俯仰:汉魏本作"似飞鸟俯仰之状"。

〔二八〕一座莫不瞩目视杯:汉魏本作"举坐莫不视盃,良久乃坠"。

〔二九〕曹公遂益欲杀慈:汉魏本下有"试其能免死否"句。

〔三〇〕乃敕内外收捕慈:汉魏本作"乃敕收慈"。

〔三一〕左慈化羊故事,汉魏本略有不同,其文曰:"慈走入群羊中,而追者不分,乃数本羊,果馀一口,乃知是慈化为羊也。追者语:'主人意欲待见先生,暂还无怯也。'俄而有大羊前跪而曰:'为审尔否?'吏相谓曰:'此跪羊,慈也。'欲收之。于是群羊咸向吏言曰:'为审尔否?'由是吏亦不复知慈所在。乃止。"艺文类聚卷九四羊引神仙传云:"曹公收左慈,慈走入群羊中,失慈之所在。追者疑化为羊,乃令人数羊,羊本千口,拣之长一口,知果化为羊,乃谓曰:'若是左公者,但出无苦也。'有一羊跪云:'讵如许。'追者欲执之,于是群羊皆跪曰:'讵如许。'追者乃去。"

〔三二〕有七慈相似……而索之:汉魏本作"忽失慈所在,乃闭市门而索"。太平御览卷六〇六札引抱朴子曰:"魏武帝以左慈为妖妄,欲杀之,使人收。慈故欲见而不去,欲拷之,而狱中有七慈,形状如一,不知何者为真,以白武帝。帝使人尽将杀之,须臾,左慈尽化为札,而一慈径出走赴群羊。"

〔三三〕青葛巾单衣:汉魏本作"着青葛巾青单衣"。葛巾,以葛布做的头巾。单衣,无里之衣。又朝衣亦称单衣。

〔三四〕见慈:汉魏本作"见知"。"知"字误。

〔三五〕便断其头以献曹公:汉魏本作"便斩以献公"。

〔三六〕乃一束茅耳:汉魏本下有"验其尸亦亡处所"句。

〔三七〕荆州:东汉设荆州刺史部,辖区七郡,即南阳、南郡、江夏、零陵、桂阳、武陵、长沙,约相当于今湖北、湖南部分,陕西、河南小部。治汉寿(今湖南常德东北),后治江陵(今湖北荆州)。

〔三八〕有从荆州来者……慈意已知:汉魏本作"后有人从荆州来,见慈。刺史刘表亦以慈为惑众,拟收害之"。汉末,刘表(一四二——二〇八)为荆州牧。

〔三九〕耀兵:炫耀兵威。

〔四〇〕乃欲见其道术,乃徐去诣表:汉魏本作"慈意知欲见其术,乃徐徐去,因又诣表"。

〔四一〕单侨:北堂书钞卷一二三矛"逐左慈"条补注作"卑侨",均意为侨居卑下之人。

〔四二〕非道人所能饷也:汉魏本作"安能为济乎"。

〔四三〕表使人取之:汉魏本作"表使视之"。

〔四四〕有酒一器,脯一束:艺文类聚卷七二脯引神仙传云:"有酒一器,有脯一盘。"汉魏本作"有酒一斗,器盛,脯一束"。后汉书卷八二下左慈传云:"后(曹)操出近郊,士大夫从者百许人。慈乃为赍酒一升,脯一斤,手自斟酌,百官莫不醉饱。操怪之,使寻其故,行视诸罏,悉亡其酒脯矣。"与神仙传左慈饷刘表军故事又不同。

〔四五〕而十馀人共舁之不起:汉魏本作"而十人共举不胜"。艺文类聚卷七二脯引神仙传云:"千馀人共举不能胜。"

〔四六〕人各酒三杯:汉魏本无"人各"二字。

〔四七〕食之如常酒脯味:汉魏本无"酒"字。

〔四八〕座中又有宾客数十人:汉魏本作"坐上又有宾客千人"。

〔四九〕慈数日委表,东去入吴:汉魏本作"数日乃委表去,入东吴"。

〔五〇〕徐随:汉魏本作"徐堕"。

〔五一〕丹徒:今江苏镇江。

〔五二〕慈过随门:汉魏本作"慈过之"。

〔五三〕客车:汉魏本作"宾客车牛"。

〔五四〕客诈慈:汉魏本作"欺慈"。

〔五五〕慈便即去:汉魏本作"慈知客欺之便去"。

〔五六〕宿客见其牛皆在杨柳树杪行:汉魏本作"客即见牛在杨树杪行"。树杪,树梢也。

〔五七〕车毂中皆生荆棘,长一尺:艺文类聚卷八九荆、太平御览卷九〇〇牛下引神仙传云:"车毂中皆生荆木,长一二丈。"

〔五八〕摇:汉魏本作"推"。

〔五九〕宿客:汉魏本作"客"。

〔六〇〕人报徐公说:汉魏本作"即报徐公"。

〔六一〕有一眇目老公至门:汉魏本作"有一老翁眇目,吾见其不急之人"。

〔六二〕此人去后:汉魏本无"此人"二字。

〔六三〕车牛皆如此:汉魏本无"车"字。

〔六四〕急追之:汉魏本作"急追可及"。

〔六五〕罗列:汉魏本作"罗布"。

〔六六〕系在车毂中,无复荆木也:汉魏本无此二句。

〔六七〕吴先主孙权:见"葛玄"条注。汉魏本作"吴主孙讨逆",太平御览卷三五三矛引神仙传曰:"左慈见孙讨逆。"按,曹操表孙策为讨逆将军,孙讨逆即孙策(一七五——二〇〇),而权乃策之弟,两说不同。

222

〔六八〕权素知慈有道……欲使杀之:汉魏本只言"复欲杀之"。

〔六九〕慈着木履……行常在马前百步:汉魏本作"慈在马前,着木履,挂一竹杖,徐徐而行"。

〔七〇〕着鞭策马操兵器逐之:北堂书钞卷一二三矛引神仙传作"讨逆着鞭策马操矛逐之",太平御览卷三五三矛引神仙传作"讨逆着鞭驱马操矛逐慈",汉魏本作"讨逆着鞭策马操兵逐之"。

〔七一〕送:汉魏本无此字,疑应作"遂"。

〔七二〕慈告葛仙公言:汉魏本作"后慈以意告葛仙公言"。

〔七三〕霍山:天柱山又名霍山。参"严青"条注。

〔七四〕九转丹:即九转金液丹。云笈七签卷六四金华玉女说丹经云:"元真曰:'金液然矣,九转丹其术云何?'玄女曰:'烹铅为砂,化砂为饼,化资五液,实为通汁也。以饼归炉,收铅为砂,砂而复饼,终始数九。九,阳也。九九相乘,化之为砂。其不尔者,粉白可用,是为九转矣。'"

〔七五〕丹成,遂仙去矣:汉魏本作"遂乃仙去"。

王 遥[一]

王遥者,字伯辽,鄱阳[二]人也,有妻无子。颇能治病,病无不愈者[三]。亦不祭祀,不用符水针药,其行治病,但以八尺布帊[四],敷坐于地,不饮不食,须臾病愈,便起去。其有邪魅作祸者,遥画地作狱,因召呼之,皆见其形物入在狱中[五],或狐狸、鼍[六]、蛇之类,乃斩而燔烧之,病者即愈。

遥有竹箧[七],长数寸,有一弟子姓钱,随遥数十年,未尝见遥开之。常[八]一夜大雨晦暝,遥使钱以九节杖[九]担此箧,将钱出,冒雨而行,遥及弟子衣皆不湿[一〇],又常有两炬火导前。约行三十里许,登小山,入石室,室中先^{〔一〕}有二人。遥既至,取弟子所担箧发之,中有五舌竹簧^{〔一二〕}三枚。遥自鼓^{〔一三〕}一枚,以二枚与室中二人,并坐鼓之。良久,遥辞去,三簧皆内箧中,使钱担之。室中二人出送,语遥曰:"卿当早来,何为久在俗间?"遥答曰:"我如是当来也。"

遥还家百日,天复雨,遥夜忽大治装。遥先有葛单衣及葛布巾^{〔一四〕},已五十馀年未尝着,此^{〔一五〕}皆取着之。其妻即问曰:"欲舍我去乎?"遥曰:"暂行耳。"妻曰:"当将钱去否?"遥曰:"独去耳。"妻即泣涕^{〔一六〕}。因自担箧而去,遂不复还。后三十馀年,弟子见遥在马蹄山^{〔一七〕}中,颜色更少。盖地仙^{〔一八〕}也。

【校释】

〔 一 〕太平广记卷一〇"王遥"条云出神仙传,与本条基本同。汉魏本王遥与太平广记本同。

〔 二 〕鄱阳:在今江西。

〔 三 〕病无不愈者:仙苑编珠卷上永伯七星王遥箧子引神仙传作"无不愈者",语较明白,四库本"病"似是衍文。

〔 四 〕帊:帐也。

〔 五 〕皆见其形物入在狱中:汉魏本作"皆见其形入在狱中"。三洞珠囊卷一救导品引神仙传作"皆见其形在狱中"。真仙通鉴卷六王遥作"皆见其形物在狱中"。

〔 六 〕罿:参"刘政"条注。

〔 七 〕箧:小箱。

〔 八 〕常:汉魏本无此字,仙苑编珠卷上永伯七星王遥箧子引神仙传作"忽一夜大雨","常"通"尝"。

神仙传校释

〔九〕九节杖：道家称仙人有九节杖。三国志卷八张鲁传裴松之注引典略曰："太平道者，师持九节杖为符祝，教病人叩头思过，因以符水饮之。得病或日浅而愈者，则云此人信道。其或不愈，则为不信道。"

〔一〇〕遥及弟子衣皆不湿：汉魏本此句后有"所行道非所曾经"等语。

〔一一〕先：汉魏本无。

〔一二〕五舌竹簧：仙苑编珠卷上永伯七星王遥簏子引神仙传作"玉舌簧"。真仙通鉴卷六王遥作"五竹簧"。竹簧，古乐器，像笙，有竹制五管，参宋陈旸乐书卷一三一乐图论"竹黄"。

〔一三〕鼓：吹也。

〔一四〕单衣、布巾：俱见"左慈"条注。

〔一五〕此：汉魏本作"此夜"。

〔一六〕妻即泣涕：汉魏本作"妻即泣涕曰：'为且复少留。'遥曰：'如是还耳。'"

〔一七〕马蹄山：说郛卷六六下引杜光庭洞天福地记云："马蹄山在饶州鄱阳县。"在今江西鄱阳。

〔一八〕地仙：见"黄山君"条注。

陈永伯〔一〕

陈永伯者，南阳〔二〕人也。得淮南王七里散〔三〕方，试按合服之二十一日，忽然不知所在。永伯有兄子名增族，年十七，亦服之。其父系其足闭于密户中，昼夜使人守视之，二十八日，亦不复见，不知所之。本方云服之三十日得仙，而陈氏二子服之未二十〔四〕日，而失所在，后人不敢服。仙去必有仙官来迎，但人不见之耳。

〔一〕太平广记卷一〇此条有目无文。汉魏本陈永伯与本条基本同。

〔二〕南阳:在今河南。

〔三〕七里散:汉魏本作"七星散",各本引文均作"七星散",道家之药
　　　散。四库本"里"为"星"之讹。

〔四〕二十:汉魏本、真仙通鉴卷六陈永伯作"三十"。

太山老父〔一〕

　　太山老父者,莫知其姓名〔二〕。汉武帝东巡狩,见老父
锄于道间,头上白光高数尺,怪而呼问之。老父〔三〕状如年
五十许人,而面有童子之色,肌体光华,不与俗人同。帝
问:"有何道术耶?"老父答曰:"臣年八十五时,衰老垂死,
头白齿落,有道士教臣绝谷服术饮水〔四〕,并作神枕。枕中
有三十二物,其二十四物以象二十四气〔五〕,其八物以应八
风〔六〕。臣行之,转老为少,黑发更生,齿堕复出,日行三百
里。臣今年百八十矣。"武帝爱其方〔七〕,赐之金帛〔八〕。老
父后入岱山〔九〕中去,十年五年时还乡里〔一〇〕,三百馀年乃
不复还也。

226 【校释】

〔一〕太平广记卷一一"泰山老父"条云出神仙传,与本条大体同。汉
　　　魏本泰山老父同太平广记本。

〔二〕莫知其姓名:汉魏本作"莫知姓字"。

〔三〕老父:汉魏本作"老人"。

〔四〕有道士教臣绝谷服术饮水:汉魏本作"遇有道者教臣绝谷,但服

术饮水”。绝谷，即断谷，见“卫叔卿”条注。服术，本草纲目卷一二下术记服术法，注云：“乌髭发，驻颜色，壮筋骨，明耳目，除风气，润肌肤，久服令人轻健。”并记其法，不详列。

〔五〕其二十四物以象二十四气：汉魏本作“其三十二物中有二十四物以当二十四气”。二十四气，指立春至大寒二十四节候。

〔六〕其八物以应八风：汉魏本作“八毒以应八风”。八风，八面之风。道家以为不同方向之风，如冬至之月，风从南来，有虚邪，能病人。云笈七签卷四八神枕法叙太山老翁云：“有道士者，教臣服枣，饮水绝谷，并作神枕法，中有三十二物。其三十二物中，二十四物善，以当二十四气，其八物毒，以应八风。”所谓三十二物乃三十二种药物，如芎藭；八毒乃八种有毒药物，如乌头等，不详列。又云：“三十二物各一两，皆㕮咀，以毒药上安之满枕中，用布囊以衣，枕百日面有光泽，一年体中所疾及有风疾一一皆愈差，而身尽香。四年白发变黑，齿落更生，耳目聪明。神方验秘，不传非其人也。”又艺文类聚卷七〇枕引神仙传云：“（泰山父）曰：‘有道士教臣作神枕，枕有三十二窍，二十四窍应二十四气，八窍应八风。’”据云笈七签卷八四神枕法云：“钻（枕）盖上为三行，行四十孔，凡一百二十孔，令容粟米大。”非只“三十二窍”，此文乃误“物”为“窍”。

〔七〕武帝爱其方：汉魏本作“帝受其方”，“爱”当是“受”之讹。

〔八〕赐之金帛：汉魏本作“赐玉帛”。

〔九〕岱山：即泰山。

〔一〇〕十年五年时还乡里：汉魏本作“每十年五年时还乡里”。

227

巫　炎〔一〕

巫炎者，字子都，北海〔二〕人也〔三〕。汉武帝出，见子都于渭桥〔四〕，其头上郁郁有紫气，高丈馀。帝召而问之："君年几何？所得何术而有异气乎？"子都答曰："臣年今已百三十八岁，亦无所得。"将行，帝召东方朔〔五〕，使相此君有何道术，朔对曰："此君有阴术〔六〕。"武帝屏左右而问之，子都对曰："臣昔年六十五时，苦腰脊疼痛〔七〕，脚冷，不能自温，口中干苦，舌燥涕出〔八〕，百节四肢各各疼痛〔九〕，又足痹不能久立〔一〇〕。得此道已来，已七十三年，有子三十六〔一一〕人，身体强健，无所病患〔一二〕，气力乃如壮时，无所忧患。"帝曰："卿不仁，有道而不闻于朕，非忠臣也。"子都顿首曰〔一三〕："臣诚知此道为真，然阴阳之事，公中之私〔一四〕，臣子之所难言也。又行之皆逆人情，能为之者少，故不敢以闻。"帝曰："勿谢，戏君耳。"遂受其法。子都年二百馀岁〔一五〕，服饵水银，白日升天。武帝后颇行其法，不能尽用之，然得寿最，胜于他帝远矣〔一六〕。

【校释】

〔一〕太平广记卷一一"巫炎"条云出神仙传，文字与本条略有不同。汉魏本巫炎与太平广记本同。

〔二〕北海：今山东昌乐。

〔三〕汉魏本称其官汉驸马都尉。

〔四〕渭桥：在长安（今陕西西安）北三里。

〔五〕帝召东方朔：汉魏本作"诏东方朔"。东方朔（前一五四——前九三），汉武帝时人，史记卷一二六滑稽列传有传。

〔六〕阴术：汉魏本作"阴道之术"，北堂书钞卷一五八渭注引神仙传、初学记卷六地部中"渭水第八"注引神仙传均同，四库本无"道之"二字。汉书卷三〇艺文志列阴道之术为房中之术。

〔七〕腰脊疼痛:汉魏本作"腰痛"。

〔八〕口中干苦,舌燥涕出:汉魏本作"口干,舌苦,渗涕出"。

〔九〕百节四肢各各疼痛:汉魏本作"百节四肢疼痛"。

〔一〇〕又足痹不能久立:汉魏本作"又痹不能久立"。足痹,足部麻木。

〔一一〕三十六:汉魏本作"二十六"。

〔一二〕身体强健,无所病患:汉魏本作"身体虽勇,无所疾患"。

〔一三〕子都顿首曰:汉魏本作"子都对曰"。

〔一四〕公中之私:汉魏本作"宫中之利"。

〔一五〕二百馀岁:汉魏本作"二百岁"。

〔一六〕然得寿最,胜于他帝远矣:汉魏本作"然得寿最,长于先帝也"。

河上公〔一〕

河上公者,莫知其姓名〔二〕也。汉孝文帝时,结草为庵〔三〕于河之滨,常读老子道德经。时文帝好老子之道〔四〕,诏命诸王公大臣州牧在朝卿士,皆令诵之〔五〕,不通老子经者,不得升朝〔六〕。帝于经中有疑义,人莫能通〔七〕。侍郎裴楷奏云:"陕州河上有人诵老子〔八〕。"即遣诏使赍所疑义问之〔九〕,公曰:"道尊德贵,非可遥问也。"帝即驾幸诣之,公在庵中不出。帝使人谓之曰〔一〇〕:"溥天之下,莫非王土,率土之滨,莫非王民。域中四大,而王居其一〔一一〕,子虽有道,犹朕民也,不能自屈,何乃高乎?朕能使民富贵贫贱〔一二〕。"须臾,公即抚掌〔一三〕坐跃,冉冉在空虚之中,去地百馀尺〔一四〕,而止于虚空。良久,俛而答曰〔一五〕:"余上不至天,中不累人,下不居地,何民之有焉〔一六〕。君宜能令余富贵贫贱乎〔一七〕?"帝大惊悟,知是神人,方下辇稽首,礼谢曰〔一八〕:"朕以不能〔一九〕,忝承先业〔二○〕,才小任大,忧于不堪〔二一〕,而志奉道德,直以暗昧,多所不了,惟愿道君垂愍,有以教之〔二二〕。"河上公即授素书老子道德章句二卷,谓帝曰〔二三〕:"熟研究之,所疑自解〔二四〕。余著〔二五〕此经以来,千七百馀年,凡传三人,连子四矣〔二六〕,勿示非人〔二七〕。"帝即拜跪受经〔二八〕。言毕,失公所在,遂于西山筑台望之,不复见矣〔二九〕。论者以为文帝虽耽尚大道〔三○〕,而心未纯信,故示神变以悟帝〔三一〕,意欲成其道。时人因号河上公〔三二〕。

【校释】

〔一〕太平广记卷一○"河上公"条云出神仙传,与本条基本同。汉魏本河上公与太平广记本同。

〔二〕姓名:汉魏本作"姓字"。

〔三〕庵:广韵:"小草舍也。"真仙通鉴卷一三河上公作"庐"。

〔四〕常读老子道德经。时文帝好老子之道:汉魏本作"帝读老子经,颇好之"。

〔五〕诏命诸王公大臣州牧在朝卿士,皆令诵之:真仙通鉴卷一三河上公作"诏命诸王公大臣州牧二千石,皆令诵之"。按汉书卷一○成帝纪云:"(绥和元年)十二月(公元前七年),罢部刺史,更置州牧,秩二千石。"文帝时未设州牧,汉魏本作"敕诸王及大臣皆诵之",较准确。

〔六〕不通老子经者,不得升朝:汉魏本无此二句。

〔七〕帝于经中有疑义,人莫能通:汉魏本作"有所不解数事,时人莫能道之"。

〔八〕侍郎裴楷奏云"陕州河上有人诵老子":汉魏本作"闻时皆称河

230

上公解老子经义旨"。陕州,今河南三门峡。

〔九〕即遣诏使赍所疑义问之:汉魏本作"乃使赍所不决之事以问"。

〔一○〕帝即驾幸诣之……帝使人谓之曰:汉魏本作"帝即幸其庵,躬问之,帝曰"。

〔一一〕域中四大,而王居其一:老子道德经第二十五曰:"道大,天大,地大,王亦大。域中有四大,而王居其一焉。"王弼注称:"四大,道、天、地、王也。凡物有称有名,则非其极也。……不若无称之大也,无称不可得,而名曰域也。"又称:"天地之性,人为贵,而王是人之主也,虽不职大,亦复为大。与三匹,故曰王亦大也。"

〔一二〕朕能使民富贵贫贱:汉魏本无此句。

〔一三〕拊掌:拍手。

〔一四〕去地百馀尺:汉魏本作"去地数丈"。真仙通鉴卷一三河上公作"去地百馀丈"。

〔一五〕而止于虚空。良久,俛而答曰:汉魏本作"俯仰而答曰"。

〔一六〕何民之有焉:汉魏本作"何民臣之有"。

〔一七〕君宜能令余富贵贫贱乎:汉魏本无此句。

〔一八〕帝大惊悟,知是神人,方下辇稽首,礼谢曰:汉魏本作"帝乃下车稽首曰"。

〔一九〕不能:汉魏本作"不德"。

〔二○〕忝承先业:汉魏本作"忝统先业"。

〔二一〕不堪:不能胜任。

〔二二〕而志奉道德,直以暗昧,多所不了,惟愿道君垂愍,有以教之:汉魏本作"虽治世事,而心敬道,直以暗昧,多所不了,惟愿道君有以教之"。

〔二三〕河上公即授素书老子道德章句二卷,谓帝曰:汉魏本作"公乃授素书二卷与帝,曰"。隋书卷三四经籍志三云:"老子道德经二卷,周柱下史李耳撰,汉文帝时河上公注。"四库全书总目卷一四六称:"老子注二卷,旧本题河上公撰,晁公武读书志曰:'太史公谓河上丈人通老子,再传而至盖公,盖公即齐相曹参师也。而葛洪谓河上公者,莫知其姓名,汉孝文时居河之滨,侍郎裴楷言其通老子,孝文诣问之,即授素书道经。两说不同,当从太史公云云。'按晁氏所引,乃史记乐毅列传赞之文,叙述源流甚悉,然隋志道家载老子道德经二卷,汉文帝时河上公注。又载梁有战国时河上丈人注老子经二卷,亡。则两河上公各一人,两老子注各一书,战国时河上公书在隋已亡,今所传者实汉河上公书耳。"

〔二四〕熟研究之,所疑自解:汉魏本作"熟研之,此经所疑皆了,不事多言也"。

〔二五〕余著:仙苑编珠卷上河上传经汉文得旨引神仙传云:"遂授注解道德经二卷与文帝。"汉魏本作"余注"。

〔二六〕凡传三人,连子四矣:史记卷八〇乐毅列传太史公曰:"河上丈人教安期生,安期生教毛翕公,毛翕公教乐瑕公,乐瑕公教乐臣公,乐臣公教盖公,盖公教于齐高密、胶西,为曹相国(参)师。"并无授经汉文帝。

〔二七〕勿示非人:汉魏本作"勿以示非其人"。

〔二八〕帝即拜跪受经:汉魏本无此句。

〔二九〕遂于西山筑台望之,不复见矣:汉魏本无此等语,而云:"须臾,云雾晦冥,天地泯合,帝甚贵之。"太平寰宇记卷六河南道六陕州"陕县"云:"望仙台,在县西南一十三里,汉文帝亲谒河上公,公既上升,故筑此台,以望祭之。"

〔三〇〕虽耽尚大道:汉魏本作"好老子之言",义同。其下还有"世不能尽通,故神人特下教之"等语。

〔三一〕而心未纯信,故示神变以悟帝:汉魏本作"而恐汉文心未至信,故示神变"。

〔三二〕意欲成其道,时人因号河上公:汉魏本无此二句,而云:"所谓圣人无常心,以百姓心为心耶。"

刘　根〔一〕

刘根,字君安,长安〔二〕人也。少时明五经〔三〕,以汉孝成皇帝绥和二年〔四〕举孝廉,除郎中〔五〕。后弃世道〔六〕,遁入嵩高山〔七〕石室中,峥嵘峻绝,高五千丈,自崖北而入。冬夏无衣,毛长一二尺〔八〕。其颜如十四五许人。深目,多须,鬓皆黄,长三四寸〔九〕。每与坐,或时忽然变着高冠玄衣〔一〇〕,人不觉换之。

时衡府君〔一一〕在颍川,自说其先祖有与根同岁者。王莽〔一二〕数使使〔一三〕请根,根不肯往。衡府君道庙掾王珍〔一四〕问起居,根不答。再令功曹〔一五〕赵公往山达敬,根惟言谢府君,更无他言。后颍川太守高府君到官,民人大疫,郡中死者过半。太守家大小悉病,府君使珍从根求消灾除疫气之术。珍叩头述府君意,根教于太岁宫〔一六〕气上〔一七〕穿地作孔,深三尺,以沙著中,以酒沃之〔一八〕。君依言,病者即愈,疫气登绝〔一九〕,后常用之有效。

后太守史祈〔二〇〕,以根为妖妄,欲杀之,遣使呼根,举郡皆谏以为不可,祈殊不肯止。诸吏先使人以此意报根,使者至,根曰:"太守欲吾来何也?吾当往耳,不往者,恐汝诸人必得罪,谓卿等不来呼我也。"根即诣郡。时宾客盈

233

坐，祈令根前使庭下五十餘人，将绳索鞭杖立于根后。祈厉声问曰：“君有道耶？”根曰：“有道。”祈曰：“有道能召鬼使我见乎？若不见，即当戮汝。”根曰：“甚易耳。”遂借祈前笔砚，书作符，扣阶锋，铮然作铜声〔二一〕。因长啸，啸音非常清亮，闻于城外，闻者莫不肃然，众宾客悉恐。须臾，厅前南壁忽开数丈，见四赤衣吏传呼避道，赤衣兵数十人，操持刀剑，将一科车〔二二〕直从坏壁中入到厅前。根敕下车上鬼，赤衣兵发车上乌被，上有一老公一老姥，反缚囚系，大绳的头〔二三〕，熟视之，乃祈亡父母也。祈惊愕，怆然流涕。父母亦泣，责骂祈：“我生时，汝仕宦未达，不得汝禄养。我死后，汝何为犯忤神仙尊官，使我被收束囚辱如此。汝亦何面目立于人间。”祈下阶叩头，向根乞放赦先人。根乃敕赤衣兵将囚出去，厅前南壁复开，车过，寻失车所在。根亦隐去。祈恍惚若狂，其妻暴卒，良久乃苏，云：“见君家先被捉者，大怒云：‘何以犯触大仙，使我被罪，当来杀汝。’”后月餘，祈及妻儿并卒。

少室庙掾〔二四〕王珍，数得见根颜色欢悦之情，伏地叩头，请问根从初得道之由。根说：“昔入山精思，无处不到。后入华阴山〔二五〕，见一人乘白鹿，从千餘人，玉女左右四人，执彩旄之节〔二六〕，年皆十五六。余再拜顿首，求乞一言。神人乃住，告余曰：‘汝闻昔有韩众〔二七〕否乎？’答曰：‘尝闻有之。’神人曰：‘即我是也。’余自陈：‘少好长生不死之道，而不遇明师，颇习方书，按而为之，多不验，岂根命相不应度世也。今日有幸逢大神，是根宿夜梦想，从心所愿，愿见哀怜，赐其要诀。'神未肯告余，余乃流涕，自抟〔二八〕重请。神人曰：'坐。吾将告汝，汝有仙骨，故得见我。汝今髓不满，血不暖，气少脑减〔二九〕，筋急〔三〇〕肉沮〔三一〕，故服药行气不得其力。必欲长生，且先治病十二年〔三二〕，乃可服仙之上药耳。夫仙道有升天蹑云者，有游行五岳者，有食谷不死者，有尸解而仙者，要在于服药。服药有上下，故仙有数品也。不知房中之事，行气导引〔三三〕而不得神药，亦不能仙也〔三四〕。药之上者，唯有九转还丹〔三五〕，及太乙金液〔三六〕，服之，皆立便登天，不积日月矣。其次云母〔三七〕雄黄〔三八〕之属，能使人乘云驾龙，亦可使役鬼神，变化长生者。草木之药〔三九〕，唯能治病补虚，驻年返白〔四〇〕，断谷益气〔四一〕，不能使人不死也，高可数百年〔四二〕，下才全其所禀〔四三〕而已，不足久赖矣。'余乃顿首曰：'今日受教，乃天也。'神人曰：'必欲长生，先去三尸〔四四〕，三尸去则意志定，嗜欲除也。'乃以神方五篇见授，云：'伏尸〔四五〕常以月望晦朔上天，白人罪过，司命夺人算纪〔四六〕，使少寿。人身中神欲人生，而三尸欲人死，死则神散，返于无形之中而三尸成鬼，而人享奠祭祀之，则得歆飨〔四七〕，以此利在人速死也。梦与恶人斗争，此乃神与尸相战也。'根乃从次合作服之，遂以得仙。"

珍又言数见投符于地〔四八〕，有所告召，即见如取之者，然不见人。又佳闻〔四九〕有所推问，有人答对，而不见形也。或闻有鞭杖声，而或地上见血，莫测其端也。教珍守一〔五〇〕行气〔五一〕、存神先生〔五二〕、三纲六纪、谢过上古之法〔五三〕,不知珍能得仙名耳〔五四〕。根后入鸡头山〔五五〕中仙去矣。

【校释】

〔一〕太平广记卷一〇"刘根"条云出神仙传,与本条文字有较大差异,汉魏本刘根与太平广记本同,不一一校勘。本条及后汉书卷八二下刘根传记史祈忤根一事,乃取材于搜神记卷一"刘根"条。

〔二〕长安:今陕西西安。汉魏本作"京兆长安人"。后汉书卷八二下刘根传云是颍川(今河南禹州)人,文中有"时衡府君在颍川,自说其先祖有与根同岁者"等语,则刘根实是颍川人。

〔三〕五经:指儒家易、诗、书、礼、春秋五经。

〔四〕绥和二年:公元前七年。

〔五〕举孝廉,除郎中:孝廉、郎中见"王远"条注。

〔六〕后弃世道:汉魏本作"后弃世学道",四库本无"学"字。

〔七〕嵩高山:即嵩山,在今河南登封北。

〔八〕毛长一二尺:太平御览卷三七三毛引神仙传作"毛长三尺"。

〔九〕深目,多须,鬓皆黄,长三四寸:三洞珠囊卷八相好品引神仙传云:"(刘根)深目,多须发,须发皆黄,长二四寸也。"

〔一〇〕高冠玄衣:古代大夫的服饰。

〔一一〕府君:汉代对郡太守之尊称。

〔一二〕王莽:前四五——二三,汉外戚,后篡汉称帝立新朝。

〔一三〕数使使:汉魏本作"频使使者",四库本无"者"字。

〔一四〕道庙掾王珍:汉魏本作"府掾王珍"。掾,属官也。

〔一五〕功曹:汉郡太守属官,掌人事。

〔一六〕太岁宫:奉祠太岁之庙宇。

〔一七〕气上:"气"通"器",亦可通,但与刘根别传所说不同,详见下注。

〔一八〕据仙苑编珠卷下董奉活𤫧刘根见鬼引神仙传,叙其消疫之法为:"根令于太岁泄地,上埋朱砵,当事疫气消。"说郛卷一一八上引广异记"太岁地"条云:"晁良正性刚不怖鬼,每年常掘太岁地,掘后忽见一白物。"此是太岁也。四库本与仙苑编珠所记,此太岁似是鬼神。

〔一九〕君依言,病者即愈,疫气登绝:四库本"君"字前无"府"字。太平御览卷七四二疫疬引刘根别传曰:"颍川太守到官,民大疫,掾吏死者过半,夫人郎君悉病。府君从根求消除疫气之术,根曰:'寅戌岁,泄(气)在亥,今年太岁在寅,于厅事之亥地,穿地深三尺,方与深同,取沙三斛着中,以淳酒三升沃其上。'府君即从之,病者即愈,疫疾遂绝。"南齐书卷九礼志上云:"五行说,十二辰为六合,寅与亥合。"合则吉利,故要在太岁在寅之时,于官府厅事之亥地掘地。亥地,西北方向之地。此处之太岁,是以其位置纪年月的星,阴阳家以之占吉凶。

〔二〇〕史祈:汉魏本作"张府君"。

〔二一〕借祈前笔砚,书作符,扣阶锋,铮然作铜声:阶锋,阶角也。搜神记卷一"刘根"条作"借府君前笔砚书符,因以叩几"。汉魏本作"借笔砚,及奏按,鎗鎗然作铜铁之声"。"奏按"似是"叩(或扣)案"之讹。

〔二二〕科车:宋书卷一八礼志五云:"车无盖者曰科车。"

〔二三〕大绳的头:汉魏本作"大绳反缚囚之,悬头厅前"。大绳意为面缚。北堂书钞卷一三五的云:"以单注面曰的。"的,灼也。的头或是以丹灼头。三国志卷四齐王纪载嘉平六年二月毌丘俭上言,有"的头面缚"等语,乃俘囚形状。

〔二四〕少室庙掾:前文作"道庙掾"。汉魏本作"府掾"。

〔二五〕华阴山:即西岳华山。

〔二六〕彩旄之节:彩色犛牛尾装饰的旗。

〔二七〕韩众:一名韩终。秦始皇采药使者。史记卷六秦始皇本纪云:

"(三十二年)使韩终、侯公、石生求仙人不死之药。"蜀中广记卷七一引蜀记云:"秦韩仲为祖龙(秦始皇)采药使者,既而入蜀,炼丹于德阳之秦中观,遇京兆刘根,授以神方五道。"

〔二八〕抟:汉魏本作"搏",是。手击谓之搏,道家叩头自搏其颊表示礼敬。云笈七签卷四上清经述记魏华存见仙人,"匍匐再拜,叩头自搏";又卷四五秘要诀法"避忌第四"云:"凡人诣师受道,入靖主启事,弟子皆应三叩头搏颊。"

〔二九〕脑减:古医以为脑者髓之海,髓乃骨之脂,脑减是髓不足也(参普济方卷一五常大论)。

〔三〇〕筋急:谓筋挛缩不得伸也。汉魏本作"筋息"。云笈七签卷一四黄庭遁甲缘身经云:"肝亏则筋急。"

〔三一〕肉沮:沮,坏也。

〔三二〕必欲长生,且先治病十二年:真诰卷一〇协昌期第二云:"夫学生之道,当先治病,不使体有虚邪,及血少、脑减、津液秽滞也。不先治病,虽服食行炁,无益于身。"

〔三三〕行气导引:见"阴长生"条注。

〔三四〕夫仙道有升天蹑云者……亦不能仙也:以上数句天中记卷三六仙引神仙传作"凡修仙道,要在服药,药有上下,仙有数品,不知房中之事及行气导引,并神药者,亦不能仙也",语意较清楚。

〔三五〕九转还丹:见"左慈"条"九转丹"注。

〔三六〕太乙金液:道家丹药。云笈七签卷一二上清黄庭内景经云:"抱朴子九丹论云:'考览养生之书,鸠集久视之方,曾所披涉,篇已千计矣,莫不以还丹、金液为大要焉。'"

〔三七〕云母:见神仙传序注。

〔三八〕雄黄:证类本草卷四称:"雄黄味苦甘,平寒,大温,有毒。"又云:"炼食之轻身,神仙饵服之皆飞,入人脑中胜鬼神,延年益寿。"

〔三九〕草木之药:汉魏本作"次乃草木之药"。

238

〔四〇〕驻年返白:驻年,不老也。返白,头发由白变黑。

〔四一〕断谷益气:断谷,见"沈建"条注。古人以为气乃生命之元,益
　　　　气,滋补元气也。

〔四二〕高可数百年:汉魏本作"上可数百岁"。

〔四三〕全其所禀:意为保全其正常寿命。

〔四四〕三尸:见"沈文泰"条注。

〔四五〕伏尸:即潜伏于人体之三尸。云笈七签卷三七说杂斋法引明真
　　　　科云:"庚申日,人身中伏尸上天言人罪过。"

〔四六〕算纪:年寿。

〔四七〕歆飨:指享受祭品。

〔四八〕珍又言数见投符于地:汉魏本作"珍又每见根书符了",四库本
　　　　"言"是衍文,"投符"无脱"根"字。

〔四九〕佳闻:不可解。一本作"唯闻"。汉魏本作"数闻"。

〔五〇〕守一:云笈七签卷四九守一云:"太上智慧消魔真经云:'一,无
　　　　形象、无欲、无为。……衰患及老,三一(应作尸)所延。治救保
　　　　全,惟先守一。非一不救,非一不成。守一恬淡,夷心寂寞。损
　　　　欲折嗔,返迷入正。廓然无为,与一为一。'"守一,意为静思除
　　　　一切欲念。

〔五一〕行气:见"阴长生"条注。

〔五二〕存神先生:汉魏本作"存神坐"。存神,道家养生法,云笈七签卷
　　　　三三太清存神炼气五时七候诀云:"夫身为神,气为窟宅。神气
　　　　若存,身康力健;神气若散,身乃谢焉。若欲存身,先安神气,即
　　　　气为神母,神为气子。神气若具,长生不死。"白氏长庆集卷六
　　　　八三教论衡载问道士关于黄庭经中养气存神、长生久视之道之
　　　　义。"先生"是"长生"之误。

〔五三〕三纲六纪、谢过上古之法:汉魏本作"三纲六纪、谢过上名之
　　　　法"。三纲六纪,步罡之法,云笈七签卷二〇太上飞行九神玉经

239

神仙传卷八　刘根

"反行法"云:"春步七星名曰步三纲,夏步七星名曰蹑六纪。"谢过上名,道家斋戒仪式。云笈七签卷三七称所列六种斋为"谢过禳灾致福之斋"。无上秘要卷九众圣会议品引洞玄元始五老赤书玉篇经云,道家"以为烧香行道,执斋奉戒,则为三官九府所保。列言善功,削除罪简,上名三天,神明卫护,千灾不干"。四库本"古"乃"名"之讹。

〔五四〕不知珍能得仙名耳:文意不明,或有错漏。汉魏本无此句。

〔五五〕鸡头山:见"李少君"条注。

神仙传卷九

壶　公〔一〕

壶公者,不知其姓名〔二〕。今世所有召军符〔三〕、召鬼神治病王府符〔四〕凡二十餘卷,皆出于壶公,故总名为壶公符〔五〕。

汝南〔六〕费长房〔七〕为市掾〔八〕时,忽见公从远方来,入市卖药,人莫识之。其卖药口不二价,治百病〔九〕皆愈,语卖药者〔一〇〕曰,服此药必吐出某物,某日当愈,皆如其言〔一一〕。得钱日收数万,而随施与市道贫乏饥冻者,所留者甚少〔一二〕。

常悬一空壶于坐上〔一三〕,日入之后,公辄转足〔一四〕跳入壶中,人莫知所在〔一五〕,唯长房于楼上见之,知其非常人也。长房乃日日自扫除公座前地,及供馔物〔一六〕,公受而不谢。如此积久,长房不懈,亦不敢有所求。公知长房笃信,语长房曰:"至暮无人时更来。"长房如其言而往,公语长房曰："卿见我跳入壶中时,卿便随我跳,自当得入。"长房承公言,为试展足,不觉已入[一七]。既入之后,不复见壶,但见楼观五色重门阁道,见公左右侍者数十人[一八],公语长房曰："我仙人也,忝天曹职,所统供事不勤,以此见谪[一九],暂还人间耳。卿可教,故得见我。"长房不坐,顿首自陈[二○]："肉人[二一]无知,积劫厚[二二],幸谬见哀愍,犹如剖棺布气[二三],生枯起朽,但见[二四]臭秽顽弊,不任驱使,若见怜念,百生之厚幸也。"公曰："审[二五]尔大佳,勿语人也。"

公后诣长房于楼上曰："我有少酒,汝相共饮之[二六],酒在楼下。"长房遣人取之,不能举,益至数十人[二七],莫能得上。长房白公,公乃自下,以一指提上,与长房共饮之。酒器不过如蟑大[二八],饮之至旦[二九]不尽。公告长房曰:"我某日当去,卿能去否?"长房曰:"思去之心,不可复言,惟欲令亲属不觉不知[三○],当作何计?"公曰:"易耳。"乃取一青竹杖与长房[三一],戒之曰:"卿以竹归家,使称病,后日即以此竹杖置卧处[三二],嘿然便来。"长房如公所言,而家人见此竹是长房死了[三三],哭泣殡之。长房随公去[三四],恍惚不知何所之。公独留之于群虎中,虎磨牙张口,欲噬长房,长房不惧。明日又内长房石室中,头上有大石[三五],方数丈,茅绳[三六]悬之,诸蛇并往啮[三七],绳欲断,而长房自若。公往撰之[三八]曰:"子可教矣。"乃命啖溷[三九],溷臭恶非常,中有虫长寸许[四○],长房色难之。公乃叹,谢遣之,曰:"子不得仙也[四一],今以子为地上主者,可寿数百馀岁〔四二〕。"为传封符一卷,付之曰:"带此可举〔四三〕诸鬼神。尝称使者,可以治病消灾。"长房忧不能到家,公以竹杖与之曰:"但骑此到家耳。"长房辞去,骑杖忽然如睡,已到家〔四四〕。家人谓之鬼,具述前事,乃发视棺,中惟一竹杖,乃信之。长房以所骑竹杖投葛陂中〔四五〕,视之乃青龙耳〔四六〕。长房自谓去家一日,推之已一年矣〔四七〕。

长房乃行符收鬼治病,无不愈者。每与人同坐共语,而目瞋诃遣〔四八〕,人问其故,曰:"怒鬼魅之犯法耳〔四九〕。"汝南郡中常有鬼怪,岁辄数来〔五〇〕,来时导从威仪如太守〔五一〕,入府打鼓,周行内外,匝乃还去〔五二〕,甚以为患。后长房诣府君〔五三〕,而正值此鬼来到府门前。府君驰入,独留长房。鬼知之,不敢前,欲去〔五四〕。长房厉声呼使捉前来〔五五〕,鬼乃下车,把版伏庭中〔五六〕,叩头乞得自改〔五七〕。长房呵曰:"汝死老鬼,不念温凉〔五八〕,无故导从,唐突官府,君知当死否〔五九〕?"急复令还就人形〔六〇〕,以一札符付之,令送与葛陂君。鬼叩头流涕持札去。使以〔六一〕追视之,以札〔六二〕立陂边,以颈绕札而死〔六三〕。东海君来旱,长房后到东海〔六四〕,见其民请雨,谓之曰〔六五〕:"东海君有罪,吾前系于葛陂,今当赦之,令其作雨。"于是即有大雨〔六六〕。长房曾与人共行,见一书生,黄巾被裘,无鞍骑马,下而叩头。长房曰:"促还他马,赦汝罪。"人问之,长房曰:"此狸耳,盗社公马也。"〔六七〕又尝与客坐,使至市市鲊〔六八〕,顷刻而还。或一日之间,人见在千里之外者数处〔六九〕。

〔一〕太平广记卷一二"壶公"条云出神仙传,与本条基本同。汉魏本壶公同于太平广记本。本条与后汉书卷八二下费长房传大抵同。

〔二〕壶公者,不知其姓名:云笈七签卷二八二十四治记云台山治引云台治中录曰:"施存,鲁(今山东泰山以南一带称鲁)人,夫子弟子。学大丹之道三百年,十炼不成,唯得变化之术。后遇张申,为云台治官。常悬一壶,如五升器大,变化为天地,中有日月,如世间,夜宿其内,自号壶天,人谓曰壶公,因之得道在治中。"真诰卷一四稽神枢第四称:"施存者,齐(今泰山至胶东半岛一带)人也,自号婉盆子,得遁变化景之道,今在中岳或少室。往有壶公,正此人也。"又称:"施存是孔子弟子三千之数。"注云:"三千之限有此人而不预七十二者,明夫子不以仙为教矣。壶公即费长房之师,斧军火符世犹有文存。"三洞群仙录卷一〇浮胡白豹雷公黄蛇引神仙传云:"施存真人号浮胡先生,师黄芦子,得三皇内文驱策虎豹之术,隐衡岳石室山,每跨白豹出入,晋元康间(二九一——二九九)白日腾升。"太平御览卷六六二天仙引三洞珠囊曰:"壶公谢元,历阳(治今安徽和县)人。卖药于市,不二价,治病皆愈。语人曰:'服此药必吐某物,某日当愈。'事无不效。日收钱数万,施市内贫乏饥冻者。费长房为市令,知其人,后诣公。公携长房去,授以治病之术,令还。壶公后遂仙去。戴公柏有太微黄书十馀卷,即壶公之师也。"三洞群仙录卷四元一蹩壶长房投杖引丹台新录云:"谢元一号壶公,即孔子三千弟子之数也。常悬一空壶,市肆货药。日入之后,公辄蹩入壶中,举市无人见者,惟费长房于楼上见之,往拜焉,以师事之。"神仙传云壶公"不知其姓名",而传说中壶公,分别名施存、谢元,或谢元一,可能是后人所添造。而上录三洞群仙录、太平御览所引之神仙传,恐非葛洪所撰或误引。

〔三〕召军符:前引真诰卷一四稽神枢第四云:"(壶公)其行玉斧、军火符。"抱朴子内篇遐览载有"军火召治符、玉斧符十卷","召军符"应作"军火召治符"。

〔四〕王府符:汉魏本作"玉斧符",是。

〔五〕壶公符:抱朴子内篇遐览载有壶公符二十卷。

〔六〕汝南:今河南平舆西。

〔七〕费长房:博物志记曹操所集方士十六人,费长房列其中。

〔八〕市掾:市吏,太平御览卷六六二天仙引三洞珠囊称之为市令。

〔九〕治百病:汉魏本作"治病"。

〔一〇〕语卖药者:汉魏本作"语买人","卖"应作"买"。

〔一一〕皆如其言:汉魏本作"事无不效"。

〔一二〕所留者甚少:汉魏本作"惟留三五十"。

〔一三〕于坐上:汉魏本作"于屋上"。

〔一四〕辄转足:汉魏本无此三字。各本引文均无"转足"二字。

〔一五〕人莫知所在:汉魏本作"人莫能见"。

〔一六〕及供馔物:太平御览卷八六〇饼引神仙传作"并进饼"。

〔一七〕长房承公言,为试展足,不觉已入:汉魏本作"长房依言,果不觉已入"。

〔一八〕既入之后……见公左右侍者数十人:汉魏本作"入后,不复是壶,惟见仙宫世界,楼观重门阁道,公左右侍者数十人"。

〔一九〕忝天曹职,所统供事不勤,以此见谪:汉魏本作"昔处天曹,以公事不勤见责,因谪人间耳"。天曹,见"王远"条注。

〔二〇〕长房不坐,顿首自陈:汉魏本作"长房下座,顿首曰"。"不坐"当作"下座"。

〔二一〕肉人:犹言凡人。

〔二二〕积劫厚:义不明。汉魏本作"积罪却厚",四库本无"罪"字,

"却"误作"劫"。

〔二三〕布气:道家治病法。云笈七签卷六〇幼真先生服内元气诀法
　　　"布气诀"云:"凡欲布气与人疗病,先须依前(一作其)人五藏
　　　所患之处,取方面之炁,布入前人身中,令病者面其方,息心静
　　　虑。此与炁,布炁讫,便令嚥气,鬼贼自逃,邪气自绝。"

〔二四〕但见:汉魏本作"但恐"。

〔二五〕审:详细考究。

〔二六〕汝相共饮之:汉魏本作"相就饮之"。

〔二七〕不能举,益至数十人:后汉书卷八二下费长房传曰:"又令十人
　　　扛之,犹不举。"汉魏本作"不能举盎至数十人"。盎,腹大口小
　　　之盛器。"不能举盎",可通,但作"益"语意似更胜,"盎"或因
　　　形近"益"而误。

〔二八〕酒器不过如蟀大:"蟀"同"蚌",汉魏本作"酒器如拳许大"。后
　　　汉书卷八二下费长房传作"视器如一升许"。

〔二九〕至旦:汉魏本作"至暮"。壶公与费长房暮时入壶,此时应是旦。

〔三〇〕惟欲令亲属不觉不知:汉魏本作"欲使亲眷不觉知去"。

〔三一〕乃取一青竹杖与长房:太平御览卷七一〇杖引神仙传作"壶公
　　　乃断一青竹杖,与长房身等"。后汉书卷八二下费长房传曰:
　　　"翁乃断一青竹,度与长房身齐。"齐民要术卷一〇竹引神仙传
　　　作"公乃书一青竹"。

〔三二〕后日即以此竹杖置卧处:汉魏本作"以此竹杖置卿所卧处"。太
　　　平御览卷七一〇杖引神仙传、后汉书卷八二下费长房传作"使
　　　悬之舍后"。

〔三三〕而家人见此竹是长房死了:汉魏本作"去后,家人见房已死,尸
　　　在床,乃向竹杖耳"。后汉书卷八二下费长房传曰:"翁乃断一
　　　青竹,度与长房身齐,使悬之舍后。家人见之,即长房形也,以
　　　为缢死,大小惊号,遂殡葬之。长房立其傍,而莫之见也。"太平

御览卷七一〇杖引神仙传略去“即长房形也”句。

〔三四〕长房随公去:汉魏本作“房诣公”。

〔三五〕大石:汉魏本作“一方石”。

〔三六〕茅绳:汉魏本作“茅绚”,义同。后汉书卷八二下费长房传曰:“以朽索悬万斤石于心上。”

〔三七〕诸蛇并往啮:汉魏本作“又诸蛇来啮绳”。

〔三八〕撰之:撰,握也。汉魏本、太平御览卷五一石上引神仙传、后汉书卷八二下费长房传作“抚之”。

〔三九〕乃命喙溷:汉魏本作“乃命长房啗屎”,后汉书卷八二下费长房传作“复使食粪”,义同。

〔四〇〕溷臭恶非常,中有虫长寸许:汉魏本作“兼蛆长寸许,异常臭恶”。后汉书卷八二下费长房传曰:“粪中有三虫,臭秽特甚。”

〔四一〕子不得仙也:汉魏本作“子不能仙道也”。

〔四二〕可寿数百馀岁:汉魏本作“可得寿数百岁”。

〔四三〕举:犹治理也。汉魏本作“主”。后汉书卷八二下费长房传曰:“又为作一符,曰:‘以此主地上鬼神。’”

〔四四〕长房辞去,骑杖忽然如睡,已到家:汉魏本作“房骑竹杖辞去,忽如睡觉,已到家”。

〔四五〕投葛陂中:汉魏本作“弃葛陂中”。葛陂,在今河南新蔡西北。

〔四六〕视之乃青龙耳:后汉书卷八二下费长房传曰:“顾视则龙也。”

〔四七〕长房自谓去家一日,推之已一年矣:汉魏本作“初去至归谓一日,推问家人,已一年矣”。“推之”从“推问家人”较合理。后汉书卷八二下费长房传曰:“自谓去家适经旬日,而已十馀年矣。”

〔四八〕而目瞋诃遣:汉魏本作“常呵责嗔怒”。瞋,张目也。诃遣,呵斥谴责。后汉书卷八二下费长房传作“独自忿怒”。

〔四九〕怒鬼魅之犯法耳:汉魏本作“嗔鬼耳”。

〔五〇〕汝南郡中常有鬼怪，岁辄数来：汉魏本作"时汝南有鬼怪，岁辄
　　　数来郡中"。

〔五一〕来时导从威仪如太守：汉魏本作"来时从骑如太守"。

〔五二〕周行内外，匝乃还去：汉魏本作"周行内外，尔乃还去"。太平御
　　　览卷九三二鳖引神仙传作"周行内外，乃还去"。匝，周也，上文
　　　已言"周行"，恐是衍文。

〔五三〕后长房诣府君：汉魏本作"房因诣府厅事"。

〔五四〕欲去：汉魏本无此二字。

〔五五〕长房厉声呼使捉前来：汉魏本作"房大叫呼曰'便捉前鬼来'"。

〔五六〕把版伏庭中：汉魏本作"伏庭前"。太平御览卷九三二鳖引神仙
　　　传云："鬼化作老公，乃下车，把板伏庭中。"版，笏也，古代大臣
　　　在朝中奏事所持之版子。

〔五七〕叩头乞得自改：汉魏本作"叩头乞曰：'改过。'"

〔五八〕温凉：汉魏本作"温良"。太平御览卷九三二鳖引神仙传作"良
　　　善"。"凉"应作"良"。

〔五九〕君知当死否：汉魏本作"自知合死否"。

〔六〇〕急复令还就人形：汉魏本作"急复真形"，其下有"鬼须臾成大
　　　鳖，如车轮，头长丈馀，房又令复人形"等语。太平御览卷九三
　　　二鳖引神仙传云："此鬼须臾即成大鳖，如车轮，颈长一丈许，长
　　　房复令还就人形。"后汉书卷八二下费长房传曰："长房呵之云：
　　　'便于中庭正汝故形！'即成老鳖，大如车轮，颈长一丈，长房复
　　　令就太守服罪。"

〔六一〕使以：汉魏本作"使人"，是。

〔六二〕以札：汉魏本作"乃见符札"。

〔六三〕以颈绕札而死：汉魏本作"以头绕树而死"。又太平广记卷四六
　　　八"费长房"条引列异传云："汝南有妖，常作太守服，诣府门椎
　　　鼓，郡患之。及费长房来，知是魅，乃呵之，即解衣冠叩头，乞自

改,变为老鳖,大如车轮。长房令复就太守服,作一札,敕葛陂君,叩头流涕,持札去。视之,以札立陂边,以颈绕之而死。”乃故事所本。

〔六四〕东海君来旱,长房后到东海:汉魏本作“房后到东海,东海大旱三年”。东海君,云笈七签卷一八老子中经上“第十五神仙”云:“东方苍帝,东海君也。”后汉书卷八二下费长房传曰:“而东海大旱,长房至海上。”

〔六五〕见其民请雨,谓之曰:汉魏本作“谓请雨者曰”。

〔六六〕“东海君有罪,吾前系于葛陂,今当赦之,令其作雨。”于是即有大雨:汉魏本作“‘东海神君前来淫葛陂夫人,吾系之,辞状不测,脱然忘之,遂致久旱。吾今当赦之,令其行雨。’即便有大雨”。太平御览卷八八二神下、太平广记卷二九三“费长房”条引列异传云:“费长房能使神,后东海君见葛陂君,淫其夫人,于是房敕系三年,而东海大旱。长房至东海,见其请雨,乃敕葛陂君出之,即大雨。”后汉书卷八二下费长房传亦引用此故事。

〔六七〕后汉书卷八二下费长房传亦载书生盗马故事,汉魏本无。狸,野猫。社公,土地神。

〔六八〕使至市市鲊:后汉书卷八二下费长房传作“使至宛市鲊”,又刘攽注曰:“案至宛市鲊,谓长房身也,不当作使字,当作往字。”鲊,腌鱼。

〔六九〕或一日之间,人见在千里之外者数处:汉魏本则曰:“房有神术,能缩地脉,千里存在目前,宛然放之,复舒如旧也。”太平御览卷八六二鲊引列异传曰:“费长房又能缩地脉,坐客在家,至市买鲊,一日之间人见之千里之外者数处。”后汉书卷八二下费长房传载此故事,并云:“(长房)后失其符,为众鬼所杀。”

尹　轨[一]

　　尹轨者,字公度,太原人也。博学五经,尤明天文理气[二],河洛[三]谶纬[四]无不精微。晚乃奉道,常服黄精[五],日三合,年数百岁,而颜色美少。常闻其远祖尹喜[六],以周康王、昭王之时居草楼,遇老君[七]与说经;其后周穆王[八]再修楼观,以待有道之士。公度遂居楼观[九]焉。自云喜数来与相见,授以道要,由是能坐在立亡[一○]变化之事。苏并州家先祖频奉事之,累世子孙见之,颜状常如五十岁人。游行人间,或入山一年半年复见。无妻息,其说天下盛衰治乱之期、安危吉凶所在,未尝不效。

　　晋永康元年[一一]十二月,道[一二]洛阳城西一家求寄宿,主人以祭蜡,不欲令宿[一三]。良久,公度语其姓名,主人乃开门迎公度,与前设酒食,又以数斛谷与公度所乘青骡。公度竟不饮啖,骡亦不食谷。明旦去,谓主人曰:"君是不急难人耳,先虽不欲受我宿,后更有勤意。吾及骡虽不食君所设,意望相酬耳。今赐君神药一丸,带以随身。明年当有兵[一四],死者满地,此药可以全君体命。"明年,洛中[一五]果有赵王伦之乱[一六],死者数万,举家有从军者皆不还,在家又为劫杀皆尽,惟馀得药一人耳。

　　公度腰中带漆竹管[一七]数十枚,中皆有药,入口即活。天下大疫有得药如枣者,涂其门则一家不病,病者立愈。又弟子黄理居陆浑[一八]山中,患虎为暴。公度使断大木为柱,去家四方各一里外埋一柱^{〔一九〕},<u>公度</u>即以印印之^{〔二○〕},虎即绝迹。又有怪鸟^{〔二一〕}止其屋上,以语<u>公度</u>,<u>公度</u>为书一奏符着鸟鸣处,至夕,鸟伏死符下,遂绝。

有人遭大丧当年^{〔二二〕},而贫穷不及^{〔二三〕}。<u>公度</u>见而嗟之,孝子说其孤苦。<u>公度</u>怆然曰:“君能得数斤^{〔二四〕}铅否?”孝子曰:“可得耳。”乃具铅数十斤^{〔二五〕}。<u>公度</u>将入山中小屋,下鑪火中销铅^{〔二六〕},以神药如枣^{〔二七〕}大,投沸铅中,搅之皆成银,以与之曰:“吾念汝贫困,不能营葬,故以相与,慎勿言也。”复又有一人,本土族子弟^{〔二八〕},遇公事,簿书不明,当陪^{〔二九〕}负官钱百万,出卖田宅车牛,不售^{〔三○〕},而见收系。<u>公度</u>语所识富人曰:“可蹔以百万钱^{〔三一〕}借我,欲以救之,后二十日顿相还也^{〔三二〕}。”富人即以钱百万与<u>公度</u>。<u>公度</u>以与遭事者^{〔三三〕},乃语曰:“君致锡百两。”其人即买锡与之,<u>公度</u>于鑪中洋锡^{〔三四〕},以神药一方寸匕^{〔三五〕}投沸锡中,变成黄金,金即秤卖,得钱百万还钱主^{〔三六〕}。

<u>公度</u>后到<u>南阳太和山</u>^{〔三七〕},升仙去矣。

【校释】

〔一〕<u>太平广记</u>卷一三“尹轨”条云出<u>神仙传</u>,但无永康元年宿洛阳之事。<u>汉魏</u>本<u>尹轨</u>与<u>太平广记</u>本同。<u>云笈七签</u>卷一○四<u>太和真人传</u>即<u>尹轨</u>传,内容与本条全不同。

〔二〕理气:<u>汉魏</u>本作“星气”,<u>云笈七签</u>卷一○四<u>太和真人传</u>称<u>尹轨</u>“少学天文,兼通谶纬”。星气,占星术也,作“星气”为是。<u>史记</u>卷一三○<u>太史公自序</u>云:“星气之书,多杂機祥,不经;推其文,考其应,不殊。”

〔三〕河洛:见“王远”条注。

〔四〕谶纬:谶,说文解字:"验也。"纬,史记卷二七天官书太史公曰:"水、火、金、木、填星,此五星者,天之五佐,为纬。"以天象作预言之征兆,假托经义以合符瑞,谓之谶纬。少室山房笔丛卷一四四部正讹上云:"谶纬之说,盖起于河洛图书。"

〔五〕黄精:汉魏本作"黄精华",仙苑编珠卷中桂君养马尹轨辟兵引神仙传、云笈七签卷一○四太和真人传亦作"黄精花"。黄精,见"王烈"条注。

〔六〕尹喜:列仙传卷上关令尹条云:"关令尹喜者,周大夫也。善内学,常服精华,隐德修行……自著书九篇,号曰关令子。"史记卷六三老子列传云:"老子修道德,其学以自隐无名为务。居周久之,见周之衰,乃遂去,至(函谷)关,关令尹喜曰:'子将隐矣,彊为我著书。'于是老子乃著书上下篇,言道德之意五千馀言而去。"云笈七签卷一○四太和真人传称:"太和真人尹轨……乃文始先生(尹喜)之从弟。"与各说不同。

〔七〕老君:见"沈羲"条注。

〔八〕周穆王:年代继周昭王之后。

〔九〕楼观:初学记卷二三道释部"道士第三"引楼观本记曰:"周穆王尚神仙,因尹真人草制楼观,遂召幽逸之人,置为道士。"元和郡县志卷二盩厔县云:"楼观在县(今陕西周至)东三十七里,本周康王大夫尹喜宅也。穆王为召幽逸之人,置为道院,相承至秦汉,皆有道士居之。晋惠帝时重置,其地旧有尹先生楼,因名楼观。"

〔一○〕坐在立亡:见"皇初平"条注。

〔一一〕永康元年:公元三○○年。

〔一二〕道:路过。说郛卷六九下岁华纪丽卷四"腊"注引神仙传云:"尹轨晋泰(永)康元年腊日,过洛阳城西一家求宿。"

〔一三〕祭蜡,不欲令宿:蜡,腊日。祭蜡,古代岁末农民休息之节日。

周礼注疏卷二四籥章曰："国祭蜡,则歈豳颂,击土鼓,以息老物。"歈(吹)豳(诗豳风)颂者,告农功之成也;击土鼓者,存古乐之本也;息老物者,当物之既成,劳农以休息之也。荆楚岁时记云："十二月八日为腊日。"蔡邕独断卷下云："腊者岁终大祭,纵吏民宴饮,非迎气,故但送不迎。"不欲令宿乃祭蜡习俗。

〔一四〕兵:意为兵灾。

〔一五〕洛中:指洛阳。

〔一六〕赵王伦之乱:西晋元康九年(二九九),贾后废太子,次年杀之,赵王司马伦等从其封国起兵入宫杀贾后,永宁元年(三〇一),司马伦又废帝自立,遂引发八王为争夺皇位大混战,中原残破。是为赵王伦之乱,又称"八王之乱"。葛洪神仙传不记晋朝事,此段汉魏本不载,恐为后人改写。

〔一七〕竹管:汉魏本作"竹筒"。

〔一八〕陆浑:今河南嵩县东。

〔一九〕去家四方各一里外埋一柱:汉魏本作"去家五里,四方各埋一柱"。

〔二〇〕公度即以印印之:汉魏本作"公度即印封之"。

〔二一〕怪鸟:山堂肆考卷二一六鸣屋引神仙传称此怪鸟为鹎鵊。鹎鵊,昼一物无见,夜则目甚明。传说闻其声则多祸。

〔二二〕遭大丧当年:汉魏本作作"遭丧当葬",太平御览卷八一二铅引神仙传作"遭父丧当葬","年"为"葬"之讹。

〔二三〕而贫穷不及:汉魏本作"而贫汲汲无以办",意为因贫穷无以办丧事而不安。太平御览卷八一二铅引神仙传作"而贫穷汲汲",四库本"不及"应作"汲汲"。

〔二四〕数斤:太平御览卷八一二铅引神仙传作"数十斤"。

〔二五〕数十斤:太平御览卷八一二铅引神仙传作"一百斤"。

〔二六〕公度将入山中小屋,下罏火中销铅:汉魏本作"公度入荆山中小屋,于鑪火中销铅"。

〔二七〕枣:汉魏本作"米"。

〔二八〕本士族子弟:汉魏本无此句。

〔二九〕陪:同"赔"。

〔三〇〕不售:意为犹未能抵赔钱。

〔三一〕百万钱:汉魏本作"数千钱"。上文云"负官钱百万",当作"百万钱"。

〔三二〕二十日顿相还也:太平御览卷八一二锡引神仙传作"后三十日倍当相还"。

〔三三〕遭事者:太平御览卷八一二锡引神仙传作"遇事者"。

〔三四〕洋锡:"洋",汉魏本、太平御览卷八一二锡引神仙传作"销",熔炼也,义同。

〔三五〕以神药一方寸匕:汉魏本作"以药方寸匕"。太平御览卷八一二锡引神仙传作"复以其腰间管中药一方寸匕"。匕,匙也。

〔三六〕还钱主:汉魏本作"还官"。太平御览卷八一二锡引神仙传作"还富人"。

〔三七〕公度后到南阳太和山:汉武帝外传称,尹轨"以晋元熙元年(四一九)入南阳太和山中,以诸要事授其弟子河内山世远"。

介　象〔一〕

　　介象者,字元则,会稽〔二〕人也。学通五经,博览百家之言,能属文。阴修道法〔三〕,入东岳〔四〕受气禁〔五〕之术,能茅上燃火煮鸡,鸡熟而茅不燋,能令一里内不炊不蒸〔六〕,鸡犬三日不鸣不吠,能令一市人皆坐不能起,能隐形变化为草木鸟兽。闻九丹之经〔七〕,周游数千里求之,不值明师〔八〕,乃入山精思,冀遇神仙。疲极,卧石上,有一虎往舐象〔九〕。象睡寤见虎,乃谓之曰:"天使汝来侍卫我者,汝且停;若山神使汝来试我,汝疾去。"虎乃去。

象入山,见谷中有石子,紫色光彩〔一○〕,大如鸡子,不可称数,乃取两枚而游。谷深不得度〔一一〕,乃还于山中,见一美女年十五六许,颜色非常,衣服五彩〔一二〕,盖仙人也。象叩头乞长生之方,女曰:"汝急送手中物还故处乃来〔一三〕,吾故于此待汝〔一四〕。"象即以石送于谷中而还,见女子在旧处,象复叩头,女曰:"汝血养〔一五〕之气未尽,断谷〔一六〕三年更来,吾止此。"象归,断谷三年,乃复往,见此女故在前处,乃以丹方一日授象〔一七〕,告曰:"得此便仙,勿他为也。"象未得合作此药〔一八〕。

常住弟子骆延雅合〔一九〕,惟下平床〔二○〕中,有书生数人,共论书、传事〔二一〕云云,不判〔二二〕。象傍闻之不能忍,乃为决解之〔二三〕。书生知象非凡人,密表奏象于其主〔二四〕,象知之欲去,曰:"恐官事拘束我耳。"延雅固留。吴王诏征象到武昌〔二五〕,甚敬重之,称为介君。为象起第宅,以御帐给之〔二六〕,赐遗前后累千金〔二七〕。从象学隐形之术,试还后宫,及出入殿门〔二八〕,莫有见者。又令象变化,种瓜菜百果皆立生〔二九〕。

与先主共论鲙鱼何者最上,象曰:"鲻鱼为上。"先主曰:"此鱼乃在海中〔三○〕,安可得乎?"象曰:"可得耳。"但令人于殿中庭方墭〔三一〕,者水〔三二〕满之。象即索钓饵起钓之,垂纶〔三三〕于墭中,不食顷〔三四〕,得鲻鱼。先主惊喜,问象曰："可食否？"象曰："故为陛下取作鲙，安不可食〔三五〕？"仍使厨人切之。先主问曰："蜀使不来，得姜作鲙至美，此间姜不及也。何由得乎〔三六〕？"象曰："易得耳〔三七〕。愿差一人〔三八〕，并以钱五千文付之〔三九〕，象书一符以着竹杖中，令其人闭目骑杖，杖止便买姜。买姜毕，复闭目。"此人如言骑杖，须臾，已到成都，不知何处，问人，言是蜀中〔四〇〕也，乃买姜。于时吴使张温〔四一〕在蜀，从人恰与买姜人相见〔四二〕，于是甚惊，作书寄家。此人买姜还〔四三〕，厨中鲙始就矣〔四四〕。

象又能读诸符文如读书，无误谬者。或不信之，取诸杂符，除其标注以示象，象皆一一别之〔四五〕。又有一人种黍于山中，尝患猕猴食之，闻象有道，从乞辟猴法。象告："无他，汝明日往看黍，若见猴群下，大噪语之曰：'吾已告介君〔四六〕，介君教汝莫食黍。'"此人仓卒直言象欺弄之。明日，往见群猴欲下树，试告象言语，猴即各还树，绝迹矣。

象在吴，连求去，先主不许〔四七〕。象言某月日病，先主使左右以梨一奁赐象〔四八〕。象食之，须臾便死。先主殡埋之，以日中死，其日餔时〔四九〕已至建邺〔五〇〕，以所赐梨付苑内〔五一〕种之。更后以表闻，先主发视其棺中，唯一奏版符〔五二〕耳。先主思象，使以所住屋为庙〔五三〕，时时躬往祭之，常有白鹄来集座上，良久乃去〔五四〕。后弟子见象在盖竹山〔五五〕中，颜色更少焉。

【校释】

〔一〕太平广记"介象"条共有三处，分别列于卷一三神仙十三、卷七

六方士一、卷四六六水族三。其中神仙、水族二条云出神仙传，
方士条云出建康实录。神仙"介象"条与本条文字有差异，且省
去钓鲻鱼、买姜蜀都、辟猴等故事。汉魏本介象保留钓鲻鱼及
买姜情节，其馀与太平广记卷一三"介象"条同。

〔二〕会稽：今浙江绍兴。

〔三〕阴修道法：汉魏本作"后学道"。

〔四〕东岳：常以指泰山。汉魏本作"东山"。东山在绍兴府上虞县西
南四十五里，东晋谢安隐居之地。介象乃会稽人，入会稽东山
受气禁之术，合乎常理。"岳（嶽）"恐是"山"之误。

〔五〕气禁：见"黄卢子"条注。

〔六〕不炊不蒸：汉魏本作"炊不熟"，意较明。

〔七〕闻九丹之经：汉魏本作"闻有五丹经"，误。九丹之经，指九丹金
液仙经，见"葛玄"条注。

〔八〕不值明师：汉魏本作"不得其师"。

〔九〕舐象：汉魏本作"舐象额"。

〔一〇〕光彩：汉魏本作"光绿"。

〔一一〕不得度：汉魏本作"不能前"。

〔一二〕衣服五彩：汉魏本作"被服五彩"。太平御览卷三八一美妇人下
引神仙传作"被五彩"，其义皆同。

〔一三〕乃来：汉魏本作"乃可"，下有"汝未应取此物"句。

〔一四〕吾故于此待汝：汉魏本作"吾故止待汝"。

〔一五〕血养：汉魏本、三洞珠囊卷三服食品引神仙传"介象"条作"血
食"，血食指荤食，四库本"养（養）"为"食"之讹。

〔一六〕断谷：见"沈建"条注。

〔一七〕乃以丹方一日授象：汉魏本作"乃以还丹经一首投象"。三洞珠
囊卷三服食品引神仙传作"乃以还丹经一首以授象"。太平御
览卷三八一美妇人下引神仙传作"女授丹方一首"。"日"为

"首"之讹。

〔一八〕象未得合作此药:汉魏本无此句,只云"乃辞归"。

〔一九〕骆延雅合:"合"通"阁",宾客住所。汉魏本作"骆延雅舍",真仙通鉴卷一五介象作"乐延雅舍"。

〔二〇〕惟下平床:汉魏本、真仙通鉴卷一五介象作"帷下平床"。帷下平(屏)床,指有帐子遮蔽之床。"惟"通"帷"。

〔二一〕共论书、传事:汉魏本作"论左传义"。

〔二二〕云云,不判:汉魏本作"不平"。意为议论纷纭不得其解。

〔二三〕乃为决解之:汉魏本作"乃忿然为决"。

〔二四〕密表奏象于其主:汉魏本作"密表荐于吴主"。"其主",真仙通鉴卷一五介象亦作"吴主",较"其主"确切。吴主及下文"先主",均指三国时吴主孙权。

〔二五〕武昌:今湖北鄂州,公元二二一年孙权曾迁都城于此。

〔二六〕以御帐给之:汉魏本作"供帐皆是绮绣"。

〔二七〕千金:汉魏本作"千镒"。

〔二八〕殿门:汉魏本作"闱闼"。

〔二九〕立生:汉魏本作"立生可食"。

〔三〇〕此鱼乃在海中:汉魏本作"论近道鱼耳,此出海中"。太平御览卷八六二脍引神仙传作"论近鱼耳,此海中出"。

〔三一〕方堉:掘土作坑。建康实录卷二太祖下黄武十年冬十月注引吴录作"埮"。太平广记卷四六六"介象"条引神仙传作"坎",义同。坑地谓之堉。

〔三二〕者水:建康实录卷二太祖下黄武十年冬十月注引吴录作"灌水"。太平广记卷四六六"介象"条引神仙传、太平御览卷八六二脍引神仙传俱作"汲水"。仙苑编珠卷上介君竹杖左慈木履引神仙传作"着水",义同。"者"形近"著"而讹。

〔三三〕纶:钓丝。

〔三四〕不食顷：太平御览卷八六二脍引神仙传同。汉魏本作“须臾”，义同。

〔三五〕故为陛下取作鲙，安不可食：汉魏本作“故为陛下取作生鲙，安敢取不可食之物”。鲙，鱼肉也。

〔三六〕先主问曰“蜀使不来，得姜作鲙至美，此间姜不及也。何由得乎”：汉魏本作“吴主曰：‘闻蜀使来，得蜀姜作齑甚好，恨尔时无此。’”太平御览卷九七七姜引神仙传云：“先主曰：‘闻蜀姜作齑至佳，此间姜永不及也，恨尔时无此姜耳。’”太平御览卷八六二脍引神仙传云：“吴主曰：‘闻蜀使来，有蜀姜作齑甚好，恨时无此。’”

〔三七〕易得耳：汉魏本、太平御览卷八六二脍引神仙传、太平御览卷九七七姜引神仙传作“蜀姜岂不易得”。

〔三八〕愿差一人：汉魏本作“愿差所使者，可付直”。太平御览卷八六二脍引神仙传作“愿羌（差）所使者，并付直”。太平御览卷九七七姜引神仙传作“愿差可使行者，并付以直”。

〔三九〕并以钱五千文付之：汉魏本作“吴主指左右一人，以钱五十付之”。太平御览卷八六二脍引神仙传“千”作“十”。

〔四〇〕蜀中：汉魏本作“蜀市”。

〔四一〕张温（一九三——二三〇）：吴名臣，三国志卷五七有传，公元二二四年官辅义中郎将，出使蜀国。

〔四二〕从人恰与买姜人相见：汉魏本、太平御览卷八六二脍引神仙传有“既于市中相识”，太平御览卷九七七姜引神仙传作“时吴使张温于市见之”，则买姜人所见者乃张温而非其从人，两说不同。

〔四三〕此人买姜还：此句之后，汉魏本、太平御览卷八六二脍引神仙传有“投书负姜，骑杖闭目，须臾已还到吴”句。太平御览卷九七七姜引神仙传有“捉书骑竹杖闭目复，须臾已还到吴”等语。

〔四四〕厨中鲙始就矣：汉魏本作"厨下切鲙适了"。太平御览卷八六二脍、太平御览卷九七七姜引神仙传作"厨下切鲙亦适了"，语义较明。搜神记卷一"介象"条有盘中钓鲈鱼故事，人物却是左慈与曹操。

〔四五〕象又能读诸符文如读书……象皆一一别之：抱朴子内篇遐览云："昔吴世有介象者，能读符文，知误之与否。有人试取治百病杂符及诸厌劾符，去其签题以示象，皆一一据名之。其有误者，便为人定之。自是以来，莫有能知者也。"可供参读。又此句之后，汉魏本有"其幻法种种变化，不可胜数"等语，而不记辟猴事。

〔四六〕大噪语之曰：吾已告介君：太平御览卷九一○猴引神仙传作"大唤语之云：已白介君"。噪，吼叫也。

〔四七〕象在吴，连求去，先主不许：汉魏本无此等语。齐民要术卷一○梨引神仙传作"速求去"。

〔四八〕先主使左右以梨一衮赐象：汉魏本作"帝遣左右姬侍以美梨一衮赐象"。衮，盒也。

〔四九〕餔时：午后三时至五时。

〔五○〕建邺：今江苏南京，曾是吴国都城。

〔五一〕苑内：汉魏本、齐民要术卷一○梨引神仙传、艺文类聚卷八六梨引神仙传、太平御览卷五五一棺引神仙传、太平御览卷九六九梨引神仙传均作"苑吏"，是。

〔五二〕唯一奏版符：汉魏本作"惟一符耳"，齐民要术卷一○梨引神仙传、太平御览卷五五一棺引神仙传作"有奏符"。太平御览卷九六九梨引神仙传作"有一奏符"。"版"是衍文。

〔五三〕使以所住屋为庙：汉魏本作"与立庙"。太平御览卷九一六鹤引神仙传作"以象所住屋为庙"。

〔五四〕良久乃去：汉魏本作"迟回复去"。

〔五五〕盖竹山:汉魏本作"蓝竹山",而太平广记本原作"盖竹山"。盖
竹山,在今浙江临海南,一名竹叶山,据抱朴子内篇金丹称,是
正神所在山之一,"若有道者登之,则此山神必助之为福,药
必成"。

神仙传卷十

董　奉[一]

董奉者,字君异,侯官[二]县人也。昔吴先主时,有年少作本县长[三],见君异年三[四]十馀,不知有道也[五]。罢去[六]五十馀年,复为他职,行经侯官,诸故吏人皆往见故长。君异亦往,颜色如昔,了不异故。长宿识之[七],问曰:"君无有道也[八]?昔在县时,年纪如君辈,今吾已皓白,而君犹少也[九]。"君异曰:"偶尔耳。"

杜燮[一〇]为交州刺史,得毒病死,已三日。君异时在南方[一一],乃往,以三丸药内死人口中[一二],令人举死人头摇而消之。食顷,燮开目,动手足[一三],颜色渐还。半日中,能起坐,遂活[一四]。后四日,乃能语[一五],云死时奄[一六]然如梦,见有数十乌衣人[一七]来收之,将载露车上去[一八],入大赤门,径以寸狱[一九]。狱各一户,户才容一人,以燮内一户中,乃以土从外封之,不复见外。恍惚间闻

263

有一人言〔二〇〕，太乙〔二一〕遣使者来召杜燮，急开出之。闻人以锸掘其所居户〔二二〕，良久，引出之。见外有车马，赤盖〔二三〕，三人共坐车上，一人持节，呼燮上车，将还至门而觉。燮既活，乃为君异起高楼于中庭〔二四〕。君异不饮食，唯唅脯枣，多少饮酒〔二五〕，一日三为君异设之〔二六〕。君异辄来就燮处饮食，下楼时，忽如飞鸟，便来到座，不觉其下，上楼亦尔〔二七〕。如此一年，从燮求去〔二八〕，燮涕泣留之，不许〔二九〕。燮问曰："君欲何所之？当具大船也〔三〇〕。"君异曰："不用船，宜得一棺器耳。"燮即为具之。至明日日中时，君异死，燮使人殡埋之。七日〔三一〕，人有从容昌〔三二〕来，见君异，因谢杜侯，好自爱重〔三三〕。燮乃开视君异棺中，但见一帛，一面画作人形，一面丹书符〔三四〕。

君异后还庐山〔三五〕下居。有一人少便病癞〔三六〕，垂死，自载诣君异，叩头乞哀。君异使此人坐一户中〔三七〕，以五重布巾韬病者目，使勿动摇，乃敕家人莫近〔三八〕。病人云，闻有一物来舐之〔三九〕，痛不可堪，无处不匝〔四〇〕。度此物舌当一尺许〔四一〕，其气息大小如牛，竟不知是何物，良久乃去。君异乃往解病人之巾，以水与饮，遣去，"不久当愈，且勿当风〔四二〕"。十数日间，病者身体通赤，无皮，甚痛，得水浴，即不复痛。二十馀日，即皮生疮愈〔四三〕，身如凝脂。

后常大旱，百谷燋枯〔四四〕，县令丁士彦谓纲纪曰〔四五〕："董君有道，必能致雨。"乃自赍酒脯见君异，说大旱之意。君异曰："雨易得耳。"因仰视其屋曰："贫家〔四六〕屋皆见天，不可以得雨，如何〔四七〕？"县令解其意，因曰："先生但为祈雨〔四八〕，当为架好屋。"于是明日土彦自将吏人〔四九〕，乃运竹为起屋〔五〇〕。屋成，当泥涂〔五一〕，作人掘土取壤，欲取水作泥〔五二〕。君异曰："不烦运水，日暮自当雨也〔五三〕。"其夜大雨，高下皆足〔五四〕。

又君异居山间为人治病〔五五〕，不取钱物，使人〔五六〕重病愈者，使栽杏五株，轻者一株。如此数年，计得十万馀株，郁然成林。而山中百虫群兽游戏杏下〔五七〕，竟不生草，有如耘治也。于是杏子大熟，君异于杏林下作箪仓〔五八〕，语时人曰："欲买杏者，不须来报，径自取之〔五九〕。得将谷一器置仓中，即自往取一器杏云〔六〇〕。"每有一谷少而取杏多者〔六一〕，即有三四头虎噬逐之〔六二〕，此人怖惧而走，杏即倾覆，虎乃还去〔六三〕，到家量杏，一如谷少〔六四〕。又有人空往偷杏〔六五〕，虎逐之，到其家，乃啮之至死，家人知是偷杏，遂送杏还〔六六〕，叩头谢过，死者即活〔六七〕。自是已后，买杏者皆于林中自平量之，不敢有欺者〔六八〕。君异以其所得粮谷，赈救贫穷，供给行旅〔六九〕，岁消三千斛，尚馀甚多〔七〇〕。

县令亲故家有女〔七一〕，为精邪所魅，百不能治〔七二〕，以语君异〔七三〕，若能得女愈，当以侍巾栉〔七四〕。君异即为君救诸魅。有大白鼍长丈六尺〔七五〕，陆行诣病者门〔七六〕，君异使人斩之〔七七〕，女病即愈，遂以女妻之〔七八〕。久无儿息，君异每出行，妻不能独住，乃乞一女养之。女年十岁〔七九〕，君异一旦竦身入云中去，妇及养女犹守其宅〔八〇〕，卖杏取给，有欺之者，虎逐之如故〔八一〕。养女长大，纳婿同居。其婿凶徒也，常取诸祠庙之神衣物，庙下神下巫语云〔八二〕：

"某甲恃是仙人女婿,夺吾衣物,吾不在此,但羞人耳,当为仙人故,无用为问〔八三〕。"

君异在民间仅百年,乃升天〔八四〕,其颜色常如年三十时人也〔八五〕。

【校释】

〔一〕太平广记卷一二"董奉"条云出神仙传,与本条基本同。汉魏本董奉与太平广记本同。

〔二〕侯官:今福建福州。

〔三〕有年少作本县长:汉魏本作"有少年作本县长"。

〔四〕三:汉魏本作"四"。

〔五〕不知有道也:汉魏本作"不知其道"。真仙通鉴卷一六董奉作"不知其有道也",四库本无"其"字。

〔六〕罢去:汉魏本作"罢官去"。

〔七〕诸故吏人皆往见故长……长宿识之:汉魏本作"诸故吏人皆老,而奉颜貌一如往日"。

〔八〕君无有道也:汉魏本作"君得道邪"。

〔九〕昔在县时,年纪如君辈,今吾已皓白,而君犹少也:汉魏本作"吾昔见君如此,吾今已皓首,而君转少,何也"。

〔一〇〕杜燮:太平御览卷七二四医四引神仙传作"士燮",是。士燮(一三七——二二六),苍梧(今广西梧州)人,东汉末为交阯太守,后据州为交州刺史。参三国志卷四九士燮传。东汉交州辖境约今广东、广西大部及越南北部。

〔一一〕在南方:汉魏本作"在彼"。

〔一二〕以三丸药内死人口中:汉魏本作"与药三丸内在口中,以水灌之"。太平御览卷七二四医四引神仙传作"以三丸药内死人口中,以寒水含之"。

〔一三〕燮开目,动手足:汉魏本作"手足似动"。

〔一四〕遂活:汉魏本无此二字。

〔一五〕杜燮复活之事,三国志卷四九士燮传裴松之注引神仙传曰:"燮
尝病死,已三日。仙人董奉以一丸药与服,以水含之,捧其颐摇
稍(消)之。食顷,即开目动手,颜色渐复,半日能起坐,四日复
能语,遂复常。"亦见太平御览卷八八七重生引神仙传。

〔一六〕奄:忽也。

〔一七〕数十乌衣人:汉魏本作"十数乌衣人"。太平御览卷七二四医四
引神仙传作"数十马卒"。能改斋漫录卷四"王谢燕"条云:"余
按世说:'诸王、诸谢世居乌衣巷。'丹阳记曰:'乌衣之起,吴时
乌衣营处所也。江左初立,瑯琊诸王所居。'审此,则名营以乌
衣,盖军兵所衣之服,因此得名。"汉代胥吏亦穿乌衣,故称乌
衣人。

〔一八〕将载露车上去:汉魏本作"上车去"。太平御览卷七二四医四引
神仙传作"将载辂车上"。资治通鉴卷五九东汉灵帝中平六年
胡三省注:"露车者,上无巾盖,四旁无帷裳,盖民家以载物者
耳。"晋书卷九一徐苗传云:"(徐苗)遗命濯巾澣衣,榆棺杂塼,
露车载尸,苇席瓦器而已。"车无帷盖曰露车,古代常用以载棺
柩;以金玉所饰之车曰辂车。此处应是露车而非辂车。

〔一九〕入大赤门,径以寸狱:汉魏本作"入大赤门,径以付狱"。太平御
览卷七二四医四引神仙传作"入大赤门,住(径)以付狱"。仙苑
编珠卷下董奉活燮刘根见鬼引神仙传云:"入大珠(朱)门,付
狱。"此句意为入大赤门后,直接交付监狱,"寸"为"付"之讹。

〔二〇〕不复见外。恍惚间闻有一人言:太平御览卷七二四医四引神仙
传同。汉魏本作"不复见外,光忽闻户外人言","恍惚"讹作
"光忽"也。

〔二一〕太乙:汉魏本同。太平御览卷七二四医四引神仙传作"太一"。

太乙、太一,见"彭祖"条注。又云笈七签卷八释三十九章经第二十五章云:"太一上元君者,万仙之司,主方岳真气也。主除死籍,刻书生简。"

〔二二〕急开出之。闻人以锸掘其所居户:汉魏本作"又闻除其户土"。锸,铁锹。太平御览卷七二四医四引神仙传"锸"作"铧"。

〔二三〕车马赤盖:太平御览卷七二四医四引神仙传无"车"字。太平御览卷七七三叙车下引袁子正书曰:"汉制,惟贾人不得乘马车,其馀皆乘之矣。除吏赤盖杠,馀皆青盖杠云。"

〔二四〕乃为君异起高楼于中庭:汉魏本作"因起谢曰:'甚蒙大恩,何以报效。'乃为奉起楼于庭中"。

〔二五〕君异不饮食,唯啖脯枣,多少饮酒:既云不饮食,当不会啖脯枣饮酒。汉魏本作"不食他物,唯啖脯枣,饮少酒",恐应如是。

〔二六〕一日三为君异设之:汉魏本作"燮一日三度设之"。

〔二七〕君异辄来就燮处饮食……上楼亦尔:汉魏本作"奉每来饮食,或如飞鸟腾空来,坐食了,飞去,人每不觉"。

〔二八〕如此一年,从燮求去:汉魏本作"如是一年馀,辞燮去"。真仙通鉴卷一六董奉"一"作"三"。

〔二九〕燮涕泣留之,不许:汉魏本作"燮涕泣留之不住"。

〔三〇〕当具大船也:汉魏本作"莫要大船否"。

〔三一〕七日:汉魏本作"七日后"。

〔三二〕容昌:各本多同,而其地不载于典籍。真仙通鉴卷一六董奉作"宕昌",其地乃少数民族所居之远处,恐非。按太平御览卷九九六茅引广州记曰:"董奉与士燮同处数积载,思欲还豫章。"下文又称"君异后还庐山下居",庐山在豫章之南昌县,"容昌"疑为"南昌"之讹。

〔三三〕见君异,因谢杜侯,好自爱重:汉魏本作"奉见嘱云,为谢燮,好自爱理"。前已证"杜燮"应作"士燮",此处"杜侯"亦应作"士侯”。

〔三四〕攣乃开视君异棺中,但见一帛,一面画作人形,一面丹书符:汉
　　魏本作“攣闻之,乃启殡发棺,视之惟存一帛,一面画作人形,一
　　面丹书作符”。太平御览卷九九六茅引广州记曰:“董奉与士攣
　　同处积载,思欲还豫章,攣情拘留不能免。后乃托以病死,攣开
　　棺,乃是茅人。”

〔三五〕庐山:汉魏本作“豫章庐山”。豫章庐山,即今江西南昌庐山。

〔三六〕有一人少便病癞:汉魏本作“有一人中有疠疾”。癞,恶疾也,见
　　“赵瞿”条注。

〔三七〕户中:汉魏本作“房中”。

〔三八〕以五重布巾韬病者目,使勿动摇,乃敕家人莫近:汉魏本作“以
　　五重布巾盖之,使勿动”。“韬”义同于“盖”。

〔三九〕闻有一物来舐之:汉魏本作“初闻一物来舐身”。

〔四〇〕匝:往返周遍。

〔四一〕度此物舌当一尺许:汉魏本作“量此舌广一尺许”。

〔四二〕君异乃往解病人之巾,以水与饮,遣去,不久当愈,且勿当风:汉
　　魏本作“奉乃往池中以水浴之,遣去,告云:‘不久当愈,勿当
　　风。’”语较完整。“以水与饮”,三洞珠囊卷一救导品引神仙传
　　作“以水与浴之,遣去,告曰:‘如是愈矣,且勿当风。’”本条下文
　　亦有“得水浴”之语,四库本“饮”为“浴”之讹,又无“告云”
　　二字。

〔四三〕二十馀日,即皮生疮愈:汉魏本作“二十日皮生即愈”。三洞珠
　　囊卷一救导品引神仙传作“二十日皮生疮尽愈”。

〔四四〕百谷燋枯:汉魏本无此四字。

〔四五〕县令丁士彦谓纲纪曰:汉魏本作“县令丁士彦议曰”。纲纪,资
　　治通鉴卷八四晋惠帝永宁元年胡三省注曰:“郡纲纪,功曹之
　　属;县纲纪,主簿、录事史之属。”

〔四六〕贫家:汉魏本作"贫道"。

〔四七〕不可以得雨,如何:汉魏本作"恐雨至何堪"。

〔四八〕但为祈雨:汉魏本作"但致雨"。

〔四九〕吏人:汉魏本作"人吏百馀辈"。

〔五〇〕乃运竹为起屋:汉魏本作"运竹木起屋"。

〔五一〕屋成,当泥涂:汉魏本作"立成,方聚土作泥"。

〔五二〕作人掘土取壤,欲取水作泥:汉魏本作"方聚土作泥,拟数里取水"。真仙通鉴卷一六董奉作"使人掘土取壤,欲取水作泥"。作人,役作之人。

〔五三〕不烦运水,日暮自当雨也:汉魏本作"不须尔,暮当大雨,乃止"。

〔五四〕其夜大雨,高下皆足:汉魏本作"至暮即大雨,高下皆平,万(太平广记本作"方")民大悦"。

〔五五〕又君异居山间为人治病:汉魏本作"奉居山不种田,日为人治病"。艺文类聚卷七庐山引神仙传曰:"董奉还豫章庐山下居,在山间了不佃作,为人治病。"

〔五六〕使人:汉魏本无此二字,恐是衍文。

〔五七〕而山中百虫群游戏杏下:汉魏本作"乃使山中百禽群兽游戏其下"。各本引文多"百虫",而禽与兽对称,似更合。

〔五八〕于杏林下作箪仓:汉魏本作"于林中作一草仓",诸本引文多作"草仓",是,意为用草盖之仓。太平御览卷九六八杏引神仙传云:"奉于林中所在作箪食一器,宣语买杏者不复须来报,但自取之,一器谷便得一器杏。"瓢曰箪,"箪食一器"即以盛食之瓢大小作一器,供量谷、杏之用。四库本却将箪与仓混在一起作"箪仓",便失原意。

〔五九〕径自取之:汉魏本无此四字。

〔六〇〕云:汉魏本作"去"。

〔六一〕每有一谷少而取杏多者:汉魏本作"常有人置谷来少,而取杏去多者"。真仙通鉴卷一六董奉作"每有以谷少,而取杏多者"。四库本"一"乃"以"之讹。

〔六二〕即有三四头虎噬逐之:汉魏本作"林中群虎出,吼逐之"。

〔六三〕此人怖惧而走,杏即倾覆,虎乃还去:汉魏本作"大怖,急挈杏走,路傍倾覆"。

〔六四〕一如谷少:汉魏本作"一如谷多少",四库本无"多"字。

〔六五〕又有人空往偷杏:汉魏本作"或有人偷杏者"。

〔六六〕遂送杏还:汉魏本作"乃送还奉"。

〔六七〕死者即活:汉魏本作"乃却使活"。

〔六八〕自是已后,买杏者皆于林中自平量之,不敢有欺者:汉魏本无此等语。

〔六九〕君异以其所得粮谷,赈救贫穷,供给行旅:汉魏本作"奉每年货杏得谷,旋以赈救贫乏,供给行旅不逮者"。

〔七〇〕岁消三千斛,尚馀甚多:汉魏本作"岁二万馀解(斛)"。

〔七一〕县令亲故家有女:汉魏本作"县令有女"。

〔七二〕百不能治:汉魏本作"医疗不效"。

〔七三〕以语君异:汉魏本作"乃投奉治之"。

〔七四〕侍巾栉:犹言嫁作妻妾。

〔七五〕君异即为君救诸魅。有大白鼍长丈六尺:汉魏本作"奉然之,即召得一白鼍,长数丈"。太平御览卷七二四医四引神仙传作"奉使救召鬼魅,有大白鼍长数尺"。四库本"君救"之"君"是"召"之讹。鼍,见"刘政"条注。

〔七六〕陆行诣病者问:汉魏本作"陆行诣病者门"。"问"形近"门"而误。

〔七七〕君异使人斩之:汉魏本作"奉使侍者斩之"。

〔七八〕遂以女妻之:汉魏本作"奉遂纳女为妻"。

〔七九〕十岁:汉魏本作"十馀岁"。

〔八〇〕妇及养女犹守其宅:汉魏本作"妻与女犹存其宅"。

〔八一〕虎逐之如故:汉魏本作"虎还逐之"。

〔八二〕庙下神下巫语云:真仙通鉴卷一六董奉作"庙中神下巫语云"。

〔八三〕养女长大……无用为问:汉魏本无。

〔八四〕君异在民间仅百年,乃升天:汉魏本作"奉在人间三百馀年乃去"。真仙通鉴卷一六董奉作"君异在民间住百年,乃升天"。"仅(僅)"形近"住"而误。

〔八五〕其颜色常如年三十时人也:汉魏本作"颜状如三十时人也"。

李　根^{〔一〕}

李根,字子源^{〔二〕},许昌^{〔三〕}人也。有赵贾^{〔四〕}者,闻其父祖言,传世见根也。贾为儿时,便随事根,至贾年八十四,而根年少不老。

昔在^{〔五〕}寿春^{〔六〕}吴太文^{〔七〕}家,太文从之学道,得作金银法立成^{〔八〕}。根能变化,入水火中。坐致行厨^{〔九〕},能供二十人,皆精细之馔,四方奇异之物,非当地所有也。忽告太文云:"王陵^{〔一〇〕}当败,寿春当陷兵中,不复居,可急徙去。"众乃使人收根^{〔一一〕},欲杀之。根时乃方欲书疏,奄^{〔一二〕}闻外有千馀人围其家^{〔一三〕}求根,语太文父曰^{〔一四〕}:"忽忽^{〔一五〕},但语'吾不知,官自来搜之,昨已去矣'。"太文出户还,顾窥根,失所在,左右书器物皆不复见。于是官兵入索,囷食^{〔一六〕}衣箧^{〔一七〕}之中,无处不遍,不得根。及良久,太文出,见根固在向坐,俨然如故。根语太文曰:"王太尉^{〔一八〕}奄当族诛,卿弟泄语,十日中当卒死。"皆果如言。

弟子家有以女给根者,此女知书,根出行,窃视根素书一卷,读之[一九],得根自说[二〇]其学道经疏云:"以汉元封[二一]中学道于某甲。"时年,计根已七百馀年[二二]也。又太文说根两目瞳子[二三]皆方[二四],按仙经说,八百岁人瞳子方也[二五]。根告诸弟子言:"我不得神丹大道之诀,唯得地仙方耳,寿毕天地,然不为下土之士[二六]也。"

【校释】

〔一〕太平广记无此条。汉魏本李根与本条基本同。

〔二〕子源:太平御览卷六六三地仙引道学传作"子侧"。

〔三〕许昌:今河南许昌东。

〔四〕赵贾:汉魏本作"赵买"。

〔五〕昔在:汉魏本作"尝住"。

〔六〕寿春:今安徽寿县。

〔七〕吴太文:抱朴子内篇黄白称之为"成都内史吴大文",而此人居寿春,且晋书卷三武帝纪称,晋武帝太康十年(二八九)才改诸王国相为内史,与下文所言三国末年时间不合,恐误。

〔八〕作金银法立成:抱朴子内篇黄白云:"成都内史吴大文,博达多知,亦自说昔事道士李根,见根煎铅锡,以少许药如大豆者投鼎中,以铁匙搅之,冷即成银。大文得其秘方,但欲自作,百日斋便为之,而留连在官,竟不能得,恒叹息,言人间不足处也。"则吴太文以铅锡炼银似未得成也,恐其意为"作立成金银法"。

〔九〕坐致行厨:见"王远"条注。

〔一〇〕王陵:汉魏本作"王凌",是。王凌(一七一——二五一),三国志卷二八有传,太原祁人,官至魏太尉,并都督扬州军事,因谋立楚王代魏主齐王,嘉平三年(二五一),太傅司马懿率兵征讨,凌出降,在押付洛阳途中自杀(参资治通鉴卷七五)。

〔一一〕众乃使人收根：此处汉魏本作"太文窃以语弟，弟无意泄之。王凌闻之，以为妖言惑众，乃使人收根"，义才完整，无此，下文"卿弟泄语"便无根据，四库本"众"字之前脱此段文字。

〔一二〕奄：忽也。

〔一三〕其家：汉魏本作"吴家"。

〔一四〕求根，语太文父曰：汉魏本作"求根，根语太文父曰"。又本条前段都是李根与太文对话，不应出现太文父，"父"是衍文。

〔一五〕忽忽：汉魏本作"勿勿"，应作"忽忽"，与"勿勿"义同，犹言不碍事。

〔一六〕囷食：贮存食物之仓。

〔一七〕衣箧：装衣服之箱。

〔一八〕王太尉：指王凌。

〔一九〕窃视根素书一卷，读之：汉魏本作"窃取根素书一卷，读之"，"视"与"读之"义重复，"视"应作"取"。

〔二○〕自说：汉魏本作"自记"。

〔二一〕元封：汉武帝年号，公元前一一○——前一○五年。

〔二二〕已七百馀年：自元封年至王凌叛乱之嘉平年，不到四百年，所谓七百馀年乃夸大其词。

〔二三〕瞳子：眼睛瞳孔。汉魏本作"童子"。

〔二四〕皆方：仙苑编珠卷中李根眼方子皇齿生引神仙传作"正方"。

〔二五〕八百岁人瞳子方也："王真"条云："八百岁人目瞳正方。"

〔二六〕唯得地仙方耳……然不为下土之士也：抱朴子内篇论仙曰："按仙经云：上士举形升虚，谓之天仙。中士游于名山，谓之地仙。下士先死后蜕，谓之尸解仙。"又抱朴子内篇黄白曰："朱砂为金，服之升仙者，上士也。茹芝导引，咽气长生者，中士也。餐食草木，千岁以还者，下士也。"

李意期^{〔一〕}

李意期者,蜀郡人^{〔二〕}也。传世识之,云是汉文帝^{〔三〕}时人也。无妻息,人有欲远行速至者,意期以符与之,并以丹书其人两足^{〔四〕},则千里皆不尽日而还。人有说四方郡国宫观市井者^{〔五〕},座中或未见^{〔六〕},重问说者,意期即为撮土作之,所作郡国形象皆是,但盈寸耳^{〔七〕},须臾消灭。或游行不知所之,一年许复还于蜀中^{〔八〕}。乞食所得,以与贫乏者^{〔九〕}。于成都角中作一土窟而居其中^{〔一〇〕},冬夏单衣。发长剪去之,但使长五寸许^{〔一一〕}。啜少酒,脯及枣果或食^{〔一二〕},百日不出窟^{〔一三〕},则无所食也^{〔一四〕}。

刘玄德欲东伐吴,报关羽之怨^{〔一五〕},使人迎意期。意期到,玄德敬礼之^{〔一六〕},问其伐吴^{〔一七〕}。意期不答,而求纸笔,玄德与之,意期画作兵马器仗十数纸^{〔一八〕},便一一以手裂坏之,曰:"咄咄^{〔一九〕}!"又画一大人^{〔二〇〕},掘地埋之,乃径还去。玄德不悦,而出军果大败^{〔二一〕},十馀万众才数百人得还,器仗军资,一时荡尽^{〔二二〕}。玄德忿耻^{〔二三〕},发病而卒于永安宫^{〔二四〕}。乃追念其所作大人而埋之,正是玄德之死象也^{〔二五〕}。

意期少言语,人有所问,略不对答。蜀人有忧患,往问,吉凶自有常候,但占意期颜色,若欢悦则百事吉^{〔二六〕},惨戚则百事恶^{〔二七〕}。邓艾未到蜀百馀日,忽失意期所在^{〔二八〕}。

后入琅琊山〔二九〕中，不复出也。

【校释】

〔一〕太平广记卷一〇"李意期"条云出神仙传，与本条基本同。汉魏本李意期与太平广记本同。

〔二〕蜀郡人：汉魏本作"本蜀人"。三国志卷三二先主传注引神仙传、太平御览卷五五窟引神仙传云："李意期蜀人。"说郛卷五八下引神仙传云："李意期蜀都人。"即今四川成都人。

〔三〕汉文帝：公元前一七九——前一五七年在位。

〔四〕并以丹书其人两足：汉魏本作"并丹书两腋下"。仙苑编珠卷下李意万里王兴健行引神仙传云："并书其人两腋下。"

〔五〕人有说四方郡国宫观市井者：汉魏本作"或说四方国土宫观市鄽"。

〔六〕座中或未见：汉魏本作"人未曾见闻"。

〔七〕所作郡国形象皆是，但盈寸耳：汉魏本作"但盈寸，其中物皆是"。

〔八〕一年许复还于蜀中：汉魏本作"一年许复还"。

〔九〕乞食所得，以与贫乏者：汉魏本作"于是乞食得物，即度与贫人"。

〔一〇〕于成都角中作一土窟而居其中：成都，汉魏本作"城都"。太平御览卷六六三地仙引刘向列仙传（或是葛洪神仙传）曰："于蜀城角穴土居之。"

〔一一〕发长剪去之，但使长五寸许：太平御览卷五五窟引神仙传作"发长剪去之，皆使长五寸"。敦煌文书不知名类书引神仙传"李意期"条作"须长剪去之，只使长五寸"（伯三六三六）。

〔一二〕啜少酒，脯及枣果或食：汉魏本作"饮少酒，食脯及枣栗"，"或食"应在"脯"之前。

〔一三〕百日不出窟：汉魏本无此句。太平御览卷五五窟引神仙传作

"或百日、二百日、三百日不出窟"。北堂书钞一五七窟"意期土
窟"条注引神仙传云："或一百日不出其土窟也。"

〔一四〕则无所食也：汉魏本无此句。

〔一五〕刘玄德欲东伐吴，报关羽之怨：汉魏本作"刘玄德欲伐吴，报关
羽之死"。三国时蜀主刘备（一六一——二二三），字玄德，三国
志卷三二立其传，称先主传。建安二十四年（二一九），关羽
（？——二二〇）攻魏之樊城（今湖北襄樊），吴乘虚袭其后防公
安（今湖北荆州），关羽败，被杀，谥壮缪侯（参资治通鉴卷六
八）。

〔一六〕玄德敬礼之：汉魏本作"甚敬之"，无"玄德"二字。

〔一七〕问其伐吴：汉魏本作"问其伐吴吉凶"。四库本似脱"吉凶"
二字。

〔一八〕而求纸笔，玄德与之，意期画作兵马器仗十数纸：三国志卷三二
先主传裴松之注引神仙传"画作兵马器仗数十纸已"。汉魏
本作"而求纸，画作兵马器仗十数万"，"万"为"纸"之误。

〔一九〕咄咄：惊怪声也。

〔二〇〕又画一大人：汉魏本、三国志卷三二先主传裴松之注引神仙传
作"又画作一大人"。

〔二一〕而出军果大败：三国志卷三二先主传裴松之注引神仙传作"而
自出军征吴，大败还"。汉魏本作"果为吴军所败"。

〔二二〕器仗军资，一时荡尽：汉魏本作"甲器军资略尽"。黄初三年（二
二二），刘备自率军攻吴，战于夷陵（今湖北宜昌），为吴将陆逊
所败，死者万数，其舟船器械水步军资一时略尽（参资治通鉴卷
六九）。

〔二三〕忿耻：汉魏本作"忿怒"。

〔二四〕发病而卒于永安宫：三国志卷三二先主传裴松之注引神仙传作
"发病死"。汉魏本作"遂卒于永安宫"。永安宫在今重庆奉节

白帝山上。

〔二五〕乃追念其所作大人而埋之，正是玄德之死象也：汉魏本无此二句。三国志卷三二先主传裴松之注引神仙传作"众人乃知其意，其画作大人而埋之者，即是言先主死意"，语意较清楚。

〔二六〕则百事吉：汉魏本作"则善"。

〔二七〕则百事恶：汉魏本作"则恶"。

〔二八〕邓艾未到蜀百馀日，忽失意期所在：汉魏本无此二句。景元四年（二六三），魏分兵攻蜀，邓艾（一九七——二六四）领军自阴平（在今甘肃文县）通过七百里无人之境，突袭成都，蜀后主刘禅出降，蜀亡（参资治通鉴卷七八）。

〔二九〕琅琊山：太平寰宇记卷二四河南道二十四密州"诸城县"云："琅琊山，在县（今山东诸城）东南百四十里。"

王 兴

王兴者，阳城〔二〕人也。常居一谷中〔三〕，本凡民，不知书，无学道意也。昔汉武帝元封二年〔四〕，上嵩山〔五〕，登大愚石室，起道宫〔六〕，使董奉君〔七〕、东方朔〔九〕等斋洁〔九〕思神。至夜，忽见仙人长二丈馀〔一〇〕，耳下垂至肩〔一一〕。武帝礼而问之，仙人曰："吾九疑仙人〔一二〕也，闻中岳有石上菖蒲一寸九节〔一三〕，服之可以长生，故来采之。"言讫忽然不见〔一四〕。武帝顾谓侍臣曰："彼非欲学道服食者〔一五〕，必是中岳之神，以此教朕耳〔一六〕。"乃采菖蒲服之，且二年。而武帝性好热食，服菖蒲每热者，辄烦闷不快〔一七〕，乃止。时从官多皆服之，然莫能持久。唯王兴闻仙人使武帝常服菖蒲,乃采服之不息,遂得长生,<u>魏武帝</u>时犹在〔一八〕。其邻里老小皆云,传世见之,视<u>兴</u>常如五十许人,其强健,日行三百里〔一九〕。后不知所之〔二○〕。

【校释】

〔 一 〕<u>太平广记</u>卷一○"<u>王兴</u>"条云出<u>神仙传</u>,与本条基本同。<u>汉魏本</u><u>王兴</u>与<u>太平广记</u>本同。

〔 二 〕<u>阳城</u>:在今<u>河南登封</u>东南。<u>齐民要术</u>卷一○菖蒲引<u>神仙传</u>云是"<u>阳城越</u>人"。

〔 三 〕常居一谷中:<u>汉魏本</u>作"居壶谷中"。<u>太平御览</u>卷六六二天仙引<u>神仙传</u>同。<u>真仙通鉴</u>卷七"<u>王兴</u>"作"常居宛谷中"。

〔 四 〕元封二年:公元前一○九年。<u>汉魏本</u>无此四字。<u>真仙通鉴</u>卷七<u>王兴</u>作"元封二年正月甲子"。

〔 五 〕<u>嵩山</u>:在今<u>河南登封</u>北,称中岳。

〔 六 〕登<u>大愚石室</u>,起道宫:<u>汉书</u>卷六武帝纪云:"(元封元年)春正月,行幸<u>缑氏</u>,诏曰:'……亲登<u>嵩高</u>,御史乘属、在庙旁吏卒咸闻呼万岁者三。登礼罔不答。其令祠官加增<u>太室</u>祠。……'"注引<u>韦昭</u>曰:"<u>嵩高山</u>有<u>太室</u>、<u>少室</u>之山,山有石室,故以名云。"<u>汉武帝</u>元封元年登<u>嵩山</u>,乃<u>王兴</u>故事所派生,然则<u>大愚石室</u>应是<u>太室山</u>之石室。

〔 七 〕<u>董奉君</u>:<u>汉魏本</u>作"<u>董仲舒</u>"。<u>真仙通鉴</u>卷七<u>王兴</u>条作"<u>董仲君</u>"。<u>神仙传</u>有"<u>董仲君</u>"条。<u>董仲君</u>乃<u>汉武帝</u>时方士,此处或指其人。

〔 八 〕<u>东方朔</u>:见"<u>巫炎</u>"条注。

〔 九 〕斋洁:义同"斋戒",古人以此示诚敬。参"<u>卫叔卿</u>"条注。

〔一○〕长二丈馀:<u>汉魏本</u>作"长二丈"。

〔一一〕耳下垂至肩:<u>汉魏本</u>作"耳出头巅,垂下至肩"。<u>齐民要术</u>卷一〇菖蒲引神仙传、艺文类聚卷八一菖蒲引神仙传作"耳出头，下垂肩"。真仙通鉴卷七王兴作"耳出头顶，下垂至肩"。四库本无"出头"二字。

〔一二〕九疑仙人：汉魏本作"九巍之神"。仙苑编珠卷下李意万里王兴健行引神仙传作"吾九巍人也"。齐民要术卷一〇菖蒲引神仙传云："仙人曰：'吾九疑人也。'"太平御览卷六六二天仙引神仙传、真仙通鉴卷七王兴作"九疑山人"。"仙"应作"山"，或是衍文。九疑，山名，在今湖南宁远。

〔一三〕石上菖蒲一寸九节：水经注卷一五洛水云："石上菖蒲一寸九节，为药最妙，服久化仙。"抱朴子内篇仙药云："菖蒲须得生石上，一寸九节已上，紫花者尤善也。"

〔一四〕言讫忽然不见：汉魏本作"忽然失神人所在"。

〔一五〕彼非欲学道服食者：汉魏本作"彼非复学道服食者"。

〔一六〕以此教朕耳：汉魏本作"以喻朕耳"。

〔一七〕而武帝性好热食，服菖蒲每热者，辄烦闷不快：武帝性既好热食，何以服菖蒲每热者则烦闷不快？使人不明。汉魏本无前二句，只作"帝觉闷不快"，或有其道理。

〔一八〕魏武帝时犹在：汉魏本无此句。魏武帝即曹操。

〔一九〕视兴常如五十许人，其强健，日行三百里：汉魏本无此二句。

〔二〇〕李白据本条故事作嵩山采菖蒲者云："神仙多古貌，双耳下垂肩。嵩岳逢汉武，疑是九疑仙。我来采菖蒲，服食可延年。言终忽不见，灭影入云烟。喻帝竟莫悟，终归茂陵田。"（全唐诗卷一八四）

黄　敬^{〔一〕}

黄敬，字伯严，武陵^{〔二〕}人也。少读诵经书，仕州为部从事〔三〕。后弃世学道于霍山〔四〕八十馀年。复入中岳,专行服气〔五〕断谷〔六〕,为吞吐之事〔七〕,胎息内视〔八〕,召六甲〔九〕玉女〔一○〕,吞阴阳符〔一一〕。又思赤星在洞房前,转大,如火周身〔一二〕。至二百岁,转还少壮。道士王紫阳数往见,从求要言。敬告紫阳曰:"吾不修服药之道,但守自然,盖地仙耳,何足诘问。闻新野阴君〔一三〕神丹升天之法,此真大道之极也,子可从之。人能除遣嗜欲如我者,不可〔一四〕以学我所为也。"紫阳固请不止,敬告紫阳曰:"大关之中有辅星〔一五〕,想而见之翕习成〔一六〕,赤童在焉持朱庭〔一七〕,指而摇之炼身形〔一八〕,消遣三尸〔一九〕除死名。审能守之可长生,失之不久伦窈冥〔二○〕。"紫阳受之,得长生之道也。

【校释】

〔一〕太平广记无此条。汉魏本黄敬与本条同。

〔二〕武陵:今湖南常德。

〔三〕部从事:从事,汉官名。资治通鉴卷五九中平六年胡三省注云:"部从事,部郡国从事也。"后汉书志二七百官四云:"部郡国从事,每郡国各一人,主督促文书,察举非法。"

〔四〕霍山:即天柱山,见"左慈"条注。

〔五〕服气:见"彭祖"条注。

〔六〕断谷:见"沈建"条注。

〔七〕吞吐之事:即吞吐之术,其术如同吐纳,见"彭祖"条注。

〔八〕胎息内视:见"九灵子"条注。

〔九〕六甲:见"李少君"条注。

〔一○〕玉女:见"沈羲"条注。汉魏本误作"王女"。

〔一一〕阴阳符:真诰卷二翼真检第二"真胄世谱"记晋王子猷曾书六甲

阴阳符,或是同一符。

〔一二〕又思赤星在洞房前,转大,如火周身:仙苑编珠卷中甘始门冬黄敬赤星引神仙传云:"思赤星在脑中如火,以周一身。"此处说的是气功法。云笈七签卷八三中山玉柜经服气消三虫诀记广成子教去人体疾病之法:"以桃皮竹叶汤浴讫,入室平,卧存想心家火遍身焚烧,身都炯然,使之如尽。然后闭气,咽新气驱逐腹内秽气,使攻下泄,务令出尽,当自如故。"卷三三摄养枕中方"自慎"引想尔云:"道人疾,闭目内视,使心生火,以火烧身,烧身令尽,存之,使精神如髣髴,疾即愈。"可供参读。"赤星",即火星。"洞房",抱朴子内篇地真称:"故仙经曰:子欲长生,守一当明;思一至饥,一与之粮;思一至渴,一与之浆。一有姓字服色,男长九分,女长六分,或在脐下二寸四分下丹田中,或在心下绛宫金阙中丹田也,或在人两眉间,却行一寸为明堂,二寸为洞房,三寸为上丹田也。此乃是道家所重,世世歃血传其性命耳。"

〔一三〕阴君:见"阴长生"条。

〔一四〕不可:汉魏本作"亦可"。

〔一五〕大关之中有辅星:"大关"恐为"天关"之误。北辰一名天关,一名北斗。辅星,史记卷二七天官书裴骃集解引孟康曰:"在北斗第六星旁。"

〔一六〕想而见之翕习成:此句指内视法,参"九灵子"条注。

〔一七〕赤童在焉持朱庭:持,汉魏本作"指"。此处说的恐是夜半视存修炼法,详见云笈七签卷五二五辰行事诀。"赤童"或是"赤星",即火星;"朱庭"或是"朱台",即五辰行事诀中所谓"洞阙朱台"。姑存疑,俟求正解。

〔一八〕指而摇之炼身形:此句意亦不明。炼形,见神仙传序注。

〔一九〕消遣三尸:消除人体有害之病源。三尸,见"沈文泰"条注。

〔二〇〕伦窈冥：汉魏本作"沦幽冥"，真仙通鉴卷一二黄敬作"沦窈冥"，意为沦落阴间也。四库本"伦"为"沦"之讹。

鲁女生〔一〕

鲁女生〔二〕者，长乐〔三〕人也。服胡麻饵术〔四〕，绝谷八十馀年。甚少壮〔五〕，一日行三百馀里，走逐獐鹿〔六〕，乡里〔七〕传世见之。二百馀年入华山中去〔八〕。时故人与女生别后五十年，入华山庙，逢女生乘白鹿〔九〕，从后有玉女数十人也〔一○〕。

【校释】

〔一〕太平广记无此条。汉魏本鲁女生全录后汉书卷八二下华佗传李贤注引汉武内传之文。本条故事大抵源出于汉武帝内传，道藏则记于汉武帝外传。本条与李贤引文颇有不同。

〔二〕鲁女生：博物志卷五方士载，曹操所集方士十六人，中有鲁女生。后汉书将其传附于华佗传后，云与华佗（约一四一——二○八）同时，又云："鲁女生数说显宗（东汉明帝，公元五八——七五年在位）时事，甚明了，议者疑其时人也。董卓乱后莫知所在。"

〔三〕长乐：今河北冀州。

〔四〕服胡麻饵术：仙苑编珠卷下女生鹿白君达牛青引神仙传同。艺文类聚卷九五鹿引神仙传作"饵术"。太平御览卷三九四走引鲁女生别传云"少好学道，初服饵胡麻"。汉魏本作"初饵胡麻及术"。后汉书卷八二下华佗传注引汉武帝内传亦云："鲁女生，长乐人。初饵胡麻及术。"胡麻，抱朴子内篇仙药云："巨胜一名胡麻，饵服之不老，耐风湿，补衰老也。"饵术，见神仙传序注。

〔五〕甚少壮:汉魏本作“日少壮,色如桃花”。太平御览卷三九四走引神仙传作“日更少壮,面如桃花”。

〔六〕一日行三百馀里,走逐獐鹿:汉魏本、太平御览卷三九四走引鲁女生别传作“日行三百里,走及獐鹿”。

〔七〕乡里:汉魏本无此二字。

〔八〕二百馀年入华山中去:太平御览卷九〇六鹿引神仙传同。后汉书卷八二下华佗传李贤注引汉武帝内传记鲁女生此事云:“传世见之,云三百馀年。后采药嵩高山,见一女人,曰:‘我三天太上侍官也。(汝当得仙,故得见我,我将授汝宝文秘要,可以威制五岳,役使众灵。)’以五岳真形图与之,并告其施行。女生道成,一旦与知友故人别,云入华山去。”括弧内乃今本汉武帝外传之文字,汉魏本大体与汉武帝内传引文同。后汉书卷八二下华佗传李贤注引汉武帝内传文字疑有省略,而太平御览引文脱漏更多,四库本却据之照录,致原意全失,汉武帝外传所记或是原文。

〔九〕时故人与女生别后五十年,入华山庙,逢女生乘白鹿:汉魏本作“后五十年,先相识者逢女生华山庙前,乘白鹿”。太平御览卷九〇六鹿引神仙传作“有故人与女生别五十年,入华山庙,逢女生乘白鹿车”。后汉书卷八二下华佗传李贤注引汉武帝内传作“去后五十年,先相识者逢女生华山庙前”。汉武帝外传此句之后还有“颜色更少”等语。

〔一〇〕从后有玉女数十人也:后汉书卷八二下华佗传李贤注引汉武帝内传、汉魏本作“从玉女三十人,并令谢其乡里亲故人也”。

甘 始〔一〕

甘始〔二〕者,太原人〔三〕也。善行气〔四〕,不饮食,又服天门冬〔五〕。行房中之事,依容成玄素之法〔六〕,更演益之为一卷〔七〕,用之甚有近效。治病不用针灸汤药。在人间三百馀岁〔八〕,乃入王屋山〔九〕仙去也。

【校释】

〔一〕太平广记无此条。汉魏本甘始与本条同。

〔二〕甘始:博物志载,曹操所集方士十六人,其中有甘始。后汉书卷八二下有甘始传,实含甘始、东郭延年、封君达三人事迹,文字简略。

〔三〕太原人:太原在今山西,而曹植辩道论称之为"甘陵甘始",甘陵在今山东临清东。甘始既属曹操所集方士,曹植当较为熟识,所言或近其实。

〔四〕行气:见"阴长生"条注。

〔五〕天门冬:抱朴子内篇仙药云:"天门冬,或名地门冬,或名莛门冬,或名颠棘,或名淫羊食,或名管松。其生高地,根短而味甜、气香者善。其生水侧下地者,叶细似蕴而微黄,根长而味多苦、气臭者下,亦可服食。然喜令人下气,为益尤迟也。服之百日,皆丁壮倍驶于术及黄精也。"

〔六〕容成玄素之法:参"容成公"条。

〔七〕更演益之为一卷:据汉艺文志考证卷一〇云:"容成阴道二十六卷。……神仙传:甘始依容成玄素之法,更演益之为十卷。""一卷"或为"十卷"之误。

〔八〕在人间三百馀岁:汉魏本作"在世百馀岁"。仙苑编珠卷中甘始门冬黄敬赤星引神仙传云:"在世一百八十六年。"

〔九〕王屋山:在今河南济源。

285

封君达〔一〕

封君达〔二〕者,陇西〔三〕人也。服黄精〔四〕五十馀年,又入鸟鼠山〔五〕，服炼水银〔六〕百馀岁。往来乡里，视之年如三十许人〔七〕，常乘青牛。闻人有疾病时死者〔八〕，便过与药治之，应手皆愈。不以姓字语人，世人识其乘青牛，故号为青牛道士。后二百馀年，入玄丘山〔九〕仙去也。

【校释】

〔一〕太平广记无此条。汉魏本封衡虽记同一人，却与此条大异。后汉书卷八二下合甘始、东郭延年、封君达于一传，李贤注引汉武帝内传记其事迹与汉魏本略同，而道藏本汉武帝外传叙其事则更详。

〔二〕封君达：汉魏本作"封衡字君达"，曹操集十六方士中有其名。博物志卷五方士云："皇甫隆遇青牛道士，姓封名君达，其与养性法，即可仿用，大略云：'体欲常少劳，无过虚，食去肥浓，节酸咸，减思虑，损喜怒，除驰逐，慎房室，春夏泄泻，秋冬闭藏。'"

〔三〕陇西：治今甘肃陇西。

〔四〕黄精：见"王烈"条注。汉魏本、艺文类聚卷七八仙道引神仙传作"黄连"。

〔五〕鸟鼠山：水经注卷一七渭水云："渭水出陇西首阳县渭谷亭南鸟鼠山。"首阳县在今甘肃渭源。汉魏本作"鸟兽山"，误。

〔六〕服炼水银：汉魏本作"又服术"。

〔七〕如三十许人：汉魏本作"如二十许人"。艺文类聚卷七八仙道引神仙传作"如二十者"。

〔八〕闻人有疾病时死者：三洞珠囊卷一救导品引神仙传作"闻有疾病待死者"。云笈七签卷七九五岳真形图法并序作"行闻有疾殆死者"。下文有"应手皆愈"等语，可知所治乃将死之人，"时（時）"形近"待"而讹。汉魏本作"闻人有病死者"。

〔九〕玄丘山：见"马鸣生"条注。

神仙传校释

附录　四库全书总目提要

神仙传十卷。两淮盐政采进本。

晋葛洪撰。是书据洪自序，盖于抱朴子内篇既成之后，因其弟子滕升问仙人有无而作。所录凡八十四人，序称秦大夫阮仓所记凡数百人，刘向所撰又七十一人，今复抄集古之仙者，见于仙经、服食方、百家之书，先师所说，耆儒所论，以为十卷。又称刘向所述，殊甚简略，而自谓此传有愈于向。今考其书，惟"容成公"、"彭祖"二条与列仙传重出，馀皆补向所未载。其中如黄帝之见广成子，卢敖之遇若士，皆庄周之寓言，不过鸿濛、云将之类，未尝实有其人。淮南王刘安谋反自杀，李少君病死，具载史记、汉书，亦实无登仙之事，洪一概登载，未免附会。至谓许由、巢父服箕山石流黄丹，今在中岳中山，若二人晋时尚存，洪目睹而记之者，尤为虚诞。然后汉书方术传载壶公、蓟子训、刘根、左慈、甘始、封君达诸人，已多与此书相符，疑其亦据旧文，不尽伪撰，又流传既久，遂为故实，历代词人转相沿用，固不必一一核其真伪也。诸家著录皆作十卷，与今本合，惟隋书经籍志称为葛洪列仙传,其名独异。考新旧唐书,并作葛洪神仙传,知今本隋志殆承上列仙传赞之文,偶然误刊,非书有二名也。此本为毛晋所刊,考裴松之蜀志先主传注引"李意期"一条,吴志士燮传注引"董奉"一条,吴范刘惇赵达传注引"介象"一条,并称葛洪所记近为惑众,其书文颇行世,故撮举数事载之篇末。是征引此书以三国志注为最古,然悉与此本相合,知为原帙。汉魏丛书别载一本,其文大略相同,而所载凡九十二人,核其篇第,盖从太平广记所引钞合而成。广记标题间有舛误,亦有与他书复见,即不引神仙传者,故其本颇有讹漏。即如"卢敖若士"一条,李善注文选江淹别赋、鲍照升天行凡两引之,俱称葛洪神仙传,与此本合。因太平广记未引此条,汉魏丛书本遂不载之,足以证其非完本矣。

后　记

　　我因研究中国古代文化,曾阅读上海古籍出版社影印的文渊阁四库全书本葛洪神仙传,其中有不少文意窒碍难通者,一方面由于我的学识尚浅,许多道家术语意义不懂,亦有由于书中文字错漏的缘故,遂萌校释该书之念。自步入老年,我仍想做些工作,决定校勘出一部错漏较少、便于研读的神仙传,以了却我的夙愿,并欲借此机会补充一下我的道学知识。这项工作别人或短期便可完成,我却经历了六年,反复修改五六遍,也只成目前的样子。当然不能说是完善,之所以敢于付梓,是相信校正了四库本多处与他本不同的舛误,解读了某些难通的词句,公之于众或许对神仙传的读者有所帮助,更希望读者指出校释的不当,提出新的意见,俾神仙传有一个更加完善的版本流行于世。

289

　　校释本之完成,中山大学历史系领导以及同仁给予我很多鼓励和帮助。又蒙北京中华书局采纳出版,并由朱立峰先生负责编辑工作,对本书提出多处修改意见,受益甚多。而促成本书的出版，实得力于宗教史专家林悟殊教授及王媛媛博士。孙雅文女士为本书修改标点符号方式做了很多工作。对上述诸位的雅情高谊，我在此深表谢忱。

胡守为

二〇一〇年三月于广州中山大学

中华国学文库　第一辑　（精装）

四书章句集注
〔宋〕朱　熹 撰

诗集传
〔宋〕朱　熹 注　赵长征 点校

史　记（全四册）
〔汉〕司马迁 撰　〔宋〕裴　骃 集解　〔唐〕司马贞 索隐　〔唐〕张守节 正义

三国志（上下册）
〔晋〕陈　寿 撰　〔宋〕裴松之 注

老子道德经注
〔魏〕王　弼 注　楼宇烈 校释

庄子注疏
〔晋〕郭　象 注　〔唐〕成玄英 疏　曹础基 黄兰发 整理

世说新语笺疏
〔南朝宋〕刘义庆 著　〔南朝梁〕刘孝标 注　余嘉锡 笺疏

陶渊明集笺注
袁行霈 撰

李太白全集（上下册）
〔清〕王　琦 注

饮水词笺校
〔清〕纳兰性德 撰　赵秀亭 冯统一 笺校

中华国学文库　第二辑　（精装）

周易注校释

〔魏〕王　弼　撰　楼宇烈　校释

汉　书（全四册）

〔汉〕班　固　撰　〔唐〕颜师古　注

后汉书（全四册）

〔宋〕范　晔　撰　〔唐〕李　贤　等注

十一家注孙子

〔春秋〕孙　武　撰　〔三国〕曹　操　等注　杨丙安　校理

荀子集解

〔清〕王先谦　撰　沈啸寰　王星贤　整理

列子集释

杨伯峻　撰

坛经校释

〔唐〕慧　能　著　郭　朋　校释

曹操集

〔三国〕曹　操　著　中华书局编辑部　编

诸葛亮集

〔三国〕诸葛亮　著　段熙仲　闻旭初　编校

增订文心雕龙校注

〔南朝梁〕刘　勰　著　黄叔琳　注　李　详　补注　杨明照　校注拾遗

中华国学文库 第三辑 （精装）

中华国学文库　第四辑　（精装）

资治通鉴（全十二册）

〔宋〕司马光 撰　〔元〕胡三省 音注

文史通义校注（上下册）

〔清〕章学诚 撰　叶　瑛 校注

颜氏家训集解

王利器 撰

容斋随笔

〔宋〕洪　迈 撰　孔凡礼 点校

楚辞补注

〔宋〕洪兴祖 撰　白化文等 点校

阮籍集校注

〔三国魏〕阮　籍 撰　陈伯君 校注

嵇康集校注

〔三国魏〕嵇　康 撰　戴明扬 校注

杜诗详注（全三册）

〔唐〕杜　甫 撰　〔清〕仇兆鳌 注

南唐二主词笺注

〔南唐〕李　璟 李　煜 撰　王仲闻 校订 陈书良 刘　娟 笺注

人间词话疏证

王国维 撰　彭玉平 疏证

中华国学文库　第五辑　（精装）

周易程氏传
〔宋〕程　颐　撰　王孝鱼　点校

礼记译解
王文锦　译解

孝经郑注疏
〔清〕皮锡瑞　撰　吴仰湘　点校

经学通论
〔清〕皮锡瑞　撰　吴仰湘　点校

十七史商榷
〔清〕王鸣盛　撰　闻旭初　点校

吕氏春秋集释
许维遹　撰　梁运华　整理

梦溪笔谈
〔宋〕沈　括　撰　金良年　点校

大乘起信论校释
〔梁〕真　谛　译　高振农　校释

花间集校注
〔后蜀〕赵崇祚　编　杨景龙　校注

王阳明集（上下册）
〔明〕王守仁　著　王晓昕　赵平略　点校

中华国学文库　第六辑　（精装）

书集传

〔宋〕蔡　沉　撰　王丰先　点校

诗经注析

程俊英　蒋见元　著

孟子正义

〔清〕焦　循　撰　沈文倬　点校

四书讲义

〔清〕吕留良　撰　〔清〕陈　鏦　编　俞国林　点校

徐霞客游记校注

〔明〕徐霞客　撰　朱惠荣　校注

陶庵梦忆　西湖梦寻

〔明〕张　岱　撰　马兴荣　点校

晏子春秋校注

张纯一　撰　梁运华　点校

盐铁论校注

王利器　校注

古诗源

〔清〕沈德潜　选　闻旭初　标点

建安七子集

俞绍初　辑校

中华国学文库 第七辑 （精装）

尚书校释译论
顾颉刚 刘起釪 著

春秋左传注
杨伯峻 编著

越绝书校释
李步嘉 校释

书目答问补正
〔清〕张之洞 编撰 范希曾 补正

鬼谷子集校集注
许富宏 撰

论衡校释
黄 晖 撰

释氏要览校注
〔宋〕道 诚 撰 富世平 校注

曹植集校注
〔三国〕曹 植 著 赵幼文 校注

玉台新咏笺注
〔陈〕徐 陵 编 〔清〕吴兆宜 注 程 琰 删补 穆克宏 点校

高适诗集编年笺注
〔唐〕高 适 著 刘开扬 笺注

中华国学文库　第八辑　（精装）

春秋繁露义证
苏　舆 撰　钟　哲 点校

尔雅义疏
〔清〕郝懿行 撰　王其和　吴庆峰　张金霞 点校

国语集解
〔三国吴〕韦　昭 注　徐元诰 集解　王树民　沈长云 点校

读史方舆纪要
〔清〕顾祖禹 撰　贺次君　施和金 点校

日知录集释
〔清〕顾炎武 撰　〔清〕黄汝成 集释　栾保群 校点

近思录集解
〔南宋〕叶　采 集解　程水龙 校注

乐府诗集
〔宋〕郭茂倩 编

王维集校注
〔唐〕王　维 撰　陈铁民 校注

韩愈诗集编年笺注
〔清〕方世举 撰　郝润华　丁俊丽 整理

龚自珍己亥杂诗
〔清〕龚自珍 撰　刘逸生 注

中华国学文库　第九辑　（精装）

两汉纪

〔东汉〕荀　悦〔东晋〕袁　宏 撰　张　烈 点校

史通笺注

〔唐〕刘知几 撰　张振珮 校注

朱子语类

〔宋〕黎靖德 编　王星贤 点校

陆九渊集

〔宋〕陆九渊 著　钟　哲 点校

管子校注

黎翔凤 撰　梁运华 整理

神仙传校释

〔晋〕葛　洪 撰　胡守为 校释

搜神记　搜神后记

〔晋〕干　宝〔晋〕陶　潜 撰　李剑国 辑校

古诗十九首集释

隋树森 集释

白居易全集

〔唐〕白居易 著　谢思炜 点校

辛弃疾词编年笺注

〔宋〕辛弃疾 著　辛更儒 笺注